예슈아께서
가르쳐주신 기도

이브리어 단어별 해설로 새롭게 알아가는

예슈아께서 가르쳐주신 기도

The prayer taught by Jesus
Learning new with Ebrew word-by-word commentary

지은이 조길봉
Writer | Pastor Cho Gil-Bong

이브리어 단어별 합성어 해설 연구원
A research Institute of compound words for each Ebrew word

"이브리어원어성경의 본질로 돌아가자.

기도개혁의 핵심진리!"

이에수스 크리스토스 'Ιησοῦς Χριστός께서 가르쳐주신 기도

그러므로 너희는 이렇게 기도하라.

그러므로 너희는 이런 일정한 형식으로 기도하라.

하늘에 계신 우리 아버지여

너희는 하늘들 그 위에 우리 아버지,

이름이 거룩히 여김을 받으시오며

당신의 그 이름처럼, 당신으로 거룩하게 하시고

나라가 임하오시며 뜻이

당신의 그 왕국과 그 뜻대로 그가 오시고

하늘에서 이루어진 것 같이 땅에서도 이루어지이다

그리고 당신의 하늘 위에서와 같이 땅 위에서 그것을 행하시고

오늘 우리에게 일용할 양식을 주시옵고

오늘 우리에게 그 매일의 그 양식을 우리에게 당신은 주시고

우리가 우리에게 죄지은 자를 사하여 준 것같이

그리고 우리가 우리끼리 저들의 빚들을 우리가 용서한 것과 같이

우리 죄를 사하여 주시옵고

당신은 우리와 저들의 빚진자들을 용서하여 주시고

우리를 시험에 들게하지 마시옵고

그리고 당신은 우리 속 안으로 시험의 유혹을 데리고 들어가지 않도록

다만 악에서 구하시옵소서

당신은 그 사악함에서 또한 당신은 우리를 구하여 내실 자는 당신입니다

나라와 권세와 영광이 아버지께 영원히 있사옵나이다. 아멘!

그들 안에 이 왕국과 이 능력과 이 영광이 영원하다들 아멘!

프롤로그

영이신 하나님의 임재하심으로 헬라어 단어별 역어인 이브리어 단어별 합성어 해설로 예슈아께서 가르쳐주신 기도를 해설하였다.

원문(原文)성경만이 신앙과 실천의 최종 권위이며 개혁과 보수 정통에 대한 결정적 규범이다. 정경으로 채택된 사본들과 사전적 의미들 역시 신앙생활의 유일한 복음진리들이다. 특히 이브리어 상형문자의 의미와 영적인 뜻과 사전적 의미들보다 더 좋은 진리의 본질은 없다. 성경의 핵심진리들이기 때문이다. 그래서 이브리어단어별 합성어해설은 진리의 본질이다. 그리고 생명력이 넘친다. 복음적이다. 영적이다. 사람을 변화시킨다.

헬라어와 이브리어는 사전적 의미에 따라 해설하였다. 어떤 사람에게는 생소할 수 있지만 당연히 사용해야 함에도 사용하지 않고 있어서 나 한 사람이라도 바르게 사용하기로 하였다. 예슈아께서 가르쳐주신 기도해설집에서 처음 접하는 복음의 진리들이 많을 것이다.

항상 자주 이야기하지만 헬라어의 사전적 의미는 있으나 상형문자인 이 브리어와 같은 의미가 없음으로 이브리어 사전적 의미를 해설하는 것이 다. 이미 목자-포이멘(엡4:11)들이 이브리어 사전적 의미를 사용하고 있으 나 구속사적인 이브리어 단어별해설을 들어보지 못하여 생소할 뿐이다. 예 슈아께서 가르쳐주신 기도의 해설집을 통하여 영안이 열리게 될 것이다.

이브리어 단어별합성어해설을 하는 것은 영이신 루바흐 엘로힘 예하바께 서 상형문자 속에 영적인 복음의 진리들을 담아 놓으셨기 때문이다.

근대 이브리어 속에도 그 영적인 의미들이 그대로 담겨있다. 필자는 오직 사전적 의미에 따라 번역을 하고 글을 쓰고 있다. 사전적 의미들 도 100% 맞지는 않지만 그래도 사실에 가깝기 때문에 신뢰할 수가 있다.

기독교로 개종한 유대 랍비들도 근대 이브리어를 가지고 상형문자를 분석하고 해설을 하고 있다. 그리고 거의 가 '히브리어'로 사용되고 있지만 사실 '이브리어 עִבְרִית'다. 아인עָ은 '이응(ㅇ)'이지 '히응(ㅎ)'가 아니다. 자국어에는 그 나라의 역사와 문화가 담겨 있기 때문에 신중해야 한다.

예슈아께서 가르쳐주신 기도 해설집은 교단을 초월하여 누구라도 안심하고 취할 수 있는 이유는 헬라어와 이브리어 해설이 모두 사전적 의미에 충실하였으며 성경으로 단어에 대한 내용들을 확인할 수 있기 때문이다.

이런 의미에서 전혀 새롭게 예슈아께서 가르쳐주신 기도를 접하게 될 것이다. 단어별 간략해설과 관련 성경구절을 읽으면 알아지도록 노력하였다. 목자-포이멘들은 설교에 바로 인용할 수 있다. 신학생들과 성도들이 성경 공부하는 교재로도 유용하게 쓰일 것이다.

한국교회가 혼합종교가 되었다는 것을 가장 쉽게 발견할 수 있는 것이 기도이다. 기도내용을 볼 때 세상 사람들이 추구하는 것이 많기 때문이다. '비나이다'의 샤머니즘shamanism과 기복적인 기도를 하고 있는 것이다. 그러나 예슈아께서 가르쳐주신 기도는 팔복이 영적인 것처럼 모두가 영적인 것이다.

목차

예슈아 마쉬아흐 יְשׁוּעָה מָשִׁיחַ께서 가르쳐주신 기도

직역문장정리

6:8 너희는 저 사람들이 아니다. 그러므로 너희는 그들과 비교하라.
  그 아버지, 그는 너희가 구하기 전에 너희가 가져야 할 그 필요성
  을 참으로 그는 그것을 알고 있다.

6:9 그러므로 너희는 이런 일정한 형식으로 기도하라.
  너희는 하늘들 그 위에 우리 아버지, 당신의 그 이름처럼,
  당신으로 거룩하게 하시고

6:10 당신의 그 왕국과 그 뜻대로 그가 오시고
  그리고 당신의 하늘 위에서와 같이 땅 위에서 그것을 행하시고

6:11 오늘 우리에게 그 매일의 그 양식을 우리에게 당신은 주시고

6:12 그리고 우리가 우리끼리 저들의 빚들을 우리가 용서한
  것과 같이 당신은 우리와 저들의 빚진 자들 용서하여 주시고

6:13 그리고 당신은 우리 속 안으로 시험의 유혹을 데리고 들어가지
  않도록 당신은 그 사악함에서 또한 당신은 우리를 구하여 내실
  자는 당신 입니다. 그들 안에 이 왕국과 이 능력과 이 영광이
  영원하다들. 아멘!

제1장

맛다이오스유앙겔리온

6:8

맛다이오스 유앙겔리온 6:8

그러므로 저희를 본받지 말라
구하기 전에 너희에게 있어야 할 것을
하나님 너희 아버지께서 아시느니라

【원어】

Ματθαῖος εὐαγγέλιον 6:8 μὴ οὖν ὁμοιωθῆτε αὐτοῖς· οἶδεν γὰρ ὁ πατὴρ ὑμῶν ὧν χρείαν ἔχετε πρὸ τοῦ ὑμᾶς αἰτῆσαι αὐτόν.

【직역】

맛디아오스유앙겔리온 6:8 아니 그러므로 너희는 저희와 비교하라 그는 그것을 안다 참으로 그 아버지 너희는 저 사람들 필요성 너희가 가져야 할 전에 그 너희 구하다 그는

【문장정리】

맛디아오스유앙겔리온 6:8 너희는 저 사람들이 아니다. 그러므로 너희는 그들과 비교하라. 그 아버지, 그는 너희가 구하기 전에 너희가 가져야 할 그 필요성을 참으로 그는 그것을 알고 있다.

【헬라어 단어별 사전적 의미】

μή (3361 메-아니 not, ~하지 않도록 lest.) μὴ 부사

οὖν (3767 운-그러므로, 그러면) οὖν 우위 접속사

ὁμοιόω (3666 호모이오오-같게하다 make like, 비교하다 compare) ὁμοιωθῆτε 동가정 과거 수동 2인 복수ㅁ동명령 과거 수동 2인 복수

αὐτός (846 아우토스-그는, 그것, 자신, 바로 그) αὐτοῖς· 인칭 대명사 여격 3인 남성 복수

εἴδω (1492 에이도-보다, 알다, 경험하다) οἶδεν 동직설 완료 능동 3인 단수

γάρ (1063 가르-참으로, 사실은, 왜냐하면, 그러면) γὰρ 종속 접속사

ὁ (3588 호-그, '이것, 이 사람, 저것, 저 사람) ὁ 관사 주격 남성 단수

πατήρ (3962 파테르-아버지) πατὴρ 명사 주격 남성 단수

σύ (4771 쉬-너는 you) ὑμῶν 인칭대명사 속격 2인 복수

ὅς (3739 호스-이것, 이 사람, 저것, 저 사람, ~하는 바의) ὧν 관계대명사 속격 중성 복수

χρεία (5532 크레이아-필요 need, 필요성 necessity, 결핍 lack, 부족 want) χρείαν 명사 대격 여성 단수

ἔχω (2192 에코-가지다, 소유하다) ἔχετε 동직설 현재 능동 2인 복수

πρό (4253 프로-~전에, ~앞에 before) πρὸ 전치사 속격

ὁ (3588 호-그, '이것, 이 사람, 저것, 저 사람) τοῦ 관사 속격 중성 단수

σύ (4771 쉬-너는 you) ὑμᾶς 인칭 대명사 대격 2인 복수

αἰτέω (154 아이테오-구하다, 요구하다) αἰτῆσαι 동부정사 과거 능동 속격

αὐτός (846 아우토스-그는, 그것, 자신, 바로 그) αὐτόν. 인칭 대명사 대격 3인 남성 단수

1. 너희는 저 사람들이 아니다

너희는 누구인가?

예슈아 마쉬아흐를 마음에 영접하여 영이신 하나님을 아버지라고 부르는 영이신 하나님의 자녀 된 자들이다(요1:12, 롬8:16, 갈3:26, 갈4:6-7, 계21:7, 렘30:22, 렘31:33, 겔11:20, 겔 34:31).

저 사람들이 아니라는 것은 이방인이 아니다. 불신자가 아니다. 뱀의 후손인 사탄마귀귀신의 사람들이 아니다(마13:38, 요8:44,47, 행13:10, 롬8:5-9, 요일2:9-10,29, 요일3:8-10, 14-15, 요일4:3-6, 요일5:2,19). 영멸지옥에 갈 자들이 아니다라는 것이다.

요한일서 3:8-10 죄를 짓는 자는 마귀에게 속하나니 마귀는 처음부터 범죄함이라 하나님의 아들이 나타나신 것은 마귀의 일을 멸하려 하심이라 9 하나님께로부터 난 자마다 죄를 짓지 아니하나니 이는 하나님의 씨가 그의 속에 거함이요 그도 범죄하지 못하는 것은 하나님께로부터 났음이라 10 이러므로 하나님의 자녀들과 마귀의 자녀들이 드러나나니 무릇 의를 행하지 아니하는 자나 또는 그 형제를 사랑하지 아니하는 자는 하나님께 속하지 아니하니라고 하였다.

영이신 하나님의 자녀들이란? 명칭으로만 아니라 실제로 마귀의 일인 죄 διάβολος(1228, 디아볼로스- 중상자, 비방자, 마귀) ἔργον(2041, 에르곤- 일, 행위 work) ἁμαρτία(266, 하마르티아- 죄 sin, 표적(과녁)를 짓지 아니한다. 그리고 적극적으로 의δικαιοσύνη(1343, 디카이오쉬네-의로움, 의)를 行한다(롬8:30, 딤후4:8, 약2:23, 벧후1:1, 벧후2:5,21, 벧후3:13, 요일2:29, 요일4:6, 계22:11).

2. 그러므로 너희는 그들과 비교하라

오늘날 외모를 보아서는 빛의 자녀인지, 어둠의 자녀인지를 분별하지 못한다. 영이신 하나님의 자녀들과 뱀-사탄마귀의 자녀간의 구분이 가지 않는다. 그러므로 비교해 보라는 것이다. 하나님의 자녀들인 너희는 불신자와 비교해보라는 말씀이다(고후13:5, 엡5:8-10, 마5:13-16, 마7:13-14, 마18:3, 롬8:5-9, 갈5:24, 빌3:19, 계13:8, 시14:2-3, 잠16:25, 사55:7).

예슈아 생명의 빛을 받은 자녀들이 어둠의 자녀들과의 영적인 구별이 있는지를 비교해보라는 것이다. 하나님의 자녀들도 과거에 본질상 진노의 자녀로 공중의 권세를 잡고 있는 사탄마귀가 이끄는 대로 살았다(엡2:1-3).

예슈아를 영접하여 하나님의 자녀가 된 이후에도 어둠의 자녀로 살았던 속성들의 잔재들이 남아있다. 자연종교의 사상과 습관, 샤머니즘, 미신, 무속 등등을 하나씩 제거해 나아가야 한다. 영이신 하나님의 형상을 닮아가고 참여하도록 힘써야 한다(창1:26,27, 창2:7, 벧후1:2-4, 엡4:13,15,23-27, 롬 8:29).

(1) 비교하다 헬라어 '호모이오오'

ὁμοιόω (3666 호모이오오- 같게 하다, 유사하게 하다, 비기다, 비유하다) ὁμοιωθῆτε 동가정 과거 수동 2인 복수 동명령 과거 수동 2인 복수이다.

마태복음 6:8 그러므로 그들을 본받지 말라 구하기 전에 너희에게 있어야 할 것을 하나님 너희 아버지께서 아시느니라. 고 하였다.

'그들'은 불신자들이다. 그러므로 '이방인들의 행동을 하지 말라'. '과거에 불신자로 있을 때의 죄악의 행동을 하지 마라'. '말하기도 부끄러운 행동을 하지 말라'는 것이다(엡5:3-14, 살전5:22, 롬1:18-32).

마태복음 7:24 그러므로 누구든지 나의 이 말을 듣고 행하는 자는 그 집을 반석 위에 지은 지혜로운 사람 같으리니 라고 하였고,
마태복음 7:26 나의 이 말을 듣고 행하지 아니하는 자는 그 집을 모래 위에 지은 어리석은 사람 같으리니. 라고 하였다.

그렇다. 지혜로운 사람 '같다'(호모이오오)는 것은 영이신 하나님의 말씀을 듣고 행하는 자라고 하셨다. 이 사람은 반석위에 집은 지은 사람이라고 하였다. 어떤 환난과 핍박이 와도 예슈아을 믿고 흔들리지 않는 자이다. 가난, 질병, 죽음이 와도 그의 믿음을 무너뜨리지 못한다. 환경구원을 이루어 영생구원을 받은 자이다(눅8:15, 계1:3).
그러나 어리석은 사람은 영이신 하나님의 말씀을 듣고 행하지 아니함으로 환경에 어려움이 닥치면 예슈아를 부인하고 믿음 저버리는 자이다(눅8:12-14).

마태복음 18:23 그러므로 천국(천-우라노스-οὐρανός heaven 국-바실레시아βασιλεία kingdom왕국)은 그 종들과 결산하려 하던 어떤 임금과 같으니. 라고 하셨다(마13:24, 마22:2, 마25:1).
반드시 만왕의 왕이신 예슈아께서 당신의 왕국으로 데려갈 자들을 결산하는 때가 온다. 그 결산은 다른 사람을 용서하였느냐에 대한 것이다(마18:23-35).

마가복음 4:30 또 이르시되 우리가 하나님(데오스-θεός God)의 나라(바실레이아-βασιλεία kingdom)를 어떻게 비교하며 또 무슨 비유로 나타낼까(눅 13:18,20).

마가복음 4:31 겨자씨 한 알과 같으니 땅에 심길 때에는 땅 위의 모든 씨보다 작은 것이로되 32 심긴 후에는 자라서 모든 풀보다 커지며 큰 가지를 내나니 공중의 새들이 그 그늘에 깃들일 만큼 되느니라. 고 하였다.

'비교하며'(호모이오오), 이 말씀은 겨자씨 비유의 말씀을 통하여 하나님의 왕국-'데오스 바실레이아'를 말씀하신 것이다. 보일 듯 말 듯한 겨자씨와 같은 하나님의 왕국은 없는 것 같지만 실존하며, 분명히 하나님의 왕국이 있다는 것을 알게 된다는 말씀이다. 그리고 예슈아를 믿어 생명을 얻은 자들이 들어가는 '데오스 바실레이아'이다.

사도행전 14:11 무리가 바울이 한 일을 보고 루가오니아 방언으로 소리 질러 이르되 신들이 사람의 형상으로 우리 가운데 내려오셨다. 고 하였다.

로마서 9:29 또한 이사야가 미리 말한바 만일 만군의 주께서 우리에게 씨를 남겨 두지 아니하셨더라면 우리가 소돔과 같이 되고 고모라와 같았으리로다 함과 같으니라

히브리서 2:17 그러므로 그가 범사에 형제들과 같이 되심이 마땅하도다. 이는 하나님의 일에 자비하고 신실한 대제사장이 되어 백성의 죄를 속량하려 하심이라. 고 하였다.

형제들과 '같이 되심'(호모이오오)은 누구인가? 예슈아이시다. 왜 형제들 같이 되셨을까? 죄 없으신 사람이라야 사람의 죄를 속량하실 수 있기 때문이다(고후5:21, 히4:15, 히7:26, 요8:46).

그리고 희생물을 대신 올려드리는 대제사장이 아니라 자신의 몸을 저주의 십자가에서 당신의 형제들을 죄에서 속량하시려고 대리적 속죄의 희생물이 되시려고 육체를 입으셨다는 것이다. 예슈아는 영이신 하나님의 형상과 모양, 즉 본체이시다(빌2:6-8).

참고로 거의 모르고 있는 죄에 대하여 이브리어 단어별합성어해설로 알려드린다. 이유는 죄 사함을 받아야 영생구원을 받는데 죄를 말하면서 죄가 무엇이지를 가르치지 못하고 있는 것 같아서이다. 이브리어 '하타아' חֲטָאָה 어근은 '하타' חָטָא이다. '하타아'나 '하타'의 사전적 의미로도 죄가 무엇인지를 알 수가 없다. 죄명(罪名-죄의 이름(살인죄, 간음죄, 위증죄, 절도죄, 사기죄 따위))이 분명하지 않다. 그러나 이브리어 단어별 합성어해설을 하면 아래와 같은 분명한 죄명이 나온다.

'하타아'와 '하타'의 기본어근은 놓치다, 빗나가다, 그릇(잘못) 행하다, 죄를 짓다, 상실하다, 속죄제를 드리다, 정결케 하다, 정죄하다)이다.

하타 חָטָא 간략해설
·······························
뱀-사탄의 거짓말을 받아들여 힘이신 하나님과 생명의 울타리를 놓아버린 죄이다(창3:4-6).

하타아 חֲטָאָה 간략해설
....

뱀-사탄의 거짓말을 받아들여 생명을 보호(保護)하는 장소와 힘이신 하나님을 놓아버림으로 영원히 실존하는 생명을 잃어버린 죄이다. 더 자세한 해설은 연구원에 오셔서 들어야한다.

히브리서 2:17절 그러므로 그가 범사에 형제들과 같이 되심이 마땅하도다 이는 하나님의 일에 자비하고 신실한 대제사장이 되어 백성의 죄ἁμαρτία를 속량하려 하심이라. 고 하였다. 여기에 죄는 '하마르티아'이다.

ἁμαρτία(266, 하마르티아 표적(과녁)을 벗어나는 것, 잘못, 실수, 목표를 이루지 못하는 것, 잘못 mistake, 죄 sin)이다.

헬라어 명사 '하마르티아'의 역어는 이브리어 '하타' חֲטָא와 '아벤(웬)' אָוֶן과 '페샤' פֶּשַׁע 등이다. '하타'는 위 간략해설을 보라.

아벤 אָוֶן(205, 아웬-아웬(명남)은 '공허, 헛됨, 우상, 거짓말, 속임, 사악, 부정, 고통, 불행, 역행' 등)이다.

아벤 간략해설
....

'아벤'은 공허하며 헛되고 사악한 거짓말에 속아 만능의 힘이신 엘로힘과 예슈아께서 정하여 놓으신 생명의 경계선을 넘어가므로 고통과 불행해진다는 죄이다.

페샤 פֶּשַׁע (6588, 페샤- 반역, 범죄, 죄)이다.

페샤 간략해설
·····················

영이신 하나님의 입에서 나오는 말씀을 되새김질 하지 아니하므로 안목의 정욕으로 인하여 만능의 하나님을 반역하는 죄이다(마7:21, 마24:35, 막3:35, 요4:14, 고전7:31, 약1:10-11, 약4:14, 벧전1:24-25, 벧전4:2, 요일2:16-17, 시39:6, 시90:9, 잠10:25, 사40:6-8). 이브리어 죄에 대한 단어가 40여개가 있다. 이중에서 대표적인 죄 10개 정도는 목회자가 분명하게 알고 있어야한다. 구체적인 죄 사함이 없으면 영생구원도 없기 때문이다.

(2) 비교하다 이브리어 '다마'

דָּמָה (1819, 다마- 같다, 닮다, 비교하다 to compare, 상상하다 imagine, 생각하다 think, 의도하다)이다.

다마 간략해설
·····················

호흡하며 목숨을 유지하여 실존하는 동안 필수적인 생명진리의 말씀을 따라 살아가는 자는 생명의 문이신 예슈아, 선한 목자이신 예슈아를 닮아가라는 것이다(창1:26-28, 롬8:29-30, 고전15:49, 엡4:15, 빌2:5, 골3:10, 벧전2:2,21, 요일2:6).

이것을 비교하여 보라는 말씀이다. 그리고 그렇지 못한 사람은 힘을 써서 예슈아를 닮아가려고 필수적인 생명의 말씀을 정독하고 되새김질을 하여 자기의 영적 상태를 비교하여 믿음이 자라나라는 것이다.

참고 ㅣ 성경구절

베드로전서 2:21 이를 위하여 너희가 부르심을 받았으니 그리스도도 너희를 위하여 고난을 받으사 너희에게 본을 끼쳐 그 자취를 따라오게 하려 하셨느니라.고 하였다.

베드로후서 3:18 오직 우리 주 곧 구주 예수 그리스도의 은혜와 그를 아는 지식에서 자라 가라 영광이 이제와 영원한 날까지 그에게 있을지어다.라고 하였다.

요한일서 2:6 그의 안에 산다고 하는 자는 그가 행하시는 대로 자기도 행할지니라.고 하였다(마11:12, 눅13:23-24, 요6:27-29, 롬13:11-14, 고전9:24-27, 고전15:58, 빌2:12-14, 빌3:13-14, 히4:1,11, 히12:1-5,12-17, 벧후3:18, 스10:3, 시2:11, 시85:13, 시119:120, 잠10:16, 잠13:4, 사66:2, 눅9:23-25, 눅14:27, 요13:15, 요16:33, 행14:22, 고전11:1, 엡5:2, 빌2:5, 살전3:3, 살전4:2, 딤후3:12, 벧전4:1, 벧전3:18, 요일2:6, 요일3:16, 계12:11)

(3) 그 외 비교해 보라는 말씀들

한절 한절이 복이 되고 목자-(포이멘, 엡4:11)에게는 설교의 자료가 될 것이다.

1) 나는 엘로힘 예하바께서 하라는 일(경작) עָבַד(5647, 아바드- 일하다 work, 봉사하다, 섬기다, 시중들다 serve)을 지키는지 שָׁמַר(8104, 샤마르- 지키다, 준수하다, 보존(간수)하다, 감시하다, 주의하다), 먹을 것과 먹지 말아야 할 것을 비교해보라(창2:15-17),

아담과 하와가 에덴동산에서 놀고먹지 않았다. 영이신 루바흐 엘로힘 예하바께서 생사화복(生死禍福)이 달려있는 아주 중요한 일을 시키신 것이다.

아바드 간략해설
····························

경작(耕作)하라는 말은 땅을 갈아 농사를 지으라는 것인데 이브리어 '아바드' 단어는 그렇지 않다. 물론 일해야 먹고 살 수가 있다. 그러나 더 큰 뜻이 있다. 아인 ע의 사전적 의미는 눈과 대답, 예, 아니요, 바라보다. 등이다. 베이트 ב의 사전적 의미는 안에 집, 즉 내면의 집, 속사람 등이다. 달레트 ד의 사전적 의미는 문과 종속(種屬, 從屬)이라는 뜻이다.

*종속 種屬, 從屬-예슈아 생명의 씨를 받아 하나님의 자녀가 되어 좇아 가며 열매를 맺는 것이다(약1:18, 벧전1:23, 마4:20,22,25, 마8:19,22, 마9:9, 요6:2, 요8:12, 요10:1-6,27, 요12:26, 요15:4-8, 고전10:4, 계14:4, 계19:14).

즉 생명의 문이신 예슈아께 종속되어, 마음의 집 안에 생명의 예슈아를 모시고 눈에 보이는 일들을 통하여 영이신 하나님을 위해 일하고 봉사하며 섬기고 시중들라는 것이다(요6:27-29). 예슈아를 믿는 일이 하나님의 일이다.

육신의 일을 통하여 예슈아의 영적인 생명과의 연결되어 살며 예슈아께 받은 그 생명의 열매를 맺히는 일을 하는 것이 곧 영이신 하나님을 섬기는 일이라는 것을 알려 주신 것이다(요15:1-5).

2) 악 רע(7451, 라 나쁜, 악한, 악, 악한 것)이 있는지를 비교해보라(창6:5, 창8:21).

3) 더러운 טָמֵא(2931, 타메-더러운, 부정한) 불법의 아본 עָוֹן(5771, 아본-불법, 부정, 죄악, 죄의 벌)의 죄에 붙잡혀 있는지를 비교해보라(사64:6-7).

타메 간략해설
······················

뱀-사탄마귀에게 속아 생명진리의 말씀과 만능이신 하나님 믿지 아니하므로 더럽고 부정한 생활을 하게 된다는 것이다. 더러운 것은 귀신이다(막9:25, 눅11:24)

4) 환경구원을 이루고 있는지를 비교해보라

아마도 '환경구원'이라는 단어는 본서에서 처음 들어볼 수도 있을 것이다. 2010년에 '잘되는 교회'명을 처음 쓰기 시작한 이후로 한국교회에 '잘되는 교회' 명칭을 사용하는 곳이 참 많아졌다. 잘된다는 단어는 헬라어 εὐοδόω(2137, 유오도오-일이 잘되다, 번영하다, 좋은 길로 이끌다, 잘 인도하다, 옳은 길로 이끌다, 일이 잘되다, 형통하다, 번영하다, 성공하다, 요삼1:2)이다. 이브리어 역어는 찰라흐 צָלַח(6743, 찰라흐-앞으로 나가다, 발전하다, 형통하다, 성공하다, 유익하다, 54회, (창 24:21,56, 창39:2,3,23, 민14:41 신28:29, 수1:8, 대상 22:11, 대상22:13, 대하18:11, 잠28:13 등)이다.

성도들이 잘 되는 것은 영이신 루바흐 엘로힘의 뜻이다(창1:28, 창 12:1-3, 신 28:1-14). 샤머니즘적인 기복이 아니다. 진리를 탐구하며 지켜 행하여 영혼이 잘될 때 의식주의 모든 복은 덤으로 주어진다(요삼1:2-4, 마6:24-34).

'환경구원'(環境救援-사람을 파괴하는 직접, 간접으로 죽음과 고통과 죄악의 영향을 주는 자연적 조건이나 사회적 영향에서 건져내는 구원과 구출)이라는 단어도 많이 애용되어 성도들의 안일한 믿음을 깨워야 한다. 마가복음 7:21-22절과 디모데후서 3:1-5절의 죄들과 누가복음 8:12-15절의 말씀 등(마4:1-11, 골3:5(1-11), 약1:14-15, 요일2:16)은 모두가 환경에서 일어나는 일들이다. 예슈아께서 하나님의 왕국은 마음에 있다는 말씀을 보라(눅17:20-21). 환경에서 구원을 이루지 못하면 하나님 왕국과 영생구원은 없다.

참고 | 성경구절

마가복음 7:21-22 속에서 곧 사람의 마음에서 나오는 것은 악한 생각 곧 음란과 도둑질과 살인과 22 간음과 탐욕과 악독과 속임과 음탕과 질투와 비방과 교만과 우매함이니.

디모데후서 3:1-5 너는 이것을 알라 말세에 고통하는 때가 이르러 2 사람들이 자기를 사랑하며 돈을 사랑하며 자랑하며 교만하며 비방하며 부모를 거역하며 감사하지 아니하며 거룩하지 아니하며 3 무정하며 원통함을 풀지 아니하며 모함하며 절제하지 못하며 사나우며 선한 것을 좋아하지 아니하며 4 배신하며 조급하며 자만하며 쾌락을 사랑하기를 하나님 사랑하는 것보다 더하며 5 경건의 모양은 있으나 경건의 능력은 부인하니 이같은 자들에게서 네가 돌아서라.

누가복음 8:12-15절에서 그 진실을 자세히 알려주셨다.

12절에 길가에 있다는 것은 말씀을 들은 자니 이에 마귀가 가서 그들이 믿어 구원을 얻지 못하게 하려고 말씀을 그 마음에서 빼앗는 것이요.라고 하였다.

| 구절 설명 |

길 가에 있다는 것은 말씀을 들은ἀκούω(191, 아쿠오- 듣다, 경청하다, 주의하다, 들어서 깨닫다)자니 이에 마귀διάβολος(1228, 디아볼로스- 중상자, 비방자, 마귀)가 가서 그들이 믿어πιστεύω(4100, 피스튜오- 믿다 believe) 구원σώζω(4982, 소조- 구원하다 save, 해받지 않게 하다 keep from harm, 보존하다)을 얻지 못하게 하려고 말씀λόγος(3056, 로고스- 생명의 씨, 생명의 하나님의 말씀)을 그αὐτοῦ(848, 하우투- 그 자신의, 그녀 자신의) 마음καρδία(2588, 카르디아- 마음 heart)에서 빼앗는 것이요αἴρω(142, 아이로- 들어올리다, 빼앗아가다)

자! 길가에 있는 자의 영적 상태를 보라. '길가에 있다'는 헬라어를 직역문장정리를 하면 '길 곁에 그들이 있다'는 말씀이다. 길 곁에 서서 오가는 사람들을 구경하고 있는 마음은 정함이 없는 자들이지만 다행스러운 것은 그들도 하나님의 말씀을 들었다. 그러나 경청(敬請)하지 못하였고 들어서 깨닫지 못하였기 때문에 마귀가 그 사람에게 가서 그가 믿어 구원σώζω(4982, 소조-구원하다 save, 해받지 않게 하다 keep from harm, 보존하다)을 얻지 못하도록 그 마음에서 생명의 말씀을 빼앗아αἴρω(142, 아이로-빼앗아 (채어)) 가 버렸다고 하였다.

하나님의 말씀은 예슈아이시다(요1:1,14). 예슈아께서 마음에 계셔야 영생 구원을 얻는다(요1:12). 즉 생명의 말씀이 마음에 있어야 구원을 받는데 말씀이 마음에 없다는 것이다(약1:18, 벧전1:23, 눅8:11). 그 해답이 '아쿠오'에 있다. 생명의 말씀을 듣기는 들었는데 경청하지 못하였고, 깨닫지 못하였다는 것이다.

지금 듣는 이 생명의 말씀이 구원으로 생각하지 못하였다(고후6:2).

지금 νῦν(3568, 뉜- 지금 now, 현 순간)은 찰나의 순간이다. 말씀에 관심을 두지 않았다. 하나님의 말씀을 받을 때, 생명의 말씀을 구원의 말씀으로 받지 않았다는 것이다(살전2:13). 생명의 말씀으로 받았다면 어떤 일이 있어도 지켜내게 된다(살전1:2-8, 살후1:4, 행14:22). 지키지 못하였기 때문에 영생구원을 잃어버리게 되었다(계1:3). 사탄마귀에게 영생구원을 얻을 생명의 말씀을 빼앗겨 버렸다(눅8:11-12).

13절에 바위 위에 있다는 것은 말씀을 들을 때에 기쁨으로 받으나 뿌리가 없어 잠깐 믿다가 시련을 당할 때에 배반하는 자요. 라고 하였다.

| 구절 설명 |

바위πέτρα(4073, 페트라- 바위, 반석 rock, 크고 견고한 '바위, 바윗덩어리, 절벽) 위에 있다는 것은 말씀을 들을 때에 기쁨χαρα(5479, 카라- 기쁨, 즐거움 Joy, 기뻐하다, 즐거워하다)으로 받으나 뿌리ρίζα(4491, 리자- 뿌리 root, 기초)가 없어 (2192, 에코- 가지다, 지니다, 소유하다, 획득하다, 점유하다, 보유하

다) 잠καιρός(2540, 카이로스- 시간 time, 시점 a point of time, 순간 moment) 깐πρός(4314, 프로스- ~에서부터, ~을 향하여) 믿다πιστεύω(4100, 피스튜오- 믿다, 신뢰하다, 의지하다, 순종하다, 위탁하다, 신임하다)가 시련 πειρασμός(3986, 페이라스모스- 시험, 시련, 유혹, 시도하다, 시험하다, 유혹하다)을 당할 때에 배반ἀφίστημι(868, 아피스테미- 물러가다, 유혹하다, 떠나다, 이탈하다, 배반하다, 저버리다)하는 자요

자! 바위 위에 말씀을 받은 자의 영적 상태와 생활환경을 보라. 말씀을 받는 자의 상태에 대한 말씀이다.

'페트라'-바위 같은 마음 위에 생명의 말씀을 받았다는 것이다. 그런데 놀라운 것은 생명이 자랄 수 없는 바위 같은 마음 위에 말씀을 받았는데도 기뻐하고 즐거워하였다는 것이다. 말씀의 위력이었을까? 아니면 육의 감각적인 것이었을까? 글쎄요.

문제는 '리자'뿌리를 내리지 못하였다는 것을 보니까 육신의 감정에 그쳤던 것 같다. 산기도 다닐 때 바위 위에서 자라는 소나무 등을 보았다. 거기에는 반드시 조금의 흙이 있었다. 그러니까 이 사람에게는 생명의 말씀이 자라날 수 있는 토양이 전혀 없는 바윗덩어리였다는 것을 알 수가 있다.

아래 성경을 보라.
잠언 12:3 사람이 악으로서 굳게 서지 못하거니와 의인의 뿌리는 움직이

지 아니하느니라. 고 하였으며,

잠언 12:12 악인은 불의의 이익을 탐하나 의인은 그 뿌리로 말미암아 결실하느니라. 고 하였고,

욥기 29:19 내 뿌리는 물로 뻗어나가고 이슬이 내 가지에서 밤을 지내고 갈 것이며,라고 하였다 (시1:3, 렘17:8, 호14:5).

바윗덩어리 같은 마음 위에, 토양이 전혀 없는 마음 위에 전능하신 하나님의 능력의 말씀이 잠깐 머무를 수는 있으나 믿고 의지하고 순종하다가 시험과 유혹을 당할 때 전지전능하신 하나님을 배반하고 떠나버린다. 사탄의 유혹을 받아들이는 순간부터 진리의 말씀에서 이탈한다. 시험을 받는 순간 에 잇! 하나님이 어디 있어! 하고 물러가 배반한다는 것이다.

그 해답은 '리자'이다. 뿌리가 없어서이다. '리자'-뿌리는 내면에 보이지 않는 그 사람의 영적인 상태를 말하는 것이다. '리자'가 없다는 것은 영적으로 죽어있는 상태를 말한다. 언제 그 죽어있는 상태가 드러날까?

'페이라스모스'- '시험, 시련, 유혹, 시도하다, 시험하다, 유혹하다'를 만나면 영이신 하나님을 배반하고 떠나버린다. 이런 사람을 많이 만난다. 대부분 이런 사람들은 뿌리 내리지 못하는 '페트라'들이다. 이런 사람은 직장생활도 오래 못한다. 공중에 권세를 잡은 사악한 사탄마귀귀신들이 삼킬 자를 찾아 헤매는데 (벧전 5:8) 왜 유혹과 시험과 시련이 없겠나. 환경 속에서 불어 닥치는 시험과 유혹을 이기려면 생명의 말씀의 뿌리를 내리는 토양이 만들어져야 한다.

14절에 가시떨기에 떨어졌다는 것은 말씀을 들은 자이나 지내는 중 이생의 염려와 재물과 향락에 기운이 막혀 온전히 결실하지 못하는 자요.라고 하였다.

| 구절 설명 |

가시떨기ἄκανθα(173, 아칸다- 가시 thorn, 가시나무, 가시덤불)에 떨어졌다 (4098, 핍토- 떨어지다, 넘어지다, 잃다, 멸망하다)는 것은ο(3588, 호- 그, '이 것, 이 사람, 저것, 저 사람) 말씀을 들은 자이나 지내는 중πορεύω(4198, 포류오- 가다, 여행하다, 나아가다, 걷다, 행하다) 이생βίος(979, 비오스- 생명, 생활 life, 생계, 상업, 재산)의 염려μέριμνα(3308, 메림나- 불안스러운 두려움, 염려 care)와 재물πλοῦτος(4149, 플루토스- 부유함 wealth, 부 riches)과 향락 ἡδονη(2237, 헤도네- 오감의 즐거운 것, 달콤한, 쾌락의 추구)에 기운이 막혀 συμπνίγω(4846, 쉼프니고- 질식 시키다, 숨 막히게 하다, 숨이 막히다, 목메 다) 온전히 결실하지τελεσφορέω(5052, 텔레스포레오- 완전한 열매를 내다, 열매를 완전히 익게 하다) 못하는 자요

자! 생명을 살려 죄 사함을 받고 영생구원을 얻게 하는 '로고스λόγος의 말씀이 '아칸다'에 떨어졌다고 하였다. 여기 떨어졌다는 '핍토'는 '동분사 과 거 능동 주격 중성 단수'이다. 과거로부터 '아칸다'에 떨어진 씨앗(하나님의 말씀, 눅8:11)은 사람을 넘어뜨리고 멸망하게 하였으며, 그의 영혼을 잃어버리 게 하였다는 것이다.

직역문장을 정리하면 '가시덤불에 떨어진 이 사람'이다. 아담 이후 모든 사

람들은 '아칸다'에 떨어진 사람들이다(창3:17-19). 그러므로 빈부(貧富)관계 없이 고통과 불안과 두려움과 염려 속에서 살아가는 것이 영적인 '아칸다'에서 살아가고 있다는 증거이다. 어떻게 '아칸다'를 벗어날 수 있을까? 생명의 말씀을 받아서 '리자'의 뿌리를 내려 지키고 인내하여 열매를 맺히며 살아가는 자라야 한다. '아칸다' 이브리어 역어는 '코츠'이다(창3:18, 아2:2, 삼하23:6, 사32:13, 렘4:3, 렘12:13). '코츠' 해설은 연구원에서 들을 수 있다.

자! 가시덤불에 떨어졌으니 얼마나 힘들겠는가. 그래도 이 사람에게 소망이 찾아온 것은 그 가시덤불을 벗어날 수 있는 생명의 말씀을 받았다는 것이다. 이제 '아칸다'를 벗어났는지를 알아볼 기회가 찾아왔다.

① 생명을 위협하는 생계의 어려움과 불안과 두려움의 염려로 인하여 자기를 질식시키는 '쉼프니고'가 되어 버렸다.

② 돈 벌고 부유해지니까 쾌락을 즐기다가 자기의 목을 매는 '쉼프니고'가 되어 버렸다. 어떤 사람은 '아칸다'를 벗어나 보려고 열심히 노력한 끝에 부유해지고 살만하여 좋은 음식을 먹는 여유까지 생기자 달콤한 쾌락을 추구하게 되었다. 대부분의 사람들이 멸망으로 가는 코스에 들어간 것이다(마7:13-14, 딤전6:9,10,17).

사람이 여유자금이 생기고 쾌락을 추구한다고 해서 '아칸다'를 벗어난 것이 아니다. 오히려 자기를 숨 막혀 죽게 하는 '쉼프니고'의 늪에 빠져서 자기 영혼을 잃어버렸다. 완전한 열매를 맺지 못하고 설익은 과일이 되어 버렸다.

그렇다. 멸망하는 자들은 하나 같이 생활환경을 이기지 못한다. 생계위협이 '아칸다'이다. 불안과 두려움과 염려가 '아칸다'이다. 부유해지는 것도 '아칸다'이다. 오감의 즐거움과 육체의 쾌락을 추구하는 것도 모두가 다 '아칸다'이다. 설익은 과일은 온전한 열매가 아니므로 영멸지옥으로 간다. 그래서 환경구원을 받아야 영생구원을 받는다.

15절에 좋은 땅에 있다는 것은 착하고 좋은 마음으로 말씀을 듣고 지키어 인내로 결실하는 자니라.고 하였다.

| 구절 설명 |

좋은καλός(2570, 칼로스- 선한, 좋은, 아름다운, 고상한, 건전한, 강력한, 강한, 탁월한) 땅γῆ(1093, 게- 땅 earth, 세상 world)에 있다는 것은 착하고(칼로스) 좋은ἀγαθός(18, 아가도스- 선한 good, 하나님의 자기 계시, 하나님에 대한 인간의 신앙과 불가분의 관계) 마음καρδία(2588, 카르디아 - 마음 heart, 생명의 자리로서의 마음, 의지와 결심의 자리)으로 말씀(로고스)을 듣고ἀκούω(191,아쿠오- 듣다, 경청하다, 주의하다, 들어서 깨닫다) 지키어κατέχω(2722, 카테코- 굳게 붙잡다, 제지하다, 차지하다, 소유하다) 인내ὑπομονή(5281, 휘포모네- 견고히 섬, 확고부동, 인내, 기대, 기다림)로 결실καρποφορέω(2592, 칼포포레오- 열매를 맺다 bear fruit)하는 자니라.

자! 세상에서 '칼로스 아가도스'의 사람이 어떻게 열매를 맺어 영생구원을 얻는지를 분명하게 알려준다. 혹자는 '길 곁에 있는 그들, 바윗덩어리 같은 사람, 가시덤불에 떨어진 사람까지도 벌거숭이 구원을 얻는다.'라고 한다.

그렇다면 그 사람은 하나님이다. 하나님이 아니고서는 그런 말을 할 수가 없다(막2:5-7, 막10:40, 요10:30, 마20:23, 마24:36,37-39, 마 25:1-12,24-31,34,41,46, 요17:3).

헬라어를 전혀 모르고 자기의 견해를 마음대로 말하는 사람이다. 성경을 자기의 견해대로 전하면 멸망한다(출32:33, 민16:28, 신4:2, 신12:32, 잠30:6, 계22:18-19, 요 12:49-50). 성경진리의 원리원칙에 맞아야 하며 성경전체의 균형을 잃지 않아야 한다.

좋은 땅은 좋은 마음, 즉 선한 마음의 사람이다. 이 사람은 생명의 말씀을 힘과 마음과 생명을 다하여 지키는 사람이다. 성경에서의 선-'아가도스'는 영이신 하나님의 속성이다(막10:18, 롬7:18, 롬8:28, 롬12:2, 갈6:9, 엡2:10, 빌1:6, 골1:10, 벧전4:19, 전7:20, 시86:5, 시119:68, 시143:10).

'아가도스'의 사람은 영이신 하나님의 말씀을 경청한다. 그러므로 깨닫는다. 들은 말씀을 깨달았기 때문에 그 말씀을 굳게 잡고 각종 유혹과 시험과 생계의 위협, 부유의 시험들을 다 물리쳐 이겨낸다(아4:12).

이것이 '아칸다'-가시덤불을 지배하며 정복하는 것이다. 받은 진리의 말씀을 굳게 잡고, 확고부동하게 견고하게 서서, 기대를 갖고 영이신 하나님의 돕는 힘과 능력과 지혜가 임할 때까지, 기다리며 열매를 맺기까지 인내한다.

'아칸다'속에서 피어나는 백합화 향기와 같은 사람이다(아2:2). 이런 사람이 환경구원을 받은 것이다(눅8:15, 마7:13-14). 이런 사람을 성경에서는 구원을 이루어 간다고 하였다(요6:27-29, 롬2:7, 갈6:8, 빌2:12-14, 빌3:13-14, 히4:11, 히12:1-2, 벧후3:18).

맛다이오스유앙겔리온 6장8절에 '본받지 말라'-'비교해 보라'ὁμοιόω(3666, 호모이오오- 같게하다 make like, 비교하다 compare)는 말씀을 계속 '하가'(묵상)한다.

'호모이오오'는 먼저 자신의 영적상태를 발견하게 될 것이다. 그리고 성경을 연구하는 자에게 유익할 것이며 설교자에게는 곧 바로 인용할 수 있는 유용한 자료가 될 것이다. 한 단어를 주제 삼아서 설교를 한다면 수십 편을 하면서 자신도 깨어나서 바로 서게 되고 성도들을 타락한 세상에서 의롭고 올바르게 세워가게 될 것이다.

5) 주여κύριος(2962, 퀴리오스- 주님Lord, 주인lord)만 부르고, 선지자노릇 προφητεύω(4395, 프로페튜오- 예언적인 계시를 하다, 예언하다)하다가 버림받을 자가 아닌지를 비교해 보라는 것이다(마 7:21—26, 눅 6:46).

6) 성령πνεῦμα(4151, 프뉴마- 바람, 호흡, 생명, 영, 성령)과 말씀λόγος(3056, 로고스- 하나님의 말씀)으로 거듭ἄνωθεν(509, 아노덴- 위로부터, 처음부터, 다시, 새로이) 난γεννάω(1080, 겐나오- 낳다, ~의 아버지가 되다) 생명ζωή(2222, 조에- 생명 life)으로 살아지고 있는지를 비교해 보라는 것이다(요3:1-6, 요6:57,63,68, 롬6:3,6,11-13, 롬8:5-6, 롬12:1, 롬14:7-9, 고전6:20, 고전10:31-33, 고후3:6, 고후5:15, 갈 2:20, 갈5:25, 엡4:17, 골3:1, 살전2:13, 살전5:10, 딤전4:8, 딛2:14, 마5:16, 약1:18, 벧전1:23, 벧전4:2, 창2:7, 시119:50,93).

7) 마귀의 6가지 무기(육백육십육, 계13:17-17)를 꺾어 버렸는지를 비교해 보라는 것이다(창3:4-6,19, 요8:44, 약1:15, 마4:1-11, 요일2:16, 계13:14-18, 계15:2-4, 계21:8, 계22:15). 헬라어 역어 이브리어 단어별 합성어간략해설을 연구원에 와서 들으라고 하지 않았다.

| 뱀(사탄마귀)의 변함없는 대표적인 6가지 무기들 |

① **거짓말** ψεῦδος(5579, 프슈도스– 거짓말, 거짓 a lie)**이다.**

거짓말 כָּזַב(3576, 카자브– 거짓말하다, 거짓말쟁이다)**이다.**

② **욕심** ἐπιθυμία(1939, 에피뒤미아– 충동, 욕망, 갈망)**이다.**

사탄마귀는 욕심을 충동질하여 미혹과 유혹을 한다.

미혹 πλάνος(4108, 플라노스– 미혹하는, 길을 잃게 하는, 속이는(자), 사기꾼),

유혹 πανουργία(3834, 파누르기아– 교활 crafty, 간교한 cunning)**이다.**

욕심 תַּאֲוָה(8378, 타아바– 욕구, 욕망, 갈망, ~하고 싶어하다, 바라다)**이다.**

사탄마귀의 핵심적인 무기는 거짓말과 욕심이다(창3:4-6, 요8:44, 약1:15).

③ **살인** ἀνθρωποκτόνος(443, 안드로포크토노스– 살인하는 자, 살인자)**이다.**

살인 רָצַח(7523, 라차흐– 살인하다, 살해하다, 죽이다)**이다.**

④ **육체** בָּשָׂר(4561, 사르크스– 살, 육체 flesh)**의 정욕** ἐπιθυμία(1939, 에피뒤미아– 충동, 욕망, 갈망)**이다.**

육체 ἐπιθυμία(1320, 바사르– 살, 육체, 살, 인간, 혈육)**이다.**

정욕 תַּאֲוָה(8378, 타아바– 욕구, 욕망, 갈망, ~하고 싶어하다, 바라다)**이다.**

⑤ **안목** ὀφθαλμός(3788, 오프달모스– 눈 eye)**의 정욕** ὀφθαλμός(1939, 에피뒤미아– 충동, 욕망, 갈망)**이다.**

안목 עַיִן(5869, 아인- 눈 eye, 샘물, spring, 샘 fountain)**이다.**

정욕 תַּאֲוָה(8378, 타아바- 욕구, 욕망, 갈망, ~하고 싶어하다, 바라다)**이다.**

⑥ **이생** βίος(979, 비오스- 생명, 생활 life)**의 자랑** ἀλαζονεία(212, 알라조네이아- 허풍 떰, 자랑함, 망상, 착각, 자만)**이다.**

이생 אֱנוֹשׁ(582, 에노쉬- 사람 man, 인간, 욥7:1,16, 욥8:9, 욥15:20) יוֹם(3117, 욤-날, 낮, 하루)**이다.**

자랑 גַּאֲוָה(1346, 가아와- 솟아오름, 위엄, 교만, 자랑, 허영)이다. 헬라어 '알라조네이아' 이브리어 역어가 없고 외경에만 있어서 이브리어 '가아바'를 채택하였다. 영적의미는 같다. 의식주와 육신의 정욕과 안목의 정욕과 이생의 자랑으로 인하여 믿음을 저버리는 자가 곧 영적인 육백육십육의 표를 받은 자와 같다. 그러므로 환경구원을 이루지 못한다(눅8:12-14).

아담과 하와가 무너졌고 모든 사람들이 사탄마귀의 거짓말에 미혹당하여 멸망하게 하는 대표적인 죄들이다(벧전5:8).

8) 자신을 사탄에게 넘겨주지παραδίδωμι(3860, 파라디도미- 넘겨주다, 사단에게 내어주다, 고전5:5, 딤전1:20, 딤전4:1-2) 않았는지를 비교해 보라는 것이다(창3:1-6,11-13, 왕상22:22-23, 롬1:24-32, 고전10:20, 고후11:13-15, 살후2:3,9-9, 딤후3:13, 딤후4:4, 벧후2:1, 요일2:18, 계9:20, 계16:14, 계18:2, 계19:20, 계20:2-3,8-10).

9) 깨닫고συνίημι(4920, 쉬니에미- 들음으로 받아들이다, ~을 알아차리다, 이해하다,

깨닫다) 하나님을 찾고 있는지를 비교해 보라는 것이다(롬3:11(9-19), 욥 21:15, 시 14:2-4, 시 53:1-4, 잠 1:29-30, 사 9:13, 사 31:1, 사 55:6, 사 65:1, 렘 4:22, 호 4:6, 호 7:10, 마 13:13-14, 롬 1:28, 롬 8:7, 엡2:2, 딛 3:3, 요일 5:20).

10) 죽은ἀποθνήσκω(599, 아포드네스코- 죽다, 죽음에 직면하다, 죽기 마련이다) 죄 ἁμαρτία(266, 하마르티아- 잘못 mistake, 죄, sin표적(과녁)을 벗어나는 것, 잘못, 실수, 목표를 이루지 못하는 것)에 다시 지배당하고 βασιλεύω(936, 바실류오- 왕이 되다, 통치하다, 다스리다) 있는지를 비교해보라는 것이다(엡2:1, 롬6:1-14, 마 8:22, 롬 8:1-2, 엡 1:19, 엡 4:18, 엡 5:14, 골 3:1-3, 딤전 5:6, 요일 3:14, 계 3:1).

11) 육신의 사람인지 영의 사람인지를 비교해보라는 것이다(롬8:5-9,14, 롬 7:18-24, 막 8:33, 요 3:6, 고전 2:14, 고전 15:48, 고후 10:3, 갈 5:22-25, 골 3:1-3, 벧후 2:10-11).

12) 이에수스 크리스토스로 옷 입었는지를 비교해보라는 것이다(롬13:12-14, 고후4:16, 고후5:17, 갈3:27, 갈5:16,24, 엡4:24, 엡6:11, 골3:12-13, 딛2:14, 히12:14, 벧전 2:2, 요일3:3, 사52:1, 사59:17).

13) 하나님의 나라를 유업으로 받을 자인지κληρονομέω(2816, 클레로노메오- 상속하다, 상속자가 되다, 획득하다, 얻다, 소유하다)를 비교해 보라는 것이다(고전6:9-11, 마19:29, 행14:22, 고전3:16-17, 고전9:24, 고전15:50, 갈5:19-21, 엡5:5, 히12:14, 히 13:4, 계21:8, 계22:15,18-19).

14) 육σάρξ(4561, 사르크스- 살, 육체 flesh)과 영πνεῦμα(4151, 프뉴마- 바람, 호흡,

생명, 영, 성령)의 온갖 더러운μολυσμός(3436, 몰뤼스모스- 더럽힘 defilemene, 더럽히는 것) 것에서 자신을 깨끗하게 하고καθαρίζω(2511, 카다리조- 깨끗하게 하다 cleanse, 정화하다 purify) 있는지를 비교해 보라는 것이다(고후7:1, 마5:8,48, 마23:25-26, 살전3:13, 살전5:23, 딛2:11-14, 히12:28, 약4:8, 벧전1:22, 벧후1:4, 요일1:7-9, 요일3:3, 시51:10, 시119:9, 사1:16-17, 렘4:14, 겔18:30-32, 겔36:25-27).

15) 육체σάρξ(4561, 사르크스- 살, 육체 flesh)와 함께 그 정욕πάθημα(3804, 파데마 고난 suffering, 고통 affliction, 불행 misfortune)과 탐심ἐπιθυμία(1939, 에피뒤미아- 충동, 욕망, 갈망)을 십자가에 못 박고 성령의 열매를 맺고 있는지 육체의 열매를 맺는지를 비교해 보라는 것이다(갈5:16-26).

갈라디아 5:24절에 정욕(파데마)은 육체의 일이다(19-21). 육체의 일로 인하여 오는 것들은 고난과 고통과 불행이라는 것이다. 그래서 십자가에 못 박아 죽이라는 말씀이다(롬7:24, 고전9:27, 고전15:31). 예슈아의 사람들이 당하는 고난과 고통과 불행은 영적인 것이다. 질병과 돈과 환경이 아니다. 내주 예슈아 모신 곳은 그 어디나 하나님의 왕국이기 때문이다(눅17:20-21).

16) 불순종ἀπείθεια(543, 아페이데이아- 불순종 disobedience)의 아들들 가운데서 역사하는 영(뱀- 사탄마귀귀신, 계12:9)에게 이끌려 세상 풍조를 따르고 공중ἀήρ(109, 아엘- 공중, 공기 air)의 권세ἐξουσία(1849, 엑수시아- 선택의 자유, 권리, 통치력, 권력자)잡은 자ἄρχων(758, 아르콘- 통치자 ruler, 군주 prince)에게 눌려 있는지 떠났는지를 비교해 보라는 것이다(엡2:2).

17) 여전히 이방인의 때의 속성과 허망ματαιότης(3153, 마타이오테스- 텅빔, 공허 emptiness, 무익 futility, 무가치 worth lessness)한 것과 더러운ἀκαθαρσία(167, 아카다르시아- 불결 uncleanness) 욕심πλεονεξία(4124, 플레오넥시아- 탐심, 탐욕, 탐욕스러움)으로 행하고 있는지를 비교해보라는 것이다(엡4:17-19).

18) 유혹ἀπάτη(539, 아파테- 속임 deception, 속임수 trickery, 기만 deceitfulness)의 욕심과 구습을 따르는 옛사람으로 살아가고 있는지 아니면 의 δικαιοσύνη(1343, 디카이오쉬네- 의로움, 의)와 진리ἀλήθεια(225, 알레데이아- 진리, 진실)의 거룩함ὁσιότηςς(3742, 호시오테스- 거룩 holiness, 경건, 신앙심 devoutness, piety, 성결)으로 하나님을 따라 살고 있는지를 비교해보라는 것이다(엡4:22-24).

19) 돈φιλαργυρία(5365, 필라르귀리아- 돈에 대한 사랑, 탐욕)을 사랑하여 시험πειρασμός(3986, 페이라스모스- 시험, 시련, 유혹)과 올무παγίς(3803, 파기스- 올무, 덫 snare, trap)와 해로운βλαβερός(983, 블라베로스- 해로운 hurtful, 남을 해하는 injurious) 욕심ἐπιθυμία(1939, 에피뒤미아- 충동, 욕망, 갈망)으로 파멸ὄλεθρος(3639, 올레드로스- 파괴, 소멸, 멸망 destruction, 파멸 ruin, 죽음 death)과 멸망의 길로 행하는지를 비교해 보라는 것이다(딤전6:9-10).

20) 아직도 어리석고ἀνόητος(453, 아노에토스- 현명치 못한, 어리석은, 분별이 없는) 불순종ἀπειθής(545, 아페이데스- 거스리는, 불순종하는 disobedient)하며 사탄에게 속아πλανάω(4105, 플라나오- 배회, 방황, 이탈, 길을 잃게 하다, 미혹하다, 빗나가다, 방황하다) 살고 여러가지 정욕과 행락ἡδονή(2237, 헤도네- 즐거운 것, 쾌락

의 추구)에 종노릇δουλεύω(1398, 둘류오- 종이 되다, 예속되다, 섬기다)하며 악독
κακία(2549, 카키아- 쓸모없음, 무능력, 나쁜 것, 사악, 죄, 악, 고통, 불행, 파멸)과 투기
φθόνος(5355, 프도노스- 시기, 질투)를 일삼고 가증스럽게στυγητός(4767, 스튀게
토스- 미운, 싫은 hated) 살고 있는지를 비교해 보라는 것이다(딛3:3).

21) 욕심ἐπιθυμέω(1937, 에피뒤메오- 욕구하다, 원하다, 탐내다)을 내어도 얻지
못하는 것을 정욕ἡδονή(2237, 헤도네- 즐거운 것, 쾌락의 추구)으로 구하며 싸우고
πόλεμος(4171, 폴레모스- 전쟁, 싸움, 논쟁, 다툼) 다투고μάχη(3163, 마케- 전쟁, 다툼,
논쟁, 싸움, 전투) 살인φονεύω(5407, 포뉴오- 살해하다, 죽이다)하여서라도 취하지
ἐπιτυγχάνω(2013, 에피튕카노- 얻다, 도달하다) 못하는 잘못κακῶς(2560, 카코스-
심히, 비참하게, 잘못, 악하게)된 것들을 구하는αἰτέω(154, 아이테오- 구하다, 요구하
다) 기도를 하고 있지는 않은지를 비교해보라는 것이다(약4:1-3).

22) 전에 따르던 사욕ἐπιθυμία(1939, 에피뒤미아- 충동, 욕망, 갈망)을 따르는지
를 비교해 보라(벧전1:14).

23) 저주κατάρα(2671, 카타라- 저주 curse)의 자식이 아닌지 비교해 보라는 것
이다(벧전4:3, 벧후2:14).

24) 육신의 정욕, 안목의 정욕, 이생의 자랑의 사람이 아닌지 비교해 보라
는 것이다(요일2:15-17).

25) 죄ἁμαρτία(266, 하마르티아- 잘못 mistake, 죄 sin)만 짓고 마귀

διάβολος(1228, 디아볼로스- 중상자, 비방자, 마귀)에게 속하여 마귀의 일 ἔργον(2041, 에르곤-일, 행위 work)을 행하지 않는지를 비교해 보라는 것이다(요일3:8,10).

26) 악한 자 사탄에게 이끌려 사는지를 비교해 보라는 것이다(요일5:19, 계 12:9, 계13:8,14, 계20:2).

3. 아버지는 그것을 알고 있다

(1) 아버지 헬라어 '파테르'

아버지πατήρ(3962 파테르- 아버지) πατὴρ 명사 주격 남성 단수이다.

하나님의 아들과 딸(요1:12, 렘3:19)은 마음에 영이신 루바흐 엘로힘(창1:2) 영 접한 사람이다.

영이신 루바흐 엘로힘의 자녀가 되었다는 증거를 무엇으로 알 수 있을까?
① 부르심을 받아들인다(고전1:21-24, 고전1:2,9, 롬1:20, 롬9:24)
② 마음에 예슈아 마쉬아흐를 모셔들인다(요1:12-13).
③ 영이신 루바흐 엘로힘을 아버지라고 부르게 된다(롬8:15-16, 갈4:5-6),
④ 회심-슈브하여 영이신 루바흐 엘로힘께로 돌아간다(마3:2,8-9, 눅24:47, 행 2:38, 행3:19, 행20:21, 행26:20, 사55:6-7, 렘3:12-14,22, 렘4:1, 겔18:21-22, 겔33:11, 호14:1-4, 슥1:3).

⑤ 말씀 묵상(하가)과 기도로 아버지 하나님과 관계를 유지한다(시1:3, 마6:9-13,33, 마7:7-11, 계1:3, 겔36:27).

⑥ 영이신 루바흐 하나님(성령하나님)의 감동하심과 이끄심을 온전히 받아들여 살아간다(요3:5-6, 롬8:5-9,14, 갈5:22-23,25, 창2:7, 시119:130, 요12:49- 50, 고전2:10-14).

로마서 8:14 무릇 하나님의 영으로 인도함을 받는 사람은 곧 하나님의 아들이라.고 하였다. 이들은 영이신 하나님의 인도함을 받는다. 영이신 하나님 아버지께서 그들 마음속에 거주하시면서 당신의 일을 그 사람을 통하여 이루어 가신다.

영이신 루바흐 엘로힘의 인도함을 받는 자에게 이런 증거들이 나타난다.

① 영이신 루바흐 엘로힘의 일을 생각한다(롬8:5,6).

② 육신에 끌리지 않고 영(이신 하나님)의 이끌림을 받는다(막8:33, 요3:6, 롬8:4-9,14, 고전2:14, 고전15:48, 갈5:16,18,22-25, 엡5:9, 빌3:18-19, 골3:1-3, 벧후2:10).

③ 아버지 하나님을 믿는 일로 인한 고난을 달게 받는다(마16:24, 막9:47, 요12:25-26, 요16:1-2,33, 롬8:17, 행14:22, 골1:23, 살전3:2-4, 딤후1:8, 딤후2:11-12, 딤후3:12, 벧전4:12-18, 벧전5:10, 계2:10, 계7:14).

④ 하나님을 기쁘시게 한다(마5:16, 고전10:31, 히11:6, 사43:7). 엑수시아 ἐξουσία(1849, 엑수시아- 선택의 자유, 권리, 통치력, 권력자)의 권세(요1:12)와 엔뒤나모오ἐνδυναμόω(1743, 엔뒤나모오- 강하게 하다, 힘을 얻다, 할 수 있다, 힘이 증가하다)의 능력(빌4:13)과 피스티스πίστις(4102, 피스티스- 신뢰, 확신, 확실성, 확고한 확신, 믿음)의 믿음(요일5:4)으로 세상을 이긴다(요일5:4-5,계21:7).

⑤ 성령의 검 곧 하나님의 말씀으로 무장 되어있다(엡6:10-18). 영적 군사로 살아간다(딤후2:3-4). 행함의 믿음이다(약2:17). 짐승(사탄마귀)의 표 육백육십육 의표를 받지 않는다(계12:11, 계13:14-18, 계15:2, 계20:4) 등등이다.

⑥ 성령의 열매를 맺힌다(마3:8-12, 마7:16-27, 마12:33, 엡5:8-10, 약3:12, 갈5:22).

(2) 아버지 이브리어 '아브'

אָב (1, 아브- 아버지 father)이다.

당신은 영이신 하나님을 아버지라고 부르고 있는가(요4:24, 롬8:15-17, 갈4:6, 요14:16, 요15:26, 마6:6, 렘4:3,19, 창1:2) 그렇다면 당신은 영이신 하나님의 아들과 딸이다. 당신이 만약에 영이신 하나님의 아들과 딸이라면 이제부터는 걱정하지 않아도 된다.

영이신 (헬라어 πνεῦμα)프뉴마, (이브리어 רוּחַ)루바흐 하나님 아버지께서 아들과 딸들에게 필요한 모든 것을 다 알고 계시기 때문이다(마6:32). 다 알고 계시다는 것은 필요에 따라서 다 채워주신다는 약속이 담겨있는 말씀이다. 아버지 하나님과의 관계 유지는 자녀들에게 달려있다(마6:33-34). 그 관계 유지는 예슈아께서 가르쳐주신 기도를 하면서 이 기도처럼 살아가는 것이다.

예슈아께서 가르쳐주신 기도를 주문을 외우듯 하고 그쳐서는 안 된다. 되새김질하면서 실제로 살아져야 한다.

| 예슈아께서 가르쳐주신 기도요약 |
1. 영이신 하나님의 거룩함으로 충만 되어 지기를 사모한다.

2. 영이신 하나님의 왕국이 마음 안에 이루어지기를 사모한다.

3. 생명의 양식을 사모함으로 먹는다.

4. 도저히 용서받을 수 없는, 용서를 받은 자로써 다른 사람을 용서하며 산다.

5. 영이신 하나님의 능력을 행사하므로, 마음 안으로 사탄마귀의 시험과 유혹을 받아들이지 않도록 사탄마귀의 사악함에서 구하여 달라고 기도하며 매달린다.

6. 이렇게 실제적으로 사는 자들에게 영원히 지속되는 이 왕국과 이 능력과 이 영광을 누리게 된다.

영이신 하나님의 아들과 딸은 아버지의 생명, 호흡, 숨, 즉 영으로 영이신 하나님께서 거주하시는 집이다(창 2:7, 고전 3:1-17, 고전 6:19-20, 골 1:27, 고후 13:5, 요 14:17).

그리고 복음을 듣고 마음에 받아들인 자를(고전1:21, 눅16:29,31, 막15:16, 마 28:19-20, 막1:15, 요 3:12-13,15-19,36, 요5:24-25, 요6:40, 요1:12-13, 요20:31, 행2:38, 행 10:43, 롬10:9-14, 요일5:10-11) 말씀으로 낳았다. 물과 성령으로 낳았다. 하나님 으로부터 낳았다고 하는 것이다(약1:18, 벧전1:23, 요1:13, 고전4:15, 요일3:9).

아브 그의간략해설

영이신 루바흐 엘로힘 아버지는 만능의 힘이시다.

알레프 א- 하나님은 '바브'와 '요드' 두 개의 합성어이다. 숫자 값은 1이다. 최 고의 1이다. 알레프를 분해하면(바브ו 요드י 요드י)이다. 숫자 값은 바브6+요 드10+요드10=26이다. 예하바 יהוה의 숫자도 26이다. 요드10+헤이5+바브6+

헤이5=26이다. 유대인들에게 26의 숫자는 하나님을 가리키는 숫자이다. 성경에서는 아라비아 숫자를 쓰지 않고 알레프를 1로 쓴다. 예를 들면 11은 요드 '와 알레프 א이다.

베이트 ב- 마음 안에 집은 '바브' 세 개의 합성어이다. 숫자 값은 2이다. 베이트를 분해하면 18이다. 바브6+바브6+바브6=18이다. 유대인들은 18의 숫자를 생명으로 여긴다.

아브의 숫자는 3이다. 그러니까 '아브'는 강력한 힘과 생명의 아버지라는 뜻이다. 그리고 아버지는 강력한 만능의 능력으로 생명을 아들 집에 넣어주시므로 아들이 태어난다. 강의는 좀 더 쉬운데 글로 표현하기에는 한계가 있다.

이브리어의 첫 단어가 '아브'이다. '아브'는 아버지이다. 이스라엘 사람(유대인)은 세계2%밖에 안 된다. 그러나 세계를 좌지우지하는 이유가 여기에서 시작한다고 여겨진다. 아버지를 가장 먼저 배우기 때문이다. 이브리어 알파벳 첫 자는 알레프이다. 알레프 한 자 속에는 만능의 힘이신 하나님의 희생과 예슈아의 십자가 복음이 담겨있다.

유대인들은 알파벳 글을 배우기 시작하면서부터 만능의 힘이신 하나님께서 친히 예슈아로 오셔서 저주의 십자가에서 대리적 희생물이 되신다는 복음을 만난다(막10:45). 그리고 단어를 배우면서는 강력한 힘과 만능의 아버지 하나님(엘로힘 예하바)을 만나는 민족이다.

대한민국에서는 자음 ㄱ과 모음 ㅏ를 배운다. 첫 단어는 '가'이다. 이스라엘 민족은 '알레프'를 통해 실존하시는 영이신 루바흐 엘로힘, 즉 모든 힘과 만능과 모든 권세의 주권자가 자기들의 아버지라는 것을 배운다. 그러나 한국 사람은 글을 읽기 위한 '가 나 다 라'를 배우는 것과 차원이 전혀 다르다.

'아브라함'과 '이츠하크(이삭)'와 '이스라엘(야아코프)'의 신앙 계대를 이어받아 엘로힘 예하바의 말씀을 따라 살려는 사람들이며 이스라엘 나라와 국민을 사랑하는 마음들을 가지고 살아가기 때문이다.

예슈아를 믿는 사람들은 모두가 다 아브라함의 믿음의 자손들이다(갈3:6-9,13). 아버지 하나님은 세상(세계)을 질서 있는 나라들로 세우시려고 예슈아를 보내주셨다(요3:16).

| 단어설명 |

세상κόσμος(2889, 코스모스- 질서 order, 꾸밈, 장식 adornment, 세계(세상) world, 건설이나 설립, 확립) 코스모스는 도시 국가의 시민 사회의 삶의 규정, 제도라는 보통 정치적 용어이다.

아버지 하나님께서 예슈아를 세상에 보내신 것도 죄악으로 무질서한 나라들과 국가들을 질서 있게 장식하며 꾸미기 위함이다. 각 나라와 세계 속에 살아가는 사람들 마음에 하나님의 왕국이 확장되어지므로 죄악이 물러간다. 불의가 사라진다. 그리고 믿음으로 말씀을 순종하므로 사탄마귀의 시험과 유혹의 사악함을 이기게 된다(마7:13-14, 엡6:13, 계7:10, 계12:11, 계15-1-4, 계20:4, 시1:2,1,3,6, 시112:1, 시119:1-2).

알레프의 합성어는 바브와 요드이다.

'바브' ˈ는 영이신 아버지 하나님께 연결하는 사람 예슈아이다(요14:6). 즉 십자가의 사닥다리를 가리킨다(창28:12, 고전1:18, 요19:30).

'요드' ˈ는 예하바의 쥔 손으로 두 손은 십자가에 못 박히셔서 못을 잡고 있는 두 손이다.

예하바의 두 쥔 손은 십자가의 수평이다, 동서남북의 사방에서 당신의 아들과 딸들이 될 사람들을 대신하여 저주의 십자가에서 대리적 속죄의 희생물이 되신 것을 믿는 자들에게 죄 사함과 영원한 생명을 주신다는 상징적인 표가 '바브'이다(요10:28-30).

그리고 수직의 십자가를 붙들고 있는 예하바의 두 쥔 손의 한손은 하늘에서 내려와 예슈아 십자가를 붙잡고 계신다. 또 한손은 땅에서 예수아 십자가를 붙잡고 있다. 십자가는 아버지께로 가는 길이다. 두 손은 하늘과 땅을 연결한다. 그러므로 누구도 예슈아의 손과 하나님의 손에서 영생구원을 받은 사람을 빼앗아 갈 수 없는 유명한 존귀한 자가 된다(요10:28-29). 이들이 하나님의 아들들과 딸들이다.

인간의 아버지는 자식들을 양육하고 돌보고 지키는 것도 한계가 있다. 유명한 명의사라고 자기의 병과 자식들과 부모의 모든 병을 고쳐줄 수가 없다. 대통령이라고 자식들의 인생의 문제를 다 해결해 줄 수가 없다. 인간의 아버지는 하지 못하는 일들이 너무 많다.

그리고 자식들에게 죄 사함의 은총을 베풀 수가 없고 영생구원을 줄 수도 없다. 자기의 죄의 문제를 해결해야 할 죄인이기 때문이다. 자기도 영생구원을 받아야한다. 이런 면으로 보면 육체의 아버지는 전적으로 무능하다.

그러나 영이신 하나님 아버지는 영존하신다. 영원한 만능이시다. 당신의 아들들과 딸들을 책임지고 보호하신다. 그리고 아들들과 딸들의 필요를 다 알고 계시므로 아버지의 왕국 임하기를 사모하며, 아버지의 의를 추구하여 (마6:33) '미츠바'명령의 계명을 지키는 자(잠7:1-3)를 책임져주신다.

| 참고 – 계명(미츠바)과 율법(토라)에 대하여 |

1) 계명(미츠바) מִצְוָה과 율법 הַתּוֹרָה(토라)의 영적의미
미츠바는 멤+차데+바브+헤이의 합성어이다.
미츠바는 필수적인 생명진리의 말씀을 믿는 자을 책임지시고 죄 사함과 영원히 실존하는 생명구원을 예슈아께서 주신다는 것이다(요5:24, 고전1:21, 롬10:14-17).

토라는 타브+바브+레쉬+헤이의 합성어이다.
토라 간략해설-모든 머리와 왕 중에 왕이신 예슈아께서 저주의 십자가에서 대리적 희생물로 죽으셨다고 믿는 자에게 영원히 실존하는 생명구원을 주신다는 것이다(요5:39, 마20:28, 눅16:29,31, 눅24:27,44, 요1:45, 요5:46, 요1:45, 행26:22, 롬1:2, 딤후3:14-17, 벧전1:10-11).
토라는 복음의 핵심이다. 연구원에서 강의를 들어야 한다.

그렇다. '미츠바'와 '토라'만 아니라 시편을 다섯 권으로 할 때 성경70권의 기록 목적이다(요20:31).

미츠바와 토라요약

① 이에수스크리스토스–예슈아마쉬아흐의 십자가 복음이다(요1:1, 요 14:6,15,21, 요15:10,12).

② 예슈아를 사랑하라는 것이다(요일2:3–5, 요일5:3, 요14:21,23,24, 출20:6, 신5:29, 신6:1–9, 신7:9).

③ 예슈아처럼 살라는 것이다(요8:28, 요3:11, 요5:19,30, 요6:38, 요12:49–50, 요일5:6).

④ 예슈아크리스토스를 믿는 것이다(요일3:22–23).

⑤ 예언의 말씀 지키는 자가 '마카리오스'복을 받는다(눅11:28, 계1:3, 계22:7, 시112:1, 시119:1–2).

⑥ 자기의 겉옷을 씻는 자가 '마카리오스'의 행복한 자가 된다(계 22:14).

⑦ 예 하고 아니라 함이 없다. 오직 '아멘'하여 하나님께 영광을 돌리라는 것이다(고후1:19–22, 빌2:8, 요일 5:10–12, 요 3:36, 요 20:31).

예슈아 יְשׁוּעָה(3444, 예슈아– 구원, 구출, 구조)의 왕국 복음이야말로 최상의 복음이다(막1:14–15, 눅9:2, 눅10:11, 눅24:47–48, 마4:17).

하나님 왕국은 예슈아께서 완성하셨다(요14:1–6). 많은 해설이 필요하다. 하나님의 왕국과 예슈아는 하나이다. 그래서 오직 예슈아이다. 오직 성경진리이다.

오직 하나님의 왕국이다. 이 세 가지 중심으로 살아가는 사람은 민족과 국가를 사랑하는 사람이다. 한국기독교는 샤머니즘shamanis(무속신앙, 기복신앙)의 혼합주의가 되어있다. 이것을 초월하지 못하면 오직 예슈아도, 오직 성경도, 오직 하나님의 왕국도 그 사람에게는 없는 것이다.

2) 계명에 대한 이브리어 간략해설

ἐντολή(1785, 엔톨레- 명령 command, 계명 commandment, 훈령 order)이다.

מִצְוָה(4687, 미츠와- 계명, 명령하다)이다.

모음홀렘'ㅗ'가 없으므로 'ㅘ'가 아니라 'ㅏ'이다. 그럼으로 '미츠바'이다. 기왕에 모음을 붙여 발음하도록 하였으니 올바르게 사용하자.

미츠바 합성어해설

멤+차데+바브+헤이이다.

사전적 의미

멤-물, 진리, 사역, 필수적인 생명진리의 말씀으로 생활화하라. 성경은 곧 예슈아에 대한 기록이다.

차데-낚시 바늘, 책임, 복음의 말씀을 듣고 받아들이는 자를 책임지신다.

바브-연결하는 사람, 갈고리, 못, 연결하는 사람 예슈아를 통하여서만 아버지께로 간다. 바브는 곧 십자가에 못 박히신 예슈아이다.

헤이-목숨, 호흡, 실존, 사람이 실존하는 원인은 영이신 엘로힘께서 호흡을 계속 불어넣어 주시고 계시기 때문이다(창2:7). 호흡-생명은 사람의 것이 아니다.

'미츠바'는 곧 죄 사함과 생명구원을 얻게 하는 예슈아의 십자가복음이다.

미츠바 간략해설-'미츠바'계명은 명령하다이다. 엘로힘 예하바께서 무슨 명령을 하셨을까? '미츠와' 단어 속에 담아 놓으셨다. 한마디로 '실천하고 살아라'는 말씀이다. 무엇을 실천하라는 말씀일까? 하나님을 사랑하라는 것이다.

그 사랑의 명령을 준행하는 것은 필수적인 생명진리의 말씀을 마음에 담아놓고 그 말씀 따라 살아가라는 것이다. 실행하는 자에게 영이신 예하바께서는 보상으로 그 사람을 예슈아께서 책임지시고 영원히 실존하는 생명을 주신다.

아마도 계명하면 십계명 정도로 여긴다. 틀리지 않다. 영이신 하나님을 사랑하고 이웃을 네 몸처럼 사랑하라는 말씀이기 때문이다. 구체적으로 세분하면 멤, 차데, 바브, 헤이로 계명의 의미를 알려주셨다.

미츠바 계명은 절대 무거운 것이 아니다(요일5:1-3, 출20:6). 예슈아의 생명과 연결되어 있다면 문제는 달라진다. 참 감람나무와 참 포도나무 되시는 예슈아께 붙어 있는 가지는 힘쓸 것이 없다. 예슈아께서 주시는 힘으로 저절로 열매를 맺게 되기 때문이다(요15:4-6). 가지가 할 일은 예슈아께서 공급하여 올려주시는 생명의 힘을 잘 받아먹으면 되는 것이다.

제2장

맛다이오스유앙겔리온

6:9

맛다이오스 유앙겔리온 6:9

【본문】

그러므로 너희는 이렇게 기도하라

하늘에 계신 우리 아버지여 이름이 거룩히 여김을 받으시오며

【원어】

Ματθαῖος εὐαγγέλιον 6:9 οὕτως οὖν προσεύχεσθε ὑμεῖς· Πάτερ ἡμῶν ὁ ἐν τοῖς οὐρανοῖς· Ἁγιασθήτω τὸ ὄνομά σου·

【직역】

맛다이오스유앙겔리온 6:9 이런 방식(方式-일정한 방법과 형식)으로 그러므로 너희는 기도하라 너희는 아버지 우리 그 위에 그들 하늘들 그로 거룩하게 하시고 그 이름 당신

【문장정리】

맛다이오스유앙겔리온 6:9 그러므로 너희는 이런 방식(方式-일정한 방법과 형식)으로 기도하라. 너희는 하늘들 그 위에 우리 아버지, 당신의 그 이름처럼, 당신으로 거룩하게 하시고

【헬라어 단어별 사전적 의미】

οὕτω (3779 후토스-이런 방식으로, 이렇게) οὕτως 부사

οὖν (3767 운-그러므로, 그러면) οὖν 우위 접속사

προσεύχομαι (4336 프로슈코마이-기도하다 pray) προσεύχεσθε 동명령 현재 중수디포 2인 복수

σύ(4771 쉬-너는 you) ὑμεῖς· 인칭대명사 주격 2인 복수

πατήρ (3962 파테르-아버지) Πάτερ 명사 호격 남성 단수

ἐγώ (1473 에고-나 I) ἡμῶν 인칭대명사 속격 1인 복수

ὁ (3588 호-그, '이것, 이 사람, 저것, 저 사람) ὁ 관사 호격 남성 단수

ἐν (1722 엔-~안에, ~에, 위에, ~와 함께.) ἐν 전치사 여격

ὁ (3588 호-그, '이것, 이 사람, 저것, 저 사람) τοῖς 관사 여격 남성 복수

οὐρανός (3772 우라노스-하늘 heaven) οὐρανοῖς· 명사 여격 남성 복수

ἁγιάζω (37 하기아조-거룩하게 하다, 성별하다, 봉헌하다, 성화(성결)하게 하다)
Ἁγιασθήτω 동명령 과거 수동 3인 단수

ὁ (3588 호-그, '이것, 이 사람, 저것, 저 사람) τὸ 관사 주격 중성 단수

ὄνομα (3686 오노마-이름 name) ὄνομά 명사 주격 중성 단수

σύ (4771 쉬-너는 you) σου· 인칭대명사 속격 2인 단수

1. 너희는 이런 일정한 형식으로 기도하라

οὕτω(3779 후토스- 이런 방식(일정한 방법과 형식)으로, 이렇게) οὕτως 부사

προσεύχομαι (4336 프로슈코마이- 기도하다 pray) προσεύχεσθε 동명령 현재

중수디포 2인 복수

(1) 기도하다 헬라어 '프로슈코마이'

'프로슈코마이' 간략해설

이에수스 크리스토스께서 기도를 가르쳐주시면서 일정한 형식을 가지고
기도하라는 말씀이다. 이런 방식(方式-일정한 방법, 형식)의 기도는 명령이다.
우리의 선택의 여지가 없다. 반드시 일정한 방법이나 형식과 법칙에 따라
해야 하는 기도이다. 모든 부분들이 영적인 것들의 기도이기 때문에 더욱
그렇다.

이방인-불신자는 일정한 형식이 없다. 자기의 마음에 생각나는 대로 중언
부언(重言復言) 기도한다. 그러나 영이신 하나님 아버지께 기도하는 자는 일
정한 형식을 갖추어서 기도하라고 가르쳐주셨다.

(2) 기도하다 이브리어 '팔랄'

헬라어 동사 '프로슈코마이' 역어 대부분은 이브리어 '팔랄'이다.
פָלַל(6419, 팔랄-중재하다, 개입하다, 기도하다)이다.

팔랄 간략해설

일정한 형식을 갖추어 기도를 하려면 영혼의 목자와 통치자이신 예슈아께서 그 기도에 개입(介入-끼어듦)하여야 한다. 무슨 소리야! 라고 말하는 자도 있을 수 있을 것이다. 어떻게 예슈아께서 개인이 기도하는데 개입할 수 있을까라고 생각하겠지만 당연한 것이다(엡6:18, 행1:14, 행12:5, 롬8:26-27, 갈4:6, 골4:2, 히5:7, 벧전4:7).

예슈아께서 가르쳐 주신 기도의 내용의 일정한 형식을 갖추어 기도하는 것이 곧 개입하는 것이다. 그리고 명령으로 주셨기에 개입하시는 것이다. 예슈아께서 기도에 개입하신다는 것은 영이신 루바흐-성령하나님의 감동으로 기도하게 된다는 것이다.

이브리어 '팔랄'의 단어 속에 그 뜻을 담아 놓으셨다.

פֶּה의 사전적 의미는 입과 개방이다. 어떤 입이 되어 기도해야 하는지를 알려주셨다. 이 입은 영이신 하나님의 입이다(데오스 하나님 입에서 나오는 말씀-마4:4, 예하바 입에서 나오는 말씀-신8:3). 영이신 예하바 입에서 나오는 말씀으로 사는 줄 아는 사람은 말씀에 근거하여 기도하라는 것이다. 하늘들 위에 구별하여 계시는 아버지 하나님께서는 당신의 입으로부터 나온 말씀으로 기도하는 것을 받으시고 응답하신다.

많은 사람이 이것을 모르는 것 같다. 그래서 가장 좋은 기도는 예슈아께서 가르쳐주시는 기도이다. 그리고 또 하나님께서 기뻐하시는 기도는 말씀을 되새김질 하면서 하는 기도이다. 되새김질 기도란 말씀을 붙잡고 그 말씀을 되새기며 하는 기도이다(딤후3:16-17, 삼하23:2, 벧후1:19-21).

라메드 ㄱ의 사전적 의미는 목자의 지팡이, 통치자의 막대기, 가르치다, 익히다, 편 손, 받아들이다, 거부하다 등이다. 영혼의 목자와 통치자이신 예슈아께서 가르쳐주시는 생명의 말씀을 잘 받아들여 되새김질하여 익히며 기도하라는 것이다.

이렇게 가르침을 받은 대로 하는 기도가 가장 영성 있는 기도이다. 골방기도이다(마6:6). 성령의 감동으로 하는 기도이다(요4:23-24, 고전14:14-16, 엡6:18). 그러므로 일정한 기도는 성령님의 감동에 따라서 한다. 성령 하나님께서는 언제나 항상 반드시 말씀의 근거하여 기도하도록 감동하시기 때문이다(롬 8:5,9,14,26-27, 요14:26, 요16:13-14, 요15:7, 갈4:6, 갈5:16-18).

영성(靈性-영의 생명, 영의 성품)이란? 영이신 하나님의 생명과 영의 성품이다. 대개 신비주의자의 영성 의미는 성경적이 아니다. 그러기에 영이신 하나님의 생명과 말씀으로 충만 되기보다는 '환상을 본다, 영음을 듣는다' 라고 하면서 개인의 경험을 내세운다.

물론 깊은 기도를 하면 말할 수 없는 신비한 세계를 보게 되며, 영으로 들리는 소리가 있다. 그 보고 듣는 것들이 성경의 원리와 원칙과 진리의 균형에 맞아야 하며, 생명을 살려내며, 특정적인 일(사람)을 올바른 길로 인도하며, 국가를 위기에서 건져낸다. 그리고 이 모든 것들을 통하여 영이신 하나님을 높이게 된다. 여기에서 빗나가는 것은 성경의 진리에서 벗어나는 것이므로 경계에 경계를 하지 않으면 신비주의와 사이비 신앙인으로 빠지게 된다.

영이신 하나님의 생명으로의 충만은 곧 하나님의 말씀으로 충만 되는 것이다(눅4:1-13, 요3:34, 행2:22, 행10:38, 히1:9, 사11:2, 사42:1, 사61:1).

요한복음 3:34 하나님이 보내신 이는 하나님의 말씀을 하나니 이는 하나님이 성령을 한량없이 주심이니라.고 하였다.

누가복음 4:1-13절에 영성이 무엇인지를 잘 알려주었다. 예슈아는 모든 것의 모본이다(요13:15, 롬8:29, 고전11:1, 벧전2:21, 요일2:6, 요3:16, 계12:11).

성령하나님과 성경말씀으로 충만 되는 것이 영성이다. 영성이란 곧 사탄 마귀의 시험과 유혹을 이기는 것이라는 것을 알려 주셨다. 그런데 보았다, 들었다고 하면서 예언한답시고 점을 치는 경우가 많다. 이것은 영성이 아니다. 신비주의와 샤머니즘의 혼합이다. 물론 영이신 하나님께서 미리 알려주시는 경우가 있다(창6:13, 창18:17, 왕하3:17-20, 왕하6:12, 암3:7-8, 단9:19-27, 계1:1, 계4:1 등등). 이런 경우에 그것을 말하는 사람의 신앙과 행위의 표준이 성경인지 아니면 신비주의인지를 알아야 그 진위를 알 수가 있다.

신약에 선지자가 있는가? 있다(행13:1, 고전12:28, 엡4:11).

영이신 루바흐 רוּחַ (7307, 루바흐- 영, 성령하나님)하나님의 감동으로 하는 기도라야 하는 이유가 있다.

첫째 영이신 하나님의 뜻에 따라 기도한다(마6:9-13, 롬8:26-27, 고전14:14-15, 엡:18).

이보다 더 좋은 기도는 없다. 예슈아께서 가르쳐 주신 영적인 기도요 말씀이기 때문이다. 성령 충만의 기도는 말씀에 근거한 기도이다. 말씀을 전하는 것도 아버지의 성령이 말하게 하심을 따라하는 것이라야 영성의 설교이다(출4:11-12, 삼상10:10, 삼하23:2, 사28:11, 사59:21, 렘1:7-9, 겔3:11, 미3:8, 마10:19-20, 요3:11,32, 요8:26, 요14:10, 요17:8, 행2:5-13). 기도 후에 만족함과 평안과 즐거움이 임한다. 100% 응답되는 기도이다(요14:16-17,26, 롬8:26-27, 고전2:10, 갈5:16, 엡6:18, 살전5:17-18, 약5:16-18, 수10:12-13, 막11:24, 요15:7, 시25:9, 시25:12, 시51:11, 사63:10).

둘째 중언부언의 기도를 하지 않는다(마6:7).

영이신 루바흐 엘로힘께서 개입을 하지 않는 기도는 모두가 중언부언의 기도를 하게 된다. 일정한 형식에 따라 기도해야 중언부언의 기도를 하지 않는다.

중언부언의 헬라어는 βαττολογέω(945, 밧톨로게오- 쓸데없는 말을 하다, 많은 무익한 말을 쓰다, 말을 더듬다, 똑같은 말을 몇 번이고 반복하다)이다.

중언부언(重言復言-의미 없는 말을 반복하다, 혹은 의미가 있더라도 마음 없는 말을 하는 것)은 허공에 외치는 소리이다. 그러므로 기도 후에 오는 기쁨보다 공허함이 밀려오게 된다. 쓸데없는 기도를 하였기 때문이다. 중언부언의 기도를 반복하면 할수록 더욱 공허함이 커진다. 그리고 곧 잊어 버린다.

셋째 정욕을 위한 욕심의 기도를 하지 않는다(약4:1-3).

정욕 ἡδονή(2237 헤도네- 즐거운 것, 달콤한, 쾌락의 추구, 쾌락(즐거움)을 주는 것, 성적 욕구, 눅8:14, 빌3:19, 딛3:3, 약4:3, 벤후2:13)

욕심 ἐπιθυμέω(1937 에피뒤메오- 욕구하다, 원하다, 탐내다, 금지하는 것을 요구하는 것, 출20:17, 신5:21, 미2:2, 잠21:26, 잠23:3,6, 마5:28, 갈5:17, 딤전6:9-12)

정욕과 욕심의 기도는 사탄마귀가 좋아하는 기도이므로 기도한 이후에 죄의 열매를 맺히게 된다.

| 기도의 전제조건 |

요안네스유앙겔리온 15:7절을 직역문장정리하면

본문 : 요안네스유앙겔리온 15:7 너희가 내 안에 거하고 내 말이 너희 안에 거하면 무엇이든지 원하는 대로 구하라 그리하면 이루리라.

원어 : Ἰωάννηςεὐαγγέλιον 15:7 ἐὰν μείνητε ἐν ἐμοί καὶ τὰ ῥήματά μου ἐν ὑμῖν μείνῃ, ὃ ἐὰν θέλητε αἰτήσασθε, καὶ γε νήσεται ὑμῖν.

직역 : 만일 너희가 머무르고 ~안에 내 그리고 그것들 살아있는 말씀들 나의 ~와 함께 너희 거기에 머물러 이것이나 저것이든지 너희가 원하는 것을 너희는 구하라 그러면 그것을 만들어주겠다. 너희

문장정리 : 만일 너희가 내 안에 머무르고 그리고 나의 살아있는 말씀들의 그것들이 너희와 함께 거기에 머물러, 이것이나 저것이든지 너희가 원하는 것을 너희는 구하라. 그러면 너희에게 그것을 만들어주겠다.

⊙ 헬라어 단어별 사전적 의미

ἐάν (1437 에안-만일 ~이라면 if) ἐὰν **종속 접속사**

μένω (3306 메노-머무르다 remain) μείνητε **동가정 과거 능동 2인 복수**

ἐν (1722 엔-~안에, ~에, 위에, ~와 함께) ἐν **전치사 여격, 안에**

ἐγώ (1473 에고-나 I) ἐμοί **인칭대명사 여격 1인 단수, 내**

καί (2532 카이-그리고, ~와 and) καὶ **대등 접속사**

ὁ (3588 호-호 ho는 남성, 헤 he-는 여성, 는 중성) τὰ **관사 주격 중성 복수**

ῥῆμα (4487 레마-말 word) ῥήματά **명사 주격 중성 복수**

ἐγώ (1473 에고-나 I) μου **인칭대명사 속격 1인 단수**

ἐν (1722 엔-~안에, ~에, 위에, ~와 함께) ἐν **전치사 여격, 안에**

σύ (4771 쉬-너는 you) ὑμῖν **인칭대명사 여격 2인 복수**

μένω (3306 메노-머무르다 remain) μείνῃ, **동가정 과거 능동 3인 단수**

ὅς (3739 호스-이것, 이 사람, 저것, 저 사람, ~하는 바의) ὃ **관계대명사 대격 중성 단수**

ἐάν (1437 에안-만일 ~이라면 if) ἐὰν **불변화사**

θέλω (2309 델로-바라다, 원하다, ~하고자 하다, 좋아하다, 기뻐하다) θέλητε **동가정 현재 능동 2인 복수**

αἰτέω (154 아이테오—구하다, 요구하다) αἰτήρασθε, **동명령 과거 중간 2인 복수**

καί (2532 카이—그리고, ~와 and) καὶ **대등 접속사**

γίνομαι (1096 기노마이—생겨나다, 일어나다, 되다, 만들어지다, 행해지다)

γενήσεται **동직설 미래 중간디포 3인 단수**

σύ (4771 쉬—너는 you) ὑμῖν. **인칭대명사 여격 2인 복수**

예슈아와 기도하는 자가 하나가 되어 예슈아의 살아있는 말씀들을 붙잡고 기도하라는 것이다. 이런 기도는 100%로 응답받는다. 이것이나 저것이든지 원하는 그 무엇을 구하든지 예슈아 안에서 살아있는 말씀들을 붙잡고 하는 기도가 완전한 기도이므로 그것을 만들어주겠다는 것이다.

이것이나 저것이든지 아버지 하나님께서 만들어주시는 기도의 전제조건이 있다. '너희가 내 안에 거하고 내 말이 너희 안에 거하면'(만일 너희가 내 안에 머무르고 그리고 나의 살아있는 말씀들의 그것들이 너희와 함께 거기에 머물러)이다. 이것이 전제된 기도가 응답받는다. 살아있는 말씀으로부터 시작되는 기도가 그 사람을 살린다.

살아있는 말씀의 형식에 맞추어 되새김질하는 기도가 영성 있는 기도라고 하는 것이다. 성령하나님의 감동에 이끌려하는 기도도 영성 있는 기도이다. 성령 하나님은 살아있는 말씀으로 이끄시며 감동하시기 때문이다(요 16:7-14).

그리스도의 말씀이 너희 속에 풍성히 거하여 영에 속한 영적인 노래를 부른다(골3:16), 모든 기도와 간구를 하되 항상 프뉴마 엔-성령 안에서 기도한다 (엡 6:18, 엡 5:18-19).

요한복음 15:7절의 말씀을 깨달으려면 요한복음 15:1-7절을 이해해야 기도에 대해 알 수 있다. 요15:1-7절은 아버지는 농부, 예슈아는 포도나무, 영이신 하나님아버지의 아들과 딸은 포도나무의 가지라고 하였다.

그러니까 예슈아와 하나가 되고 살아있는 말씀을 붙잡고 있는 사람은 중언부언의 헛된 기도를 하지 않는다. 오직 아버지의 뜻에 합당하게 기도한다. 이것이 예슈아와 영이신 루바흐 하나님의 개입이다. 말씀을 되새김질하면서 하는 일정한 형식의 기도를 하라. 그러면 너희를 복되게 한다. 이브리어 '팔랄'을 더욱 '하가'-묵상-되새김질 하라.

초보신자 일 때에는 아빠! 아버지만 불러도 응답하신다(롬8:14-15, 갈4:6-7).

2. 너희는 하늘들 그 위에 우리 아버지

πατήρ (3962 파테르-아버지) Πάτερ 명사 호격 남성 단수이다.
ἐγώ (1473 에고-나, 우리) ἡμῶν 인칭대명사 속격 1인 복수이다.
οὐρανός (3772 우라노스-하늘 heaven) οὐρανοῖς· 명사 여격 남성 복수이다.

(1) 하늘 헬라어 '우라노스'

'우라노스'οὐρανός (3772 우라노스- 하늘 heaven) οὐρανοῖς· 명사 여격 남성 복

수이다.

하늘들은 스카이 하늘이 아니라 heaven의 하늘들이다. '우라노스' 하늘들은 '하나님이 거하시는 곳인 하늘'을 가리킨다. 바울이 영에 이끌려 올라가서 본 하늘은 '트리토스 우라노스—제 삼의 하늘이다(고후12:2).

(2) 하늘 이브리어 '샤마임'
שָׁמַיִם(8064 샤마임-하늘들) מִשָּׁמַיִם 전치사-명사 남성 복수이다.

하늘들 그 위에 우리 아버지 하나님께서 계신다. 하늘들 그 위에 우리 아버지 하나님께서 계신다는 것은 모든 만물들을 초월해 계신다는 것이다. 그리고 모든 만물들을 유지보존 통치하시며 다스리고 계시는 아버지라는 것을 알고 기도하라는 것이다. 달리 말하면 전지전능하신 하나님이시라는 것을 믿고 모든 것들을 다 해결해 주시는 유일무이(唯一無二- 둘이 아니고 오직 하나 뿐, 오직 하나밖에 없음)하시다는 것을 의식하며 기도하라는 가르침이다.

그리고 마태복음 23:9절에 땅에 있는 자를 아버지라 하지 말라 너희의 아버지는 한εἷς(1520, 헤이스-하나 one)분이시니 곧 하늘οὐράνιος(3770 우라니오스-하늘의 heavenly, 마 6:14, 마 6:26; 마 15:13)에 계신이시니라.고 하였다.

그렇다. 육신의 아버지는 영이신 하나님의 섭리에 따라서 나를 낳아주신 분이시지만 영육간에 나를 지으신 영원한 아버지는 오직 하늘에 계신 영이신 하나님이시다(요1:12, 요4:24, 롬8:14-17,21, 롬9:26, 고전3:9, 고전4:15, 고후6:18, 갈

3:26, 갈4:6, 히12:9, 요일3:1, 계21:7, 욥31:15, 욥32:22, 시22:9-10, 시71:6, 시139:13-17, 사 44:2, 사46:3-5, 렘1:5).

하늘에 계신 아버지란? 영적인 세계에 계시면서 하늘과 같이 채울 수 없 는 마음에 계시는 영이신 아버지이시다. 라는 것을 상징적으로 가르쳐주신 것이다.

예슈아께서 영이신 하나님을 아버지라고 처음 말씀하셨다(마11:27, 마28:19, 요3:35, 요5:21, 요6:37, 요10:29-31, 요14:8-9, 요16:15, 요17:1-26). 그리고 아버지 하나 님과 예슈아는 하나라고 하였다(요10:30, 요14:20, 요17:21-22). 성도들도 아버지 와 예슈아 안에서 하나이다(요7:11,21-23,26).

그리고 영이신 하나님을 구약성경에서 가장 많이 쓰이는 칭호가 엘로 힘 하나님이시다. 성도들이 믿는 아버지 אָב(1, 아브- 아버지 father)는 엘로힘 אֱלֹהִים(430, 엘로힘은 모든 능력들과 모든 권능들과 모든 힘들과 모든 강함 들과 모든 지식 과 지혜들이신)하나님이시다.

'아브 엘로힘'께서 성도들안에 계시고 우리는 '아브 엘로힘'안에 있다. 이 복음이 믿어져야 그 때부터 영이신 아버지 하나님을 의식하게 되어진다.

빌립보서 4:13절에 '내게 능력 ἐνδυναμόω(1743 엔뒤나모오- 강하게 하다, 힘을 얻다, 할 수 있다)주시는 자 안에서 모든 것을 할 수 있다'는 것을 항상 생각해 야한다. 하나님께 능력이 주어지지 않으면 모든 것을 할 수가 없다는 말씀이 된다(요15:4-5, 롬6:22, 빌1:11, 골1:6). 예하바를 목자로 삼는 자는 부족함이 없다(시23:1-3).

그러나 예하바를 목자 רָעָה(7462, 라아-풀을 뜯다, 먹이다, 사귀다, 친구가 되다)로 삼지 못하면 그 사람은 늘 부족한 자로 살아가게 된다는 말씀이다. 예하바를 왜 친구로 삼고 사귀고 교제하는 자가 부족함이 없는가? 예하바가 어떤 분이시기에 그럴까? 예하바께서는 사람이 호흡하고 실존하도록 연결해 주시고 예하바 쥔 손의 능력으로 붙들어 주시기 때문이다(창 2:4,7, 출 3:13-15). 다뷔드(다윗)는 이것을 굳게 믿었으며 그것을 누렸다(시 23:1-6, 대상 29:12-14,28).

3. 당신의 그 이름처럼

사람에게도 이름이 있고 그 이름의 뜻이 있다. 영이신 하나님은 루바흐 엘로힘, 성령하나님이시므로 특별한 이름이 없으시다. 그러므로 그의 전지전능하심을 사람들에게 알리시기 위하여 영이신 하나님은 이런 분이시다는 속성들에 호칭을 붙여서 알려주셨다. 필자가 발견한 영이신 하나님의 속성은 약 40여 가지이다. 그러나 천, 만, 억 가지라 할지라도 부족하고 또 부족할 것이다. 여기에서는 교회에서 보편적으로 사용하고 있는 호칭들이다.

영이신 하나님의 칭호와 속성들을 본서에 부록으로 출간하려고 하였으나 약 400여 페이지가 되어 이브리어 단어별 합성어로 새롭게 보는 신론·죄론 해설집을 출간 준비 중에 있다.

이름은 부르라고 있는 것이다.

영이신 루바흐 하나님께서 영이시기에 사람들이 부르기에 합당한 이름을 공식적으로 친히 말씀하셨다.

출애굽기 3:15절에 אֱלֹהִים엘로힘 יְהוָה예하바와 마태복음 1:21절에 예슈아 יֵשׁוּעַ-ʼΙησοῦς예슈스-이에수스이다. 창세기 1:1절에 אֱלֹהִים엘로힘 하나님 단어 안에 예슈아의 십자가의 복음을 담아 놓으셨다.

창세기 1:2절에 אֱלֹהִים엘로힘 רוּחַ루바흐 하나님, 엘로힘 루바흐 하나님 단어 안에 통치자와 목자이신 예슈아와 유월절 어린양 예슈아의 복음을 담아 놓으셨다.

창세기 2:4절에 יְהוָה예하바 אֱלֹהִים엘로힘, 예하바 엘로힘 하나님 단어 안에 예슈아께서 생명으로 실존하고 하고 계심을 담아놓으셨다.

참고 | 예하바의 이름과 관련된 성경

예하바 이름을 불렀다(창4:26, 창12:8, 창13:4, 창21:33, 시116:4, 왕상18:24, 사 12:1-6, 욜2:32, 습3:9/ 예하바 이름 출3:15, 출15:3, 출33:19, 출34:5-7, 레19:12, 삼 상20:42, 삼하6:18, 왕하2:24, 시7:17, 시23:3, 시54:6, 시105:14, 시106:47-48, 시 113:1-3, 잠18:10, 사26:8, 사51:15, 사55:13, 렘10:16, 암4:13, 미5:4, 말1:11, 마 1:21, 행4:12, 마28:19, 요14:14, 요17:26, 행2:21, 행9:15, 행22:16, 롬10:12-13, 고 전1:2, 빌2:9-11).

학회나 여느 단체들에는 가이드라인, 불가침의 영역이라는 것들이 있다. 이러한 사상이 성경을 번역하는 학자들에게도 있다는 것이 발견되는데 곧 '추정'과 '견해'이다. 물론 원본이 없이 사본들만을 가지고 번역하기 때문이라는 이해는 한다. 그러나 영이신 하나님의 이름까지 추정과 견해라고 접근을 한다면 어떻게 기독교의 계시의 성경을 믿으며 성경을 정경이라고 가르칠 수 있겠는가?

한글번역 여호와, 예호와, 야훼는 이브리어의 정통 음역이 아니다.

예하바 יְהֹוָה(3068 예하바(창2:4), 6,000회), 예호븨 יְהֹוִה(3069 예호븨(창15:2), 260회), 예호봐יְהֹוָה(3070-3074 예호봐(창22:14), 5회)이다.

마소라 학파들이 자음에 모음을 붙여 음역을 하였으나 일관성(一貫性)과 통일성(統一性)이 없다. 불완전하게 하였다. 영이신 루바흐 엘로힘 하나님께서 이것이 내 이름이라고 가르쳐 주신 것에 대한 의문을 가지지 않을 수 없다(출3:14-15).

출애굽기 3:15절에 엘로힘 אֱלֹהִים(430 엘로힘) 예하바 יְהֹוָה(3068, 예하바)라고 하였다.

이브리어 원어 사본에 모음이 맞는 다면 아래와 같이 음역을 해야 하지만 고유명사인 '예하바'가 '예호븨'와 '예호봐'라고 음역을 한 것은 명백하게 잘못된 것이다. 여호와를 모음을 살려 번역하면 '에하흐'이다.

출애굽기 3:15절에서 알려주신 영원히 לְעֹלָם(라오람) 기억 זִכְרִי(지케리)할 영
이신 하나님의 이름은 정확하게 엘로힘 예하바이다. 그래서 필자는 예하바
라고 부르며 가르친다. 한글이 소리글이므로 '모음'을 어느정도 무시하고
이브리식 발음 표기를 하기 위한 부분도 있지만 한자와 영어발음 표기로 기
록한 것이 더 많다. 그러므로 필자는 '모음'을 살리려고 하였다. 아래 원어를
보라.

출 3:15

וַיֹּאמֶר עוֹד אֱלֹהִים אֶל־ מֹשֶׁה

כֹּה־ תֹאמַר אֶל־ בְּנֵי יִשְׂרָאֵל

יְהוָה אֱלֹהֵי אֲבֹתֵיכֶם אֱלֹהֵי אַבְרָהָם

אֱלֹהֵי יִצְחָק וֵאלֹהֵי יַעֲקֹב שְׁלָחַנִי

אֲלֵיכֶם זֶה־ שְּמִי לְעֹלָם וְזֶה

זִכְרִי לְדֹר דֹּר׃

출애굽기 20:6절을 인용하여 예하바의 이름을 부르는 것 자체를 망령되
다고 하여 부르지 않으면 구원을 받지 못할 수도 있다(창4:26, 창12:8, 창13:4, 창
21:33, 욜2:32).

요엘 2:32 누구든지 여호와 יְהוָה(3068 예하바)의 이름을 부르는 자는 구원을
얻으리니 이는 나 여호와의 말대로 시온 산과 예루살렘에서 피할 자가 있을
것임이요 남은 자 중에 나 여호와의 부름을 받을 자가 있을 것임이니라.고
하였다. 부르는 '카라'는 자기의 믿음을 선포하는 행위이다(롬10:9-15). 구원의

이름, 예하바의 이름을 부르며 구원을 갈망하는 자이다. 예하바 해설을 보라.

예하바의 이름을 부르는 קָרָא (7121, 카라 부르다, 선포하다, 소환하다, 읽다) יִקְרָא 칼 미완 3인 남성 단수) 자 הָיָה (1961, 하야~이 일어나다, ~이 되다, ~이다)만 구원을 얻는다고 하였다. 예하바의 이름을 부르지 않으면 구원이 없다는 말씀이다.

(1) 당신의 이름

'당신의 이름'이란? 영이신 루바흐 엘로힘 아버지의 이름이다.

과연 목자(포이멘, 엡4:11, 요10:11-15)와 성도가 영이신 루바흐 엘로힘의 이름, 예슈아의 이름을 정확하게 얼마나 알고 있을까하는 의문이 든다. 필자는 이 브리어 단어별합성어해설을 하면서 알게 되었다. 그래서 큰일 났구나 싶어서 예슈아께서 가르쳐주신 기도에 대한 해설집을 쓰기 시작하였다. 순전히 영이신 루바흐 엘로힘의 감동하심을 따라쓰고 있다. 그래서 저자는 '루바흐' 엘로힘이시고 필자는 심부름꾼일 뿐이다.

하나님은 누구신가?

하나님은 영이시다(요4:24, 창1:2). 그렇다면 하나님의 이름은 무엇인가 공식적으로는 '예하바 엘로힘'이시다(출3:13-15).

하나님은 영이시므로 육안으로 볼 수가 없는 분이시다(출33:20(18-23), 딤전 6:16, 계1:16-17, 행9:3-9)

디모데전서 6:16 오직 그에게만 죽지 아니함이 있고 가까이 가지 못할 빛에 거하시고 어떤 사람도 보지 못하였고 또 볼 수 없는 이시니 그에게 존귀와 영원한 권능을 돌릴지어다. 아멘이라고 하였다.

영이신 루바흐, 성령님께서 당신을 사람들에게 알리시기 위하여 다양한 속성들과 호칭(呼稱-이름을 지어 설명)으로 알려주셨다. 그러나 그 호칭들이 영이신 하나님을 나타내기에는 한 없이 부족할 것이다. 대표적으로는 엘로힘 하나님(창1:1), 루바흐 엘로힘 하나님(창1:2), 예하바 엘로힘 하나님(창2:4), 엘 하나님(창14:18), 나의 주 예하바(창15:2)등이다.

이브리인들에게 이보다 더 중요한 교육이 있다. 이브리어 알파벳과 단어들이다. 이브리어 알파벳 첫 글자가 '알레프' א이다. '알레프'는 아버지이다. 그리고 소와 희생, 만능의 힘이신 하나님의 희생을 배우라는 뜻이다. '힘이신 하나님께서 예슈아로 오셔서 저주의 십자가에서 손에 못 박히신다는 것을 배우라'는 것이 상형문자의 뜻이다.

두 번째 알파벳은 '베이트' ב이다. '베이트'는 아들이다. 내면의 집, 속사람, 마음의 집이라는 뜻이다. 아버지께서 거하실 집으로 아들을 지으신 것이다. 그래서 '알레프'와 '베이트' 합성어가 '아브' אב(1 아브-아버지 father)이다.
성도들이 영이신 하나님을 아버지라고 부른다. 이 부름이 곧 영이신 하나님의 집이 되었다는 증거이다(고전3:16-17).
거짓 선지자(목사), 이단, 사이비들이 이와 같은 이브리어 원어의 신비를 악용하여 육체의 정욕을 채우고 재물을 갈취하고 파렴치한 행동들을 하여 선교를 방해하고 있다(벧후2:1-3, 10-22, 요일 2:16, 계 12:9).
'그들이 탐심으로써 지어낸 말을 가지고 너희로 이득을 삼으니 그들의 심판은 옛적부터 지체하지 아니하며 그들의 멸망은 잠들지 아니하느니라'(벧후 2:3)

'음심이 가득한 눈을 가지고 범죄하기를 그치지 아니하고 굳세지 못한 영혼들을 유혹하며 탐욕에 연단된 마음을 가진 자들이니 저주의 자식이라'(벧후2:14) '그들이 허탄한 자랑의 말을 토하며 그릇되게 행하는 사람들에게서 겨우 피한 자들을 음란으로써 육체의 정욕 중에서 유혹하는도다'(벧후2:18) 라고 하였다.

이브리어 첫 단어가 '아브'이다. '아브'는 힘이신 하나님아버지께서 장차 아들 예슈아를 이 땅위에 보내셔서 온 인류의 사람들을 죄에서 구원하시기 위하여 손에 못 박히셨다는 복음을 듣고 예슈아를 마음의 집 안에 나의 죄 사함과 영생구원의 구세주로 받아들이는 자에게 구원을 주셔서 아들을 삼으신다는 것이다(요1:12, 롬8:14-15, 갈4:6-7).

그리고 '아브'는 아버지 안에 아들 예슈아가 계시고 아들 예슈아 안에 아버지가 계시고 예슈아를 믿고 영이신 루바흐 엘로힘을 아버지라고 부르는 순간 성도들도 아버지와 예슈아와 성도가 하나가 되어지는 영적인 결합이 이루어지는 진리의 복음이다(요10:30, 요14:10,23, 요17:21-23, 요6:56, 고전12:2, 갈3:28).

이브리인들은 알파벳과 단어를 배우면서 '미쉬하'(기름부음)-'마쉬아흐'(기름부음을 받은 자) 예슈아를 자연스럽게 만난다. 그리고 만능의 힘이신 하나님, 능력의 하나님, 강하신 하나님을 배우면서 만능의 힘이신 하나님을 자연스럽게 아버지라고 믿고 부르게 된다. 구원의 힘과 능력이신 예슈아를 죄 사함의 구세주와 영생을 주시는 분으로 믿고 기다린다. 강함과 능력과 힘이신 하나님을 아버지로 믿고 시작한다는 것이다.

세계인구의 약 0.2%밖에 안 되는 유대인이 세계 권력의 1%인 원인이다.

| 유대인 관련 자료 |

* 2021년 기준으로, 이스라엘 인구는 9,343,140명으로 추산되었으며, 이 중

74.2%는 이스라엘 정부 당국에 유대인으로 기록되었다. _구글 캡처

* 세계 유대인 총 1천520만명…절반 이상 이스라엘 밖 거주하고 있다.

연합신문 2021-09-06 14:29 김경희 기자

* 오늘날 전 세계 134개국에 약 1400만 명 정도가 살고 있다. 미국에 약 580

만 명, 이스라엘에 약 600만 명 정도가 살고 있다. _구글 캡처

(2) 영이신 루바흐 엘로힘 하나님의 호칭

성경의 순서대로 하면

첫째 엘로힘 אֱלֹהִים(430 엘로힘- 하나님들, 신들, 2600회)-최초에 그 하늘들의 본질과 그 땅의 본질을 창조하신 엘로힘이시다(창1:1).

엘로힘 간략해설

엘로힘은 복수이다. 모든 힘들과 만능들과 강함 들과 지혜들이신 엘로힘 하나님께서 예슈아 십자가의 복음의 비밀을 가르쳐 주셨다. 그리고 예하바 쥔손의 능력으로 호흡과 생명과 필수적인 생명진리의 말씀을 붙잡고 모든 능력들과 모든 힘들과 모든 지혜들로 천지만물을 창조하신 엘로힘 하나님이시다.

둘째 루바흐 엘로힘 רוּחַ(7307 루아흐- 영, 숨, 바람, 758회) אֱלֹהִים(430, 엘로힘)께서 물들의 얼굴들 위에 비상(飛上)하여 계셨다(창1:2),

루바흐 엘로힘 간략해설

'루바흐'는 영이신 하나님이시다(요4:24). 창세기 1:2절에서는 분명히 루바흐 엘로힘이라고 하였다. 루바흐 엘로힘이라함은 영이신 루바흐는 만능의 하나님이시다. 루바흐는 엘로힘이고 엘로힘은 루바흐이다. 루바흐가 하나님의 본질이요 실체이시다. 루바흐 엘로힘은 만왕의 왕이신 예슈아의 생명으로 연결되어 영존하시는 영이시다는 의미이다.

루바흐의 사전적 의미에서 숨, 바람, 영이라고 하였다. 숨은 사람의 호흡이다. 루바흐 엘로힘께서 사람의 호흡의 주인이시다(창2:7). 호흡은 곧 영이신 루바흐 엘로힘의 영의 작용이다. 사람의 호흡이 떨어지면 죽는다. 죽는다는 다른 말은 영이 떠났다는 것이다.

요한복음 3:8절에 '바람'πνεῦμα(4151, 프뉴마-바람, 호흡, 생명, 영, 성령)의 단어이다. 곧 영이신 성령님이다. '바람'은 '루바흐 엘로힘'의 일하심과 나타남의 대한 표현이다(요3:8).

셋째 예하바 יְהוָה 엘로힘 אֱלֹהִים(창2:4,5,6,7,8,9, 출3:15)

예하바 간략해설

쥔 손안에 있는 생명을 보라. 못 박힌 예슈아의 손을 보라는 것이다. 신약에 예하바의 이름이 한 번도 나오지 않는 것이 아니라 예슈아가 곧 예하바이시기 때문이다(욜2:32, 행2:21, 행4:12, 행16:31, 롬10:13). 이에수스’Iησοῦς(2424, 예수스-'여호와는 도움이시다' 또는 '여호와는 구원이시다', 마1:1,21, 요1:12,14 요3:15-18, 요14:6)이다. 예하바는 예슈아의 생명과 생명으로 연결되어 영원히 실존하시는 생명의 능력이시다.

성경을 자세히 보라. 어느 곳에서는 '예하바 엘로힘', 또는 '엘로힘 예하바'라고 하였다. 창세기 2:4절 이후로는 앞과 뒤로 바뀌었을 뿐 같이 나오는 곳이 많다. '예하바 엘로힘'이라함은 '예하바'는 곧 만능이시라는 것이다. '엘로힘' 해설을 보라. 영이신 '루바흐'께서도 만능이시고 '예하바'께서도 만능이시고 '엘로힘'께도 만능이시라는 것을 알려주신 것이다.

창세기 2:4-7 이것이 천지가 창조될 때에 하늘과 땅의 내력이니 여호와(예하바) 하나님(엘로힘)이 땅과 하늘을 만드시던 날에 5 여호와(예하바) 하나님(엘로힘)이 땅에 비를 내리지 아니하셨고 땅을 갈 사람도 없었으므로 들에는 초목이 아직 없었고 밭에는 채소가 나지 아니하였으며. 7 여호와(예하바) 하나님(엘로힘)이 땅의 흙으로 사람을 지으시고 생기를 그 코에 불어넣으시니 사람이 생령이 되니라.라고 하였고

출애굽기 3:15 하나님(엘로힘)이 또 모세에게 이르시되 너는 이스라엘 자손에게 이같이 이르기를 너희 조상의 하나님(엘로힘) 여호와(예하바) 곧 아브라함의 하나님(엘로힘), 이삭(이츠하크)의 하나님(엘로힘), 야곱(야아코프)의 하나님(엘로힘)께서 나를 너희에게 보내셨다 하라 이는 나의 영원한 이름이요 대

대로 기억할 나의 칭호니라. 고 하였다(창2:8,9,15,16, 18,19,21,22, 슥9:16, 슥10:6, 슥11:4, 슥12:5, 슥13:9, 슥14:5, 말2:17 등등)

넷째 엘 אֵל (410 엘- 하나님, 신, 240회) 하나님

엘 간략해설

'엘'하나님은 단수이다. 만능의 하나님, 강하신 하나님, 힘이신 하나님이시다. '엘'은 예슈아께서 십자가에서 못 박히신다는 십자가 복음의 비밀을 알려주셨다(고전1:18,21). 십자가복음을 믿음으로 받아들이는 자에게 힘과 능력이신 하나님께서 그에게 죄 사함과 영생구원을 주신다.

'엘' 하나님은 많은 포이멘과 성도가 처음 들어볼 수도 있다. 한글 성경에서는 발견되지 않기 때문이다. 예슈아께서 가르쳐주신 기도해설집에서 처음 접하는 복음의 진리들이 많을 것이다.

창세기 14:18 살렘 왕 멜기세덱이 떡과 포도주를 가지고 나왔으니 그는 지극히 높으신 하나님(엘)의 제사장이었더라. 고 하였다.

다섯째 아도나이 אֲדֹנָי (136 아도나이- 나의 주 my Lord, LORD, 6,000회 이상)이다.

아도나이 간략해설

아도나이는 나의 주, 나의 주님이라는 뜻이다.

창세기 15:2 아브람이 이르되 주(아도나이) 여호와여 무엇을 내게 주시려 하나이까 나는 자식이 없사오니 나의 상속자는 이 다메섹 사람 엘리에셀이니이다.라고 하였다.

아브람은 아브라함으로 개명되기 이전의 이름이다(창17:5). 우리는 아브라함을 믿음의 아버지라고 부르고 있으며 아브라함의 믿음을 본받으려고 한다. 유대인들도 아브라함과 이츠하크와 이스라엘 삼대조상을 자랑스럽게 여기며 추앙한다. 아브라함은 예하바의 이름을 부를 때 '나의 주 예하바'라고 하였다. 다뷔드도 나의 주 예하바라고 하였다(삼하7:18-20,22,28-29, 시16:2, 시71:5,16, 시73:28, 시109:21, 시130:3, 시140:7, 시141:8등).

참고 ｜ 예하바의 이름을 부른 성경구절

창세기 12:8 거기서 벧엘 동쪽 산으로 옮겨 장막을 치니 서쪽은 벧엘이요 동쪽은 아이라 그가 그 곳에서 여호와께 제단을 쌓고 여호와의 이름을 부르더니

창세기 13:4 그가 처음으로 제단을 쌓은 곳이라 그가 거기서 여호와의 이름을 불렀더라

창세기 21:33 아브라함은 브엘세바에 에셀 나무를 심고 거기서 영원하신 여호와의 이름을 불렀으며

창세기 4:26 셋도 아들을 낳고 그의 이름을 에노스라 하였으며 그 때에 사람들이 비로소 여호와의 이름을 불렀더라

창세기 25:21 [이삭(이츠하크)이] 그의 아내가 임신하지 못하므로 그를 위하여 여호와께 간구하매 여호와께서 그의 간구를 들으셨으므로 그의 아내 리브가가 임신하였더니

창세기 26:25 이삭이 그 곳에 제단을 쌓고, 여호와의 이름을 부르며 거기 장막을 쳤더

니 이삭(이츠하크)의 종들이 거기서도 우물을 팠더라

창세기 28:13 또 본즉 여호와께서 그 위에 서서 이르시되 나는 여호와니 너의 조부 아브라함의 하나님이요 이삭의 하나님이라 네가 누워 있는 땅을 내가 너와 네 자손에게 주리니.라고 하였다.

그리고 출애굽기 3:13-15절에서 모세가 물어보기 이전부터 아담과 하와에게 예하바 엘로힘으로 찾아가셔서 말씀하셨다(창3:9,13,14,21,22,23). 카인에게 예하바께서 찾아가셔서 말씀하셨다(창4:6,9등) 노아에게 예하바께서 찾아가셔서 말씀하셨다(창7:1,5 등).

아브라함(창12:1,4 등), 이츠하크(창26:2 등), 야아코프(창28:13,21 등)에게 예하바로 찾아가셨고, 예하바라고 말씀하셨고, 그들은 예하바 이름을 불렀다는 것을 잊지 말아야한다.

유대인들의 신본주의가 빚어낸 것일 뿐 성경적이 아니다. 그 어디에도 '예하바'를 '아도나이'라고 하라든가 부르라고 말씀하신 곳이 없다.

영이신 하나님이시기에 무어라 마땅히 부르지 못하였으나 창세기 4:26절부터 예하바의 이름을 부르기 시작하였다. 그러기에 아브라함도 자연스럽게 예하바의 이름을 부르며 단을 쌓았고, 예하바께 기도를 올렸던 것이다.

___

그런데 유대인들은 예하바의 이름이 나올 때 마다 예하바의 이름을 부르지 않고 '아도나이'라고 하였다. 이름은 부르라고 있는 것이다. 전적 부패한 인간들이 예하바의 이름을 대신하여 아도나이라고 부른다고 해서 예하바를 높여 드리는 것이 아니며, 믿음을 지키는 것도 아니다. 예하바를 높여 드리며 믿음을 지키는 것은 그의 말씀에 순종하는 것이다(창1:26-28, 창2:17, 출20:1-

17, 신6:25(1-25), 신28:1-14, 말3:7-12). 영이신 하나님의 말씀을 순종하는 것보다 더 기쁘게 하는 것이 없다(요삼1:3-4, 빌2:15-16, 살전3:6-9, 벧전4:10-11, 삼상15:19, 22-23). 가장 선한 행실로 영이신 하나님께 영광을 올려드리게 되는 것도 그의 말씀을 준행하는 것이다(마5:16, 고전10:31-33, 요15:5-8, 고후9:13, 엡2:10, 히11:1-40).

신명기 6:24-25 여호와께서 우리에게 이 모든 규례를 지키라 명령하셨으니 이는 우리가 우리 하나님(엘로힘) 여호와를 경외하여 항상 복(토브)을 누리게 하기 위하심이며 또 여호와께서 우리를 오늘과 같이 살게 하려 하심이라 25 우리가 그 명령하신 대로 이 모든 명령을 우리 하나님(엘로힘) 여호와 앞에서 삼가 지키면 그것이 곧 우리의 의로움(체다카)이니라 할지니라. 고 하였다.

예하바께서 지키라고 명령하신 말씀을 행하는 자에게 토브의 복을 받아 누리며, 체다카의 의로운 행위를 하는 것이다.

어느 학자의 견해와 주장이 성경번역과 또는 부르는 호칭을 인용하여 무분별하게 사용하고 있다. 이브리어 원어의 뜻 외에 더하거나 뺀 자에게 그 책임을 물으실 날이 올 것이다(계22:18-19). 그날이 오기 전에 회개, 회심하여 바로서야 한다.

| '예하바'라고 읽지 않고 '아도니아'로 읽는 원인구절 - 출애굽기 20:7절 |

원어에는 '망령(妄靈)'이라는 단어가 없다. 번역자가 שָׁוְא(7723. 샤우-그 공허, 그 헛됨, 그 허무, 그 거짓)를 '망령(妄靈)'으로 번역하는 오류를 범하였다.

예하바의 이름을 공허하게 또는 헛되게 하지 말라는 것이며 예하바의 이름을 팔아서 거짓을 행하지 말라는 것이다. 예컨대 별 의미없이 긴 한숨을 쉬면서 아버지~, 주여~, 하는 것이 '샤우'인 것이다.

예하바 호칭의 뜻에 맞지 않는 '아도나이'라고 읽는 그것이 헛된 것이며 공허한 것이요 그것이 거짓을 행하는 죄를 짓고 있는 것이다. 출애굽기 20:7절은 이런 자를 정죄한다는 말씀이다. 이것은 개인의 사견(추정, 견해)이 아니라 이브리어 원어 본문과 직역문장 정리한 것을 보면 더 확실하게 알 수 있다.

| 출애굽기 20:7 이브리어 원어, 본문과 직역문장 정리 |

본문 : 출애굽기 20:7 너는 네 하나님 여호와의 이름을 '망령'(妄靈—정신이 흐려 말에나 행동이 정상에서 벗어난 상태)되게 부르지 말라 여호와는 그의 이름을 망령되게 부르는 자를 죄 없다 하지 아니하리라. #원어에는 망령이라는 단어가 없다

직역 : 아니다. 네가 들어 올리며 본질을 이름 예하바 너의 힘이신 하나님—엘로힘 그 공허하고 헛되이 왜냐하면 아니다 그가 무죄라고 하지 예하바 본질을 ~하는 자 그를 들어 올리는 본질을 이름 그 공허하고 헛되게

문장정리 : 너는 너의 엘로힘 예하바 이름의 본질을 네가 들어 올리며 그 공허하고 헛되게 하는 것이 아니다. 왜냐하면 예하바 본질과 그를 들어 올려 그의 이름의 본질을 그 공허하고 헛되게 하는 자를 그가 무죄라고 하지 않는다.

⊙ 이브리어 단어별 사전적 의미

לֹא (3808 로–아니, 아니다) לֹא 부사(부정어)

נָשָׂא (5375 나사–들어 올리다, 가지고 가다) תִשָּׂא 칼 미완 2인 남성 단수

אֵת (853 에트–번역 불가능한 불변사, 본질, 실체, 진수, ~를, ~을) אֶת־ 대격표시

שֵׁם (8034 셈–이름) שֵׁם־ 명사 남성 단수 연계

יהוה (3068 예호와–예하바) יְהוָה 고유명사

אֱלֹהִים (430 엘로힘–모든 만능들의 하나님) אֱלֹהֶיךָ 명사 남성 복수–2인 남성 단수

שָׁוְא (7723 샤우–그 공허, 그 헛됨, 그 허무, 그 거짓) לַשָּׁוְא 전치사–관사–명사 남성 단수

כִּי (3588 키–마치~처럼) כִּי 접속사

לֹא (3808 로–아니, 아니다) לֹא 부사(부정어)

נָקָה (5352 나카–비우다, 깨끗하다, 무죄로 하다) יְנַקֶּה 피엘 미완 3인 남성 단수

יהוה (3068 예호와–예하바) יְהוָה 고유명사

אֵת (853 에트–번역 불가능한 불변사, 본질, 실체, 진수, ~를, ~을) אֵת 대격표시

אֲשֶׁר (834 아셰르–~하는 (자), ~하는 (것)) אֲשֶׁר 관계대명사

נָשָׂא (5375 나사–들어올리다, 가지고 가다) יִשָּׂא 칼 미완 3인 남성 단수

אֵת (853 에트–번역 불가능한 불변사, 본질, 실체, 진수, ~를, ~을) אֶת־ 대격표시

שֵׁם (8034 셈–이름) שְׁמוֹ 명사 남성 단수–3인 남성 단수

שָׁוְא (7723 샤우–그 공허, 그 헛됨, 그 허무, 그 거짓) לַשָּׁוְא׃ 전치사–관사–명사 남성 단수

여섯째 예슈아 יְשׁוּעָה(3444, 예슈아-구원 구출, 구조, 78회) 예슈아(명여)어근은 야샤 יָשַׁע (3467: 구원하다, 해방시키다, 구원, 구출, 구조, 안전, 복리, 번영, 승리, 236회)이다.

예슈아를 믿으면 죄 사함을 받고 영생구원을 얻는다. 그런데 예슈아의 이름의 의미를 모르고 믿는다면 부끄러운 일이다. 아마도 대부분의 성도들이 예슈아의 이름의 뜻을 모르고 믿는다. 필자도 예슈아의 이름의 의미를 듣거나 배우지 못하였다. 그래서 자세히 해설하는 것이다. 아래 해설은 2022년 5월1일 필자의 목양 장소인 잘되는 교회에서 전한 말씀이다.

| 예슈아 이름의 뜻을 아십니까? |

본문 : 마태복음 1:21 아들을 낳으리니 이름을 예수라 하라 이는 그가 자기 백성을 그들의 죄에서 구원할 자이심이라 하니라

직역 : 그가 낳으며 그리고 아들 그리고 너는 그를 부르라 그 이름 그의 예슈아 그는 참으로 그가 구원하시리니 그 백성 그의 ~에서부터 이것들 죄들 그들

문장정리 : 그리고 그가 아들을 낳으며 그의 이름, 그를 너는 예슈아라 부르라. 그는 참으로 그가 자기의 백성을 그들의 하마르티아 이것들의 죄들에서부터 구원하시리니.

τίκτω (5088 틱토-낳다, 해산하다, 산출하다.) τέξεται **동직설 미래 중간디**

포 3인 단수,

δέ (1161 데-그러나, 그리고, 지금) δὲ **대등 접속사**

υἱός (5207 휘오스-아들 son) υἱόν, **명사 대격 남성 단수,**

καί (2532 카이-그리고, ~와 and) καὶ **대등 접속사**

καλέω (2564 칼레오-부르다, 이름 짓다, 초대하다) καλέσεις **동직설 미래**

능동 2인 단수◻동명령 과거 능동 2인 단수,

ὁ (3588 호-호 ho는 남성, 헤 he—는 여성, 는 중성) τὸ **관사 대격 중성 단수**

ὄνομα (3686 오노마-이름 name) ὄνομα **명사 대격 중성 단수,**

αὐτός (846 아우토스-그는, 그것, 자신, 바로 그) αὐτοῦ **인칭대명사 속격 3인**

남성 단수, (his)

Ἰησοῦς (2424 이에수스-예수 Jusus(인)) Ἰησοῦν· **명사 대격 남성 단수,**

αὐτός (846 아우토스-그는, 그것, 자신, 바로 그) αὐτὸς **인칭대명사 주격 3인**

남성 단수,

γάρ (1063 가르-참으로, 사실은, 왜냐하면, 그러면) γὰρ **종속 접속사,**

σώζω (4982 소조-구원하다 save, 해받지 않게 하다 keep from harm, 보존하다)

σώσει **동직설 미래 능동 3인 단수,**

ὁ (3588 호-호 ho는 남성, 헤 he—는 여성, 는 중성) τὸν **관사 대격 남성 단수**

λαός (2992 라오스-백성 people) λαὸν **명사대격 남성 단수,**

αὐτός (846 아우토스-그는, 그것, 자신, 바로 그) αὐτοῦ **인칭대명사 속격 3인**

남성 단수,

ἀπό (575 아포–~에서, ~에서부터) ἀπò **전치사 속격,**

ὁ (3588 호–호 ho는 남성, 헤 he–는 여성, 는 중성) τῶν **관사 속격 여성 복수**

ἁμαρτία (266 하마르티아–잘못 mistake, 죄 sin) ἁμαρτιῶν **명사 속격 여성 복수,**

αὐτός (846 아우토스–그는, 그것, 자신, 바로 그) αὐτῶν. **인칭대명사 속격 3 인 남성 복수,**

'이에수스'

한글 '예수'의 헬라어 음역은 '이에수스'이고, 이브리어 음역은 '예슈아' יֵשׁוּעַ (3444, 예슈아–구원하다, 구출하다, 구조하다)이다. 이브리어 헬라어음역은 '예수스'Ἰησοῦς (2424, 예수스–예수 Jusus(인)- 예하바는 구원이시다, 예하바는 도움이시다)이다.

한글 '예수 그리스도'는 이브리어 '예슈아'와 헬라어 '크리스토스'를 음역한 것이다. 그러므로 정확한 음역은 '예슈아 크리스토스'이다.

헬라어 음역은 '이에수스'Ἰησοῦς크리스토스Χριστός'이다. 이브리어 음역은 '예슈아יֵשׁוּעַ'마쉬아흐' מָשִׁיחַ이다. 헬라어 '크리스토스'와 이브리어 '마쉬아흐'는 사전적 의미가 동일하다.

예슈아 이름의 뜻은 이브리어 예슈아 יֵשׁוּעַ에 담아놓으셨다. 다섯 개의 알파벳으로 구성된 합성어를 하나씩 해설을 할 때 명확하게 예슈아의 이름의 뜻을 이해할 수 있다.

요드 '-요드의 사전적 의미를 문장으로 하면 '예하바께서 하게 하시는 능력의
쥔 손이다'. '예하바'는 곧 '예슈아'이시다. 그러므로 '예슈아'께서 오신 후로는
신약성경에 '예하바'의 고유명사가 한 번도 나오지 않는다. 예하바의 쥔 손은
능력의 손이며 저주의 십자가에 못 박히신 예슈아의 손이다. 이 손의 하게 하
시는 능력이 임하므로 영생구원의 영적인 복과 육신적으로 잘되는 형통의 복
을 받게 되는 것이다.

쉰 ש-쉰의 사전적 의미는 형상과 모양, 이빨, 되새김질, 올바른 길이다. 영이
신 하나님은 볼 수가 없다. 그러므로 성령하나님-영이신 루바흐 엘로힘으로
잉태하신 예슈아께서 곧 보이지 아니하시는 하나님의 형상의 본체이시다(마
1:23, 요 1:1-3,18, 요 10:30, 요 17:5, 요 20:28, 고후 4:4, 빌 2:6, 골 1:15, 딤
전 1:17, 히 13:8, 사 7:14, 사 9:6, 미 5:2).

예슈아의 본질과 실체는 영이신 하나님이시기에 당신을 믿고 소망하는 자들에
게 죄사함과 영적인 영생구원을 주시는 능력의 하나님이시다. 그리고 말씀을
순종하는 자에게 육신의 만사형통의 복과 번영의 복과 승리의 복을 주시는 것
이다.

바브 ו-바브의 사전적 의미는 갈고리, 못, 연결하는 사람 예슈아이시다. 예슈아
의 십자가만이 아버지 하나님과 믿는 사람들을 연결하는 유일한 십자가 다리
이다(요14:6). 예슈아와 연결되지 않는 자는 아무것도 할 수가 없고 지옥 불에

던짐을 받는다(요15:4-6). 예슈아의 영적생명과 연결된 자는 예슈아의 왕국과 예슈아의 의로움과 연결되어 있음으로 더προστίθημι(4369, 프로스티데미-추가하다, 더하다)하여 주시는 복을 주신다(마6:33). 이 약속은 반드시 실행되어지고 계속 더하여 지는 복이다.

아인 ע-눈의 사전적 의미는 눈과 대답이다. 육신의 눈으로 볼 수 없는 영이신 하나님의 본체요 형상이신 예슈아께서 볼 수 있게 오셨다. 그리고 예슈아께서는 아버지 하나님의 말씀에 죽기까지 '아멘-아만'하셨다(빌2:7-8, 마26:36-46, 눅22:41-44, 마27:46).

헤이 ה-헤이의 사전적 의미는 호흡, 목숨, 생명, 실존이다. 아담의 타락이후에 모든 사람은 영혼이 죽었고(영이신 하나님과의 단절) 육신도 죽(영이신 하나님이 떠남)을 자들이다.

죽고-(모트מות) 죽을-(타무트:תמות) 자들이다(창2:17). 예슈아를 믿지 않는 자는 영혼이 죽어있음으로 영이신 하나님을 알지 못하고 예슈아를 믿지 않는다. 그러므로 죽은 영혼이 살아나려면 예슈아의 생명을 받아야 영원히 실존하는 생명을 받는다. 이 생명을 주시려고 예슈아께서 오셨고 다 이루셨다(요19:30). 예슈아께서 다시불어 넣어주시는 생명을 받은 자들에게(창2:7, 요5:24-25, 요15:4-6, 롬11:17-24) 정복하고 다스리며 생육하고 번성하는 빠라크 복을 회복시켜 주신다(창1:28). '빠라크' 복은 성공, 번영, 생산, 장수등을 위한 능력을 부여해주시는 복이다.

사도행전 16:31 가로되 주 예수를 믿으라 그리하면 너와 네 집이 구원(소조)을
얻으리라

로마서 10:13 누구든지 주의 이름을 부르는 자는 구원(소조)을 얻으리라.고 하
였고

고린도전서 1:2 고린도에 있는 하나님의 교회 곧 그리스도 예수 안에서 거룩
하여지고 성도라 부르심을 입은 자들과 또 각처에서 우리의 주 곧 저희와 우리
의 주되신 예수 그리스도의 이름을 부르는 모든 자들에게 3 하나님 우리 아버
지와 주 예수 그리스도로 좇아 은혜와 평강이 있기를 원하노라.고 하였다.

요엘 2:32 누구든지 여호와의 이름을 부르는 자는 구원을 얻으리니 이는 나
여호와의 말대로 시온산과 예루살렘에서 피할 자가 있을 것임이요 남은 자 중
에 나 여호와의 부름을 받을 자가 있을 것임이니라.고 하였다.

요엘 2:32절의 '구원'은 '말라트' מָלַט(4422, 말라트-피하다, 도망하다, 구출(구
원)하다, 회반죽, 양회, 96회)이다.

말라트 간략해설- 예슈아의 구원은 테트(뱀, 사탄마귀, 계12:9)의 거짓말, 시험,
유혹에서의 구원이다. 구원을 소망하는 자들에게 목자, 선지자, 사도, 교사, 전
도자를 보내셔서 생명진리의 복음전함을 듣게 하셔서 마음에 받아들이는 자들
을 구원 하신다는 의미이다(눅16:29,31, 행8:26-40, 롬10:8-21, 고전1:18-21,
계2:7,11,17,29, 계3:6,13,22 등).

종말(지금, 환난, 환경)의 때에 구원을 사모하며 소망하는 자를 구출해 주신다
는 의미이다(마24:21-22,31, 막13:20, 요13:18, 롬11:25-28, 고전10:13, 딤
후2:10, 창19:17-21, 삿3:26, 삼상19:11, 삼상22:1, 삼상23:13, 욥29:12, 시

50:15, 시107:20(1–43), 사6:13, 슥13:8, 슥14:2).

영생구원을 받으려면 반드시 죄 사함을 받아야 한다. 죄 사함을 받으려면 죄가 무엇인지를 알아야 한다.

마태복음 1:21절의 헬라어 '하마르티아'는 이브리어 '하타'이다. '하마르티아'의 사전적 의미는 잘못 mistake과 죄sin라고 하였다. 그러나 헬라어나 영어에도 무슨 죄명인지가 없다. 살인인지 강도인지, 사기인지에 대한 내용이 없다. 이브리어 사전적 의미에도 어떤 죄명인지가 명확하지 않다. 그러나 이브리어단어별 합성어해설을 하면 무슨 죄명인지가 명확해진다.

하타—חָטָא(2398, 하타– 놓치다, 빗나가다, 그릇(잘못) 행하다, 죄를 짓다, 상실하다, 속죄제를 드리다, 정결케 하다, 정죄하다, 죄, 범죄, 죄 있는, 죄 많은, 죄인(들)) 이다.

하타 간략해설– '사탄의 거짓말에 속아 생명의 울타리와 힘이신 하나님을 놓아버린 죄이다. 이것이 원죄이다.' 그러므로 예슈아께서 속죄 희생물로 오셔서 저 주의 십자가에서 죽으심으로 하타와 하타아 죄를 대속하셨다(요1:29, 요19:30, 막10:45).

하타아– חַטָּאָה(2403, 핫타아– 죄 sin, 속죄제 sin–offering, 죄악, 유죄, 죄의 형벌, 속죄제)이다.

하타아 간략해설–'사탄의 거짓말에 속아 생명의 울타리와 힘이신 하나님을 놓아버림으로 영원히 실존하는 생명을 잃어버려 영멸지옥에 가는 죄이다.' '하타아' 어근은 '하타'이다.

예슈아 이름의 뜻을 좀 더 구체적으로 해설한다.

1) 예슈아는 '요드'의 손으로 오셨다는 의미이다.

요드'는 쥔 손, 하게하시는, 능력이다. 요드는 예하바 손의 능력을 상징한다. 그리고 예하바의 약자이다. 이브리어 22개 글자 중에 가장 작은 글자이다. '요드'를 일점이라고 한다(마5:18). 예하바의 손은 곧 예슈아께서 저주의 십자가에서 못 박히실 손이다. 예슈아는 가장 강력한 능력이시지만 당신을 가장 작은 글자와 같이 낮은 자로 오셨다(마20:28, 빌2:6-8).

그리고 가장 약한 자처럼 인류를 죄에서 구원하시려고 저주의 십자가에서 대리적 속죄의 희생물로 못 박혀 죽으셨다(갈3:13, 사53:1-12). '요드'는 너무 작기에 주목받지 못하는 것 같지만, 알아주지 않지만, 만능의 예하바이시다. 그리고 그 누구도 예슈아의 소유인 성도들을 예하바 손에서 빼앗아 갈 자가 없는 가장 강력한 능력의 예하바, 예슈아이시다(요5:24, 요6:39, 요10:28-30, 요17:11,12, 요18:9, 롬8:30-39, 눅22:31,32, 골3:3, 요일5:18, 삼상2:9, 시37:28, 시125:2).

그리고 예슈아께서 하시고자 하시는 복음운동의 계획을 가로막거나 해체할 수가 없다. 예슈아 손의 능력을 겸손하게 받아들이는 자에게도 그 능력이 나타난다(마9:18, 막5:23, 막6:5-5, 막7:32-35, 막8:25, 막16:18, 눅4:40, 눅13:12-13, 행8:1-3, 행9:1-22, 빌4:13).

예슈아의 손은 십자가에 못 박히신 죄 사함과 구원의 손이다(요20:25-27, 시22:16). 예하바-예슈아 쥔 손의 하게하시는 능력으로 겨누어 이기게 하시며 복을 받아 번영하게 하여 영화롭게 하시는 능력이다. 이기게 하신다(삼하 8:6,14(1-14), 시18:34-46, 시144:1-2, 잠21:31, 요16:31, 롬8:37, 고전15:57, 고후2:14, 요일4:4, 요일5:4-5, 계12:11, 계15:2-3, 계17:14, 계21:6-7등). 위대하게 하신다(삼하7:9, 대상29:10-12등). 보호하신다(시5:11-12, 시18:1-2, 시121:1-8등). 구원하신다(민10:9, 신20:4, 신 33:29, 시140:7, 겔36:29, 겔37:23, 호1:7, 합1:2-13, 슥9:16, 엡2:1-5등).

2) '쉰' ש의 뜻은 예슈아는 영이신 하나님의 형상과 모양이시며 본체로 오셨다.

요한복음 1:18 본래 하나님을 본 사람이 없으되 아버지 품속에 있는 독생하신 하나님이 나타내셨느니라.

요한복음 14:9 예수께서 이르시되 빌립아 내가 이렇게 오래 너희와 함께 있으되 네가 나를 알지 못하느냐 나를 본 자는 아버지를 보았거늘 어찌하여 아버지를 보이라 하느냐.

참고 | 성경구절

고린도후서 4:4 그 중에 이 세상의 신이 믿지 아니하는 자들의 마음을 혼미하게 하여 그리스도의 영광의 복음의 광채가 비치지 못하게 함이니 그리스도는 하나님의 형상이니라.

골로새서 1:15 그는 보이지 아니하는 하나님의 형상이시요 모든 피조물보다 먼저 나신이시니.

히브리서 1:3 이는 하나님의 영광의 광채시요 그 본체의 형상이시라.고 하였다.

쉰 ぴ은 이빨-(되새김질), 형상, 모양, 올바름, 소멸하다, 파괴하다, 부지런이의 뜻이다. 예슈아는 영이신 하나님의 형상과 모양이시며 본체이시다(창 1:1,26-28, 창3:15, 사9:6, 마1:23, 사7:14, 요1:1,18, 요5:18, 요10:30, 요14:9, 요20:28, 고후4:4, 빌2:6, 골1:15-16, 히1:3-8).

예슈아는 아버지 하나님의 말씀을 순종하시기를 죄 없으신 자로써(고후 5:21, 히4:15, 요일3:5), 전능하신 하나님으로써(사9:6), 저주의 십자가에서 대리적 속죄의 희생물로 죽는 것까지 복종하셨다(빌2:8, 창3:15, 사53:1-12, 요4:34, 요 8:29, 요10:18, 요12:27,49, 요14:9,31, 요15:10, 요17:4, 시22:16, 사9:6, 사50:5-6, 마26:39, 눅 24:27,44, 갈3:13, 히5:8-9, 히10:7-9, 히12:2, 벧 2:24, 벧전3:18).

이러므로 예슈아를 믿는 자들은 잃어버렸던 영이신 하나님의 형상과 모양을 회복한 자들이다. 이들은 생명진리의 말씀을 부지런히 되새김질을 한다. 하나님의 말씀이 생명이 되도록 되새김질을 하는 사람은 악과 사탄마귀의 미혹을 소멸시키며 올바른 길을 간다(창12:4, 신28:1-14, 수1:8, 시1:2,1,3, 욥 23:12, 시40:8, 시112:1, 시 19:11,35,47-48,72,92,97-99, 마7:13-14, 요일5:3).

그러나 하나님의 말씀을 생명이 되도록 되새김질을 하지 않는 사람은 비뚤어진 악인의 길을 가므로 엘로힘 예하바의 심판을 받아 파괴되어 소멸한다(시1:1,4-6, 시37:20, 시112:10, 잠14:12, 잠15:9, 사17:13, 사29:5, 마3:12, 눅13:1-5, 딤후 2:19, 살후2:10, 히12:29, 벧후2:12-14).

하나님의 말씀을 되새김질 하는 사람은 십자가의 복음을 만나 영생구원을 얻게 된다(행2:37-38, 롬1:16, 고전1:18,21-25, 고전2:2, 고전2:14, 고후4:3, 갈6:12-14).

영이신 하나님의 형상과 모양을 가진 자는 올바르게 살아가기를 힘쓰는 자이다. 올바르게 살아가는 자는 영이신 하나님의 말씀을 읽고 되새김질을 하므로 되어져간다. 이러한 사람에게 안녕과 번영과 복지와 승리의 복을 주셔서 누리게 하신다.

3) '바브'ㅣ는 연결하는 사람 예슈아를 상징한다. 예슈아는 아버지 하나님께로 가는 유일한 길이다(요14:6).

예슈아께서 당신이 거주하실 집-성전을 만드시기 위하여 십자가에서 죽으시려고 오셔서 세상 죄를 짊어지시고 저주의 십자가에 못 박혀 죽으셨다(요19:30).

바브ㅣ는 갈고리, 못, 연결하는 사람 예슈아이다. '바브'는 일획이다(마5:18). 예슈아의 십자가를 통하지 않고는 아버지 하나님께로 갈자가 없다(요14:6). 갈고리와 못은 성막교회를 세우는데 필수적이다. 성막을 세우기 위하여 기둥과 짐승들의 가죽과 끈 등이 준비 되어있으나 갈고리와 못이 없이는 세워지지 않는다.

광야40년 동안 장소를 옮겨 다니면서 성막교회는 오늘날 성도들을 상징한다(고전3:16-17, 고전6:19-20). 영이신 하나님께서 사람으로 당신이 거주하시는 집을 삼으신다. 그럼으로 다뷔드(다윗)가 건물의 집을 세우려고 할 때에 세우지 말라고 하신 것이다.

역대상 17:4 가서 내 종 다윗에게 말하기를 여호와의 말씀이 너는 나의 거할 집을 건축하지 말라. 5 내가 이스라엘을 애굽에서 올라오게 한 날부터 오늘까지 집에 있지 아니하고 오직 이 장막과 저 장막에 있으며 이 성막과 저 성막에 있었나니. 라고 하셨다(대상17:1-15).

그러면서 말씀하시기를

역대상 17:11-14 네 생명의 연한이 차서 네가 조상들에게로 돌아가면 내가 네 뒤에 네 씨 곧 네 아들 중 하나를 세우고 그 나라를 견고하게 하리니 12 그는 나를 위하여 집을 건축할 것이요 나는 그의 왕위를 영원히 견고하게 하리라 13 나는 그의 아버지가 되고 그는 나의 아들이 되리니 나의 인자를 그에게서 빼앗지 아니하기를 내가 네 전에 있던 자에게서 빼앗음과 같이 하지 아니할 것이며 14 내가 영원히 그를 내 집과 내 나라에 세우리니 그의 왕위가 영원히 견고하리라 하셨다 하라. 고 하셨다.

역대상 17:11-14절의 말씀은 다윗의 아들 셀로몬 왕국과 집이 아니다. 예슈아의 영적왕국과 집(성전, 성도)이라는 확실한 증거는 셀로몬은 약 59세(bc 990-931)에 사망하였다.

역대상 17:14 '내가(엘로힘(2,3,16,17,20,21,22,24,25,26) 예하바(1,4,7,16,17,19,20,22,23,24,26,27) 영원히(올람) 그를(예슈아) 내(영이신 루바흐 엘로힘) 집(바이트, 요14:1-3,17, 고전3:16, 골1:27등등)과 내(영이신 루바흐 엘로힘) 나라에(말쿠트-왕위, 왕권, 통치(권), 왕국, 계5:6, 계7:17, 요4:14, 요 7:38, 계 11:15-17, 계21:22,23등)세우리니 그의(예슈아) 왕위(킷세-영광(예)의 자리, 보좌, 왕좌, 왕의 위엄, 권위, 권세)가 영원히(올람) 견고(쿤-확고(견고)하다, 확립하다, 세워지다, (결정)되다)하리라'고 하였다.

장차 다뷔드의 후손의 씨로(마1:1, 대상17:11, 갈3:16) 오시는 외아들 예슈아께서 저주의 십자가 위에서 대리적 속죄의 희생물로 완성을 하시고, 보혜사성령님의 오순절 강림으로 세워지는 영적 성전을 말씀하신 것이다(행1:4-5,8, 행2:4, 고전3:16-17, 고전6:19, 요14:17, 롬8:11, 딤후1:14, 겔36:27).

영이신 루바흐 엘로힘의 집과 왕국은 예슈아의 십자가와 오순절성령강림으로 완성되었다. 자세한 해설은 본 연구원에서 들을 수 있다.

아브라함에게 말씀하신 '네 씨,네 아들'도 이츠하크(이삭)가 아니라 예슈아 크리스토스이다(창21:12,17,18, 갈3:16).

예슈아께서 만왕의 왕으로 영원히 견고한 집-성도와 영이신 하나님의 왕국을 그들의 마음에 세워지므로 나는 그의 아버지가 되고 그는 나의 아들이 되는 것을 이루시겠다는 예언의 말씀을 하셨다(마1:1,21,23, 요1:29, 요19:30, 요14:16-17,23,26, 롬8:9,11,14, 고후13:5, 갈4:6, 엡2:22, 엡3:17, 골1:27, 딤후1:14, 요일2:27, 요일3:24, 요일4:4,12-13),

그러나 다뷔드는 그 예슈아께서 십자가로 이루시는 영적인 성전에 대한 진리를 깨달지 못하고 내가 거할 집(베이트-집 house)을 건축하지 말라는 엘로힘 예하바의 말씀을 어기고 솔로몬을 세워서 건물을 건축하게 하였다. 오늘날 그 폐해가 심각하다. 서로가 앞 다투어 세계적인 건물예배당을 성전이라고 성도들을 속이면서 예배당 건축의 경쟁을 벌이고 있다. 성전은 성도들이다(고전3:16-17). 예배당 건물은 성전이 아니다.

그러므로 영이신 하나님께서 건물예배당에 거주하시는 집으로 원하지 않으셨다. 예슈아께서 하신 말씀을 들어보라(마24:1-2, 막13:1-5, 눅21:5-6). 여우도 굴이 있고 새도 거처가 있는데 예슈아께서 머리 둘 곳이 없다고 하셨다(마8:20, 시84:1-7). 그런데 수많은 사람들이 목숨 걸고 예배당을 건축하려고 한다. 예배당 짓는 것이 헛되고 헛된 일이며 또 헛된 일이다.

그리고 집-'베이트' בַּיִת(1004, 바이트- 집 house)을 성전이라고 오역한 곳이 많다(왕상 7:50,51, 왕상8:6,10,11,13,16,17,18,19,20,27,29,31,33,38,42,43,44,48,63,64, 왕상 9:1,3,7,8,10,15 등). 성전이라고 번역하려면 '바이트 카다쉬' קָדַשׁ(6942, 카다쉬- 거룩하다, 성별하다, 봉헌하다)라야 한다. 그러나 대부분은 '바이트'-집이다.

생각해보라. 영이신 하나님이 거주하실 집을 사람이 어떻게 건축할 수 있겠는가? 사람이 살 집은 사람이 짓고 새가 살 집은 새가 짓듯이 영이신 하나님의 집도 영이신 하나님께서 짓는다. 그리고 영이신 하나님께서 건물 안에 계시겠는가? 요한계시록에 예슈아께서 일곱 금 촛대ἐκκλησία(1577, 엑클레시아- 집회, 회중, 교회, 경건을 사모하는 자들의 모임의 장소) 사이μέσος(3319, 메소스- 중간의, 한가운데에)를 거니신다고 하셨다(계1:20-2:1).

요한계시록 1:20-2:1절 중심으로 해설
이 말씀에 대하여 오해들이 많다. 헬라어 사전적 의미를 보라. 영이신 하나님께 예배(집회)를 드리기 위하여 모인 회중이 교회라는 것이다. 그리고 사이는 사람과 사람 사이, 혹은 중간을 말하기도 하지만 한가운데, 예배자의 마음 한가운데 행하신다고 하셨다.

'거니신다'는 헬라어는 '페리파테오'περιπατέω(4043, 페리파테오- 행하다 walk, 돌아다니다 go about, 걷다)이다. 사전적 의미가 3가지이다. 3가지 중에 어느 것을 선택하여 번역하느냐는 번역자의 권한이다. 그러나 모든 성경을 번역할 때에는 본문의 균형에 맞아야하며 성경전체의 균형에 맞아야한다. 일곱별은 일곱 교회의 사자 앙겔로스ἄγγελος(32, 앙겔로스-사자 messenger)는 영이신 하나님께 말씀을 받아 전하는 자들이다. 오늘날 목자-포이멘이라고 할 수 있다.

그러므로 예슈아께서 일곱별의 사자(목자)들을 오른손에 붙들고 계셨다. 예슈아께서 오른손에 붙들고 사용하시는 사자(목자)들의 집회 중에 아버지와 아들 예슈아께서 보내신 성령님으로 임하셔서 그 사자-목자 입에서 증거 되는 말씀 사모하는 마음으로 받아들이는 자들에게 생명이 되도록 행하신다는 것이다. 마음의 감동과 감화와 깨달음을 주시는 일을 행하셔서 열매 맺게 하신다는 말씀이 더 합당한 해설이다.

신약교회-나오스ναός(3485, 나오스- 성전, 성소) 역시 예슈아의 핏 값으로 세워진 교회 ἐκκλησία(1577, 엑클레시아- 집회, 회중, 성령님이 거하시는 몸)이다(고전 6:19-20, 고전3:16-17).

잘 박힌 못과 같이 예슈아의 생명과 연결되어있는 자에게 보너스의 복들이 따라온다(마6:33, 요삼1:2). 영이신 하나님의 복은 항상 영혼이 잘되는 것이 먼저이다. 영혼이 잘되는 것이 최상의 복이기 때문이다.

비록 세상에서 어렵게 산다 할지라도 그 생활은 일시적이다. 100세 시대이니까. 그래봐야 100년이다. 2022년 인구통계(연령별 생존확률)를 보면 70세 8.6%, 75세 5.4%, 80세 3.0%, 85세 1.5%, 90세 0.5%이라고 하였다. 90세가 되면 100명중 95명은 저세상으로 가고 5명만 생존한다는 통계이다.

그러나 영의 생명은 영원하다. 영의 생명은 불멸의 영이다.

그리고 예슈아를 믿는 자들에게는 어려움과 가난과 질병은 거의가 없다. 예슈아를 믿는 사람들은 다 부지런하기 때문이다. 부지런한 자에게 엘로힘께서 복을 주시기 때문이다. 그러므로 특별한 경우를 제외하고는 가난, 환난, 질병으로 시달리지 않는다. 세계 평균적으로도 예슈아를 믿는 자들이 많은 국가들이 잘되는 이유가 분명하다. 천지만물을 창조하신 전지전능하신 하나님을 믿고 섬기기 때문이다.

4) '아인' ע은 육신의 눈으로 볼 수 없는 영이신 하나님께서 육신의 눈으로 볼 수 있는 사람으로 오셨다.

아인 ע은 눈, 대답, 이해하다, 알다, 지식을 얻다, 증인이다. 영이신 하나님을 사람의 눈으로 볼 수가 없다(요1:18, 딤전6:15-16, 계1:16-17, 출33:20, 삿13:17-23, 사6:5).

'마노아'가 '예하바'의 '말라크'에게 이름을 물어보았다. 그때 기묘자라고 하였다(삿13:18). 그 기묘자가 예슈아이시다(사9:6). 눈으로 볼 수 없는 영이신 하나님께서 눈으로 볼 수 있게 오신 것이다(요1:14,18, 요12:45, 요14:7-11,20, 히1:3).

사도들이 예슈아를 눈으로 보고 들은 것을 기록한 말씀을 읽으며, 들으며, 믿으며, 지키라는 것이다(요일1:1-4, 계1:3). 하나님의 말씀을 지키는 사람에게는 반드시 '마카리오스' μακάριος(3107, 마카리오스- 복된, 행복한)의 복(계1:3)과 '에세르'복אֶשֶׁר(835, 에세르- 똑바로 가다, 나아가다, 계속하다, (성공, 형통, 향상)하다, 축복하다, 복되다, 기쁨, 행복, 복, 지복)을 주셔서 누리게 하신다(신 33:29, 시 41:2, 시 72:17, 잠 3:18, 말 3:12).

진리 안에서 행하는 사람을 기뻐하시고 사랑하시기 때문에 복을 주신다 (요삼1:1-4).

헬라어 형용사 '마카리오스'역어는 이브리어 '에세르'이다.

세상에는 법이 있지만 옳고 그름의 기준이 평등하지 못하다. 검사, 판사, 경찰이 혈연, 지연, 학연, 정치적 영향을 받으면 편향(偏向-한쪽으로 기우려짐)된 판결을 하기 때문이다. 세상에서 오직 믿을 수 있는 분은 편향이 없이 공의로 재판하시는 영이신 하나님과 아버지 하나님의 형상과 모양의 본체이신 예슈아 밖에는 없다(요8:13-18, 롬2:1-3, 계20:7-15, 눅9:23-27, 눅14:26-27, 요13:15, 요16:33, 행14:22, 롬8:29, 빌2:5, 살전3:3, 벧전2:21, 요일2:6, 요일3:16, 계12:11).

야고보서 4:11-12 형제들아 서로 비방하지 말라 형제를 비방하는 자나 형제를 판단하는 자는 곧 율법을 비방하고 율법을 판단하는 것이라 네가 만일 율법을 판단하면 율법의 준행자가 아니요 재판관이로다 12 입법자와 재판관은 오직 한 분이시니 능히 구원하기도 하시며 멸하기도 하시느니라 너는 누구이기에 이웃을 판단하느냐. 라고 하였다. 법을 집행하는 경찰, 검사, 판사는 두렵고 떨림으로 판결에 임해야 한다.

영이신 하나님의 말씀에 아멘하여 받아들이면 영혼을 구원하시는 구세주(救世主), 인류를 죄악에서 구원하시는 예슈아, 구주(救主-막아서서 건지고 구원하여 고치고 치료하시는 영혼의 주인) 예슈아에 대한 영의 눈이 열린다. 성경이 깨달아지는 눈이 열린다. 그리고 영생구원과 복의 증인이 된다.

5) '헤이' ה는 예슈아는 생명이시다, 예슈아는 영원히 생명의 주인으로 실존하신다는 뜻이다.

헤이 ה는 숨(목)구멍, 호흡, 실존, 계시하다, 바라보다 이다. '헤이'는 사람의 호흡을 통하여 영원히 실존하는 생명의 주인이 있음을 알려주셨다(창2:7). 예슈아를 사모하여 바라보며 믿는 자에게 최상의 복인 영원히 실존하는 생명을 주신다(요3:16-17, 요5:24-25, 요6:40,48-51,53-58,63, 요14:6).

사람의 호흡은 그 사람의 것이 아니라 영이신 루바흐 엘로힘의 것이다. 예하바 엘로힘께서 불어 넣어주시고 계시기 때문이다(창1:26-28, 창2:7, 전12:7). 호흡은 영이신 하나님의 형상과 모양이요. 생명이요. 영이다.

(시146:4절에 호흡(루바흐)이다, 예레미야애가 4:20절에는 코(아프)에 있는 숨(루바흐)이라고 하였다. 욥기15:30절에 하나님의 입(폐)의 숨(루바흐)이라고하였다, 욥기19:17절에서는 숨결(루바흐)이라고 하였다). 영이신 엘로힘 예하바께서 계속 불어넣어주지 않으시면 죽는다(창2:7, 욥34:14-15, 시90:3, 시104:24-30, 시146:4, 행17:25).

창 2:7 원어

וַיִּיצֶר יְהוָה אֱלֹהִים אֶת־הָאָדָם

עָפָר מִן הָאֲדָמָה וַיִּפַּח בְּאַפָּיו

נִשְׁמַת חַיִּים וַיְהִי הָאָדָם לְנֶפֶשׁ

חַיָּה:

> 본문 : 창세기 2:7 여호와 하나님이 땅의 흙으로 사람을 지으시고 생기를 그 코에 불어넣으시니 사람이 생령이 되니라

> 직역 : 그가 만들다 예하바 엘로힘 ~본체를 그 아담 흙 ~로부터 그 흙 그가 숨을 불어 넣고 있으므로 그가 콧구멍들에 호흡 살아 있다들 그에게 ~ 일어나다 그 아담 숨 쉬는 존재가 생존하여 있는

> 문장정리 : 예하바 엘로힘께서 그 아담을 흙으로부터 그가 만들었다 그가 그 흙 코들에 그가 숨을 계속불어 넣고 계시므로 호흡하는 생명들이 그에게 일어나며 그 아담이 숨 쉬는 존재(네페쉬, 목숨, 생명)로 생존하게 되었다.

'불어넣으시니' וַיִּפַּח(5301 나파흐) וַיִּפַּח(나위파흐)와우 계속법–칼 미완 3인 남성 단수,

'와우 계속법-칼 미완 3인 남성 단수'는 그가(예하바 엘로힘)께서 중단 없이 호흡을 계속 불어 넣어주시고 계신다는 의미이다. 그래서 사람이 실존한다. 불어 넣어 주심이 중단 되면 죽는다. 사람의 호흡이 사람의 것이라면 그 사람은 죽지 않는다. 사람이 죽는 것은 병들어 죽는 것 같지만 실상은 숨을 쉬지 못하니까 죽는 것이다.

모든 육체의 생명과 호흡은 루바흐 엘로힘 예하바의 것이다(창18:25, 민16:22, 민27:16, 욥12:10, 욥27:3, 욥34:14-15, 시104:29, 시146:3-4, 단5:23, 행17:25,28).

영이신 루바흐 엘로힘 예하바께서 숨을 계속 불어넣어주지 않으면 죽는다(창2:7, 욥34:14-15, 시90:3, 시104:24-30, 시146:4, 행17:25). 루바흐께서 영생구원을 사모하는 자에게 영혼을 살리는 생명의 복음을 열어주셔서 알게 하시고 믿게 하신다(마11:27, 요5:24-25, 요6:63, 요15:26, 롬10:8,17, 고전12:3,9-14, 약1:18, 벧전1:23, 요일4:2-3, 요일5:20, 시119:50,93).

영생구원을 받은 자는 예슈아와 연결되어 살아간다. '헤이'는 '바브' 두 개와 '요드'의 합성어이다. '바브'는 예슈아이시다, '요드'는 못 박히실 예슈아의 손과 생명을 실존케 하시는 능력의 손이다. 십자가에 못 박히신 예슈아를 믿는 자는 호흡하며 살아가는 동안 예슈아와 임마누엘하며 예슈아로 인하여 행복하고 평안하며 영화롭게 되는 복을 받아 누리게 된다(마1:23, 요14:27, 벧전4:14, 시100:3, 사43:1,7,21).

요한복음 14:13-14절에 내 이름은 예슈아-이에수스(예수스)이시다(마1:1,21). 결국 예슈아께서 가르쳐주신 기도의 응답은 예하바의 도우심과 구원으로 이루어진다는 것이다. 즉 환경 속에서 일어나는 모든 일들에서 구원을 받아야 죄 사함과 영생구원에 이르게 된다는 말씀이다(눅8:12-15).

예슈아를 믿으면 구원받는 것이 맞다. 그러나 환경에서 구원을 이루는 자가 영생구원을 이룬다. 막연하게 예슈아를 믿으면 죽어서 천국 간다고 믿고 있으나 환경에서 구원을 이루는 자만 영이신 하나님의 왕국에 들어간다(마7:14, 마11:12, 눅13:23-24, 요6:27-29, 롬2:7, 롬13:11-14, 고전9:24-27, 고전15:58, 갈6:7-9, 엡6:5-9, 빌1:27-29, 빌2:12-16, 빌3:13-14, 빌4:1, 딤후2:10, 히4:1,11, 히12:1-2,28-29, 벧전2:11, 벧후3:18).

참고 | 성경구절

로마서 2:7 참고 선을 행하여 영광과 존귀와 썩지 아니함을 구하는 자에게는 영생으로 하시고.라고 하였다.

빌립보서 2:12 그러므로 나의 사랑하는 자들아 너희가 나 있을 때뿐 아니라 더욱 지금 나 없을 때에도 항상 복종하여 두렵고 떨림으로 너희 구원을 이루라고 하였다.

누가복음 13:24 좁은 문으로 들어가기를 힘쓰라 내가 너희에게 이르노니 들어가기를 구하여도 못하는 자가 많으리라고 하였다.

마태복음 7:14 생명으로 인도하는 문은 좁고 길이 협착하여 찾는 자가 적음이라고 하였다.

창세기 2:4절에서부터 공식적으로 드러난 예하바의 칭호는 약 6,823회가
나온다. 그런데 신약에서는 1회도 나오지 않는다. 그리고 지은 것이, 즉 천
지만물을 예슈아께서 지으셨다고 하셨는데(요1:3, 잠8:22-31) 창조에서 등장 하
시는 공식적인 영이신 하나님의 칭호들은 엘로힘(창1:1), 루바흐(창1:2), 예하
바(창2:4), 뿐이다(창1:26-28).

그런데 어떻게 예슈아께서 천지만물을 지으셨다고 하실까(창1:1, 요1:1-3, 골
1:16(12-20), 히1:2(1-3), 잠8:22-31). 예슈아가 예하바이시었다는 증거이다. 예슈
아 이름의 뜻이 '예하바는 도움이시다.', '예하바는 구원이시다.'에서 그 사실
을 증명해주고 있다(행2:21, 롬10:13, 슥13:9). 아래성경을 보라.

참고 | 성경구절

요엘 2:32 누구든지 여호와의 이름을 부르는 자는 구원을 얻으리니 이는 나 여호와의
말대로 시온 산과 예루살렘에서 피할 자가 있을 것임이요 남은 자 중에 나 여호와의
부름을 받을 자가 있을 것임이니라. 고하였다.

로마서 10:13 누구든지 주의 이름을 부르는 자는 구원을 받으리라(행2:21)

사도행전 16:31 이르되 주 예수를 믿으라 그리하면 너와 네 집이 구원을 받으리라

요한복음 1:12-13 영접하는 자 곧 그 이름을 믿는 자들에게는 하나님의 자녀가 되는
권세를 주셨으니 13 이는 혈통으로나 육정으로나 사람의 뜻으로 나지 아니하고 오직
하나님께로부터 난 자들이니라

요한복음 3:16-17 하나님이 세상을 이처럼 사랑하사 독생자를 주셨으니 이는 그를
믿는 자마다 멸망하지 않고 영생을 얻게 하려 하심이라 17 하나님이 그 아들을 세상에

보내신 것은 세상을 심판하려 하심이 아니요 그로 말미암아 세상이 구원을 받게 하려 하심이라.고 하였다.

요한복음 14:6 예수께서 이르시되 내가 곧 길이요 진리요 생명이니 나로 말미암지 않고는 아버지께로 올 자가 없느니라.고 하였다.

그리고 구약성경에 예하바의 사자의 출현이 자자하다. 때로는 예하바로, 때로는 천사-말라크, 사자로, 때로는 사람으로 현현하셨다. 창세기 18-19장에 뚜렷하게 나타난다. 창세기18:1 예하바 יְהוָה(3068, 예호와)께서 아브라함 나타나셨다고 하였다.

그런데 창세기 18:2절에는 세 사람 אֱנוֹשׁ(582, 에노쉬- 사람, 인간)이다. 그런데 세 사람이 아브라함의 접대의 음식을 먹는 중에 내년에 사라가 아들을 낳는다고 하니까 그 말을 장막 밖에서 들은 사라가 웃었다(창18:3-12). 이에 음식을 먹던 세 사람 중에 한사람이 예하바이셨다(창18:13-15,14,17,20,22,33). 그리고 세 사람 중에 두 사람이 일어나 소돔으로 간다(창18:16,22).

그런데 창세기19:1,15절에 소돔으로 간 그 사람들을 두 천사 מַלְאָךְ(4397, 말라크- 사자, 사신)라고 하였다. 그런데 롯의 눈에는 사람으로 보였기에 접대를 하였고 소돔의 동성애자들의 눈에도 사람으로 보였다(창19:1-5). 창세기 19:10,12,16,17절에 그 두 '말라크'를 사람 אֱנוֹשׁ(582, 에노쉬)이라고 하였다. 이 말씀들에서 분명하게 알려주시는 것은 예하바는 장차 영이신 하나님의 형상과 모양으로 오실 예슈아의 모형과 그림자이셨다(요1:14,18, 요10:30, 요11:27,

요20:31, 요17:5, 사9:6, 고전1:30, 빌2:6-8, 히1:3, 요일5:20, 계 1:8. 계21:6. 계22:13, 마16:16, 창3:15, 갈4:4, 대상29:11, 시2:7, 사25:9, 욜2:32, 시50:15, 렘31:7)는 것을 알 수가 있다. 그러므로 신약에서 예슈아의 이름만 나오고 나의 영원한 이름이요 대대로 기억할 나의 칭호(출3:15)가 더이상 나오지 않는다.

참고 │ 성경구절

히브리서 1:3 이는 하나님의 영광의 광채시요 그 본체의 형상이시라 그의 능력의 말씀으로 만물을 붙드시며 죄를 정결하게 하는 일을 하시고 높은 곳에 계신 지극히 크신 이의 우편에 앉으셨느니라. 고하였다.

빌립보서 2:6 그는 근본 하나님의 본체시나 하나님과 동등 됨을 취할 것으로 여기지 아니하시고

요한복음 1:1 태초에 말씀이 계시니라 이 말씀이 하나님과 함께 계셨으니 이 말씀은 곧 하나님이시니라.

요한복음 1:18 본래 하나님을 본 사람이 없으되 아버지 품 속에 있는 독생하신 하나님 이 나타내셨느니라.

요한복음 10:30 나와 아버지는 하나이니라.

요한복음 14:9 예수께서 이르시되 빌립아 내가 이렇게 오래 너희와 함께 있으되 네가 나를 알지 못하느냐 나를 본 자는 아버지를 보았거늘 어찌하여 아버지를 보이라 하느냐.

요한복음 20:28 도마가 대답하여 이르되 나의 주님이시요 나의 하나님이시니이다.

고린도후서 4:4 그 중에 이 세상의 신이 믿지 아니하는 자들의 마음을 혼미하게 하여 그리스도의 영광의 복음의 광채가 비치지 못하게 함이니 그리스도는 하나님의 형상이니라.

골로새서 1:15 그는 보이지 아니하는 하나님의 형상이시요 모든 피조물보다 먼저 나신이시니.라고 하였다.

사람의 미혹을 주의하라(마24:4). 성경을 사견으로 해석하는 자가 있다. 큰일 날 일이다. 우리가 생명 걸고 믿었던 성경이 틀렸다면 얼마나 실망을 많이 할까? 거짓이었다면 우리의 믿음도 헛것이 될 것이다(고전15:14-19).

4. 당신으로 거룩하게 하시고

(1) 거룩하다 헬라어 '하기아조'

$\dot{\alpha}\gamma\iota\dot{\alpha}\zeta\omega$ (37 하기아조- 거룩하게 하다, 성별하다, 봉헌하다, 성화(성결)하게 하다) Ἁγιασθήτω 동명령 과거 수동 3인 단수이다.

'하기오스'는 '동 명령'이다. 인간이 감히 영이신 하나님께 명령을 한다는 것은 이해가 되지 않지만 내가 거룩하니 너희도 거룩하라. 는 말씀이 있다 (벧전1:15-16, 롬8:30, 레11:44-45, 레19:2, 레20:7-8). 영이신 하나님께서 당신의 거룩을 당신의 아들들과 딸들이 나타내기를 원하신다.

그러므로 영이신 하나님께서는 당신의 아들들과 딸들을 거룩하게 할 자는 오직 아버지 하나님의 능력으로만이 가능하기에 명령으로 가르쳐 주셨다. 타락한 인간이 거룩해지는 것은 불가능하므로 하나님 아버지께서 거룩하게 해 주셔야만 한다는 기도이다. 그리고 거룩한 자, 곧 성별, 성결하지 아니하면 루바흐 엘로힘 예하바의 자녀가 될 수가 없다. 그러므로 더욱 간절하게 구하며 범사에 봉헌 되어져야 '하기오스'가 이루어진다. 거룩은 곧 죄와의 분리이다. 죄와의 분리는 인간의 힘과 능력으로 되어지는 것이 아니라 오직 주의 영으로만 되어진다(삼상17:47, 사41:14, 슥4:6, 롬6:13, 롬13:12, 고전2:5, 고후3:5, 고후4:7,고후6:7, 고후10:3-6, 고후13:3,4, 딤전1:18, 히11:33).

(2) 거룩하다 이브리어 '카다쉬'

קָדַשׁ (6942, 카다쉬-거룩하다, 거룩하게 하다, 성별하다, 봉헌하다, 성화(성결)하게 하다, 분리됨, 거룩함, 신성함)이다.

낙타가 바늘구멍으로 통과할 수 없는 것처럼 사람이 거룩해진다는 것은 불가능하다 그러나 소망을 가지고 살아가는 사람에게는 그것이 이루어진다. 부자가 천국에 들어가는 것이 어렵지만 하나님은 하신다는 것과 같다(막10:25-27). 하나님 자녀의 자격은 거룩이다. 그러므로 당신으로 거룩하게 해달라는 간청의 기도를 하라는 것이다. 거룩은 사람의 능으로는 불가능하기 때문이다.

그리고 생명의 문이신 예슈아의 음성을 듣고 따라가는 자에게는 성별된 생활을 하게 되고 거룩한 생활을 한다. 그리고 생명의 말씀을 마음에 받아 되새김질을 하는 사람은 거룩하고 구별된 삶을 살아간다(요5:24, 롬3:24-26, 롬5:8-9, 롬8:30, 히9:22, 계7:13-14, 계14:4, 계20:4).

이브리어 카다쉬는 헬라어 하기아조와 사전적 의미가 같다. 거룩과 성별, 그리고 봉헌된 삶을 알려면 '카다쉬' 단어를 알아야한다. 사람이 영이신 루바흐 엘로힘 예하바처럼 거룩하고, 완전하게 성별되어진다는 것은 불가능하다. 그럼에도 불구하고 너희는 거룩하고 완전하라고 하셨다. 그런데 당신의 아들과 딸에게 뿐만 아니다. 아래내용을 보면 거룩에 대하여 폭 넓은 이해를 하게 될 것이다.

첫째 '욤' םוֹי-날이다.

날 םוֹי(3117, 욤- 날, 낮, 하루)을 거룩하게 하셨다(창2:3, 출20:8,11, 겔44:24), 날을 거룩하게 하라는 말씀이다.

창세기 2:3 하나님이 그 일곱째 날을 복되게 하사 거룩하게 하셨으니 이는 하나님이 그 창조하시며 만드시던 모든 일을 마치시고 그 날에 안식하셨음이니라.고 하였다. 일곱째 날은 사람의 날이 아니라 엘로힘의 날로 구별하여 정하셨고, 엘로힘께서 주관하시는 날이기 때문에 거룩한 것이다.

그러므로 주일날은 엘로힘과 함께 하는 날이 될 때, 빠라크의 복과 함께 구별되게 보낼 수 있다. '하나님이 그 일곱째 날을 복 ךרָבָּ(1288, 바라크)되게 하사 거룩하게 하셨으니'. 라고 하셨을까? 복은 이브리어로 빠라크이다. 빠라크의 사전적 의미는 '성공, 번영, 생산, 장수 등을 위한 능력을 부여하다, 무릎을 꿇다, 축복하다, 복을 주다, 찬양하다.' 이다.

주일은 성공의 날이다. 그 성공을 하려면 능력을 받아야 한다. 그 능력을 부어주시는 날이 주일날이다. 거룩과 성별이 그냥 이루어지지 않는다. 사탄마귀의 시험과 유혹이 강하기 때문에 반드시 엘로힘의 능력을 받아서 사탄마귀를 이길 때 성공과 생산이 이루어지기 때문이다. 사탄마귀와의 싸움에서 성공하는 자가 엘로힘께 찬양을 올려드리게 된다. 그래서 엘로힘의 능력을 받기 위하여 무릎을 꿇는 것이다.

주일날 엘로힘의 능력을 받지 못하면 근심과 걱정으로 살아갈 수밖에 없다는 것을 알아서 주일날 능력받기 위해서 사생결단(死生決斷-죽고 사는 것을 돌보지 않고 끝장을 내려고 함)을 해야 한다. 사탄마귀는 택자를 미혹하여 넘어뜨리고 죽이려고(마24:4-14, 마10:17-22, 마22:6, 마23:34) 시시탐탐 노리고 있는데(벧전5:8) 성도들은 능력을 받으려 하지 않는다. 능력을 받으면 살고 능력을 받지 않으면 죽는다는 것을 느끼지 못하고 있는 것 같다. 성령의 능력은 반드시 받아야한다(행1:4,5,8, 행2:4,38, 눅24:49, 요20:22).

엘로힘의 복은 능력의 복이다. 아담과 하와는 '빠라크'의 능력의 복을 받지 못하였기 때문에 사탄마귀의 거짓말에 넘어진 것이다(창1:28, 창3:4-6).
성도들도 주일날 빠라크의 능력의 복을 받지 못하면 아담과 하와처럼 사탄마귀의 거짓말과 시험과 유혹에 넘어진다는 말이 된다. 그러므로 반드시 빠라크의 능력을 받아야 한다. 빠라크의 복은 마음의 집 안에 만왕의 왕이신 예슈아를 모셔들임으로 시작된다.

둘째 '아담' אָדָם과 '베헤마' בְּהֵמָה이다.
사람 אָדָם(120, 아담- 아담, 인류, 인간)과 가축 בְּהֵמָה(929, 베헤마 (네발가진) 짐승,

야수, 가축)이 예하바 엘로힘의 것으로 구별될 때 카다쉬(출13:2)가 된다.

출애굽기13:2 이스라엘 자손 중에서 사람이나 짐승을 막론하고 태에서 처음 난 모든 것은 다 거룩히 구별하여 내게 돌리라 이는 내 것이니라 하시니라.고 하였다.

거룩의 가치는 구별이며 예하바의 것이 되었을 때이다. 거룩하게 구별된 사람과 가축에게만 '카다쉬'가 되는 것이다. 처음 것을 거룩하게 구별하여 예하바의 것으로 돌리라는 것은 사람이나 가축이 다 예하바의 것이라고 시인하라는 것이다. 예하바는 창조주이시기 때문에 모든 것이 다 예하바의 것이다. (창1:1-2:7, 신4:19, 사40:26, 시33:6-9, 시90:2, 시139:13, 롬1:20, 골2:9).

셋째 '암' עַם과 '코헨' כֹּהֵן이다.

백성 עַם(5971, 암- 백성, 민족)과 코헨 כֹּהֵן(3548, 코헨- 제사장, 주요공직자 혹은 우두머리 통치자)를 성결케 하라(출19:14,22).

출애굽기 19:14 모세가 산에서 내려와 백성에게 이르러 백성을 성결하게 하니 그들이 자기 옷을 빨더라.고 하였으며,
출애굽기 19:22 또 여호와에게 가까이 하는 제사장들에게 그 몸을 성결히 하게 하라 나 여호와가 그들을 칠까 하노라.고 하였다.

22절에 제사장들의 몸을 성결케 하라고 번역 하였으나 몸이라는 말은 없다. 제사장을 '카다쉬' 하라고 하였다. 영이신 예하바께 자신들을 드리며 만

나려는 백성과 그들의 희생물을 받들어 드려주는 '코헨'들도 예슈아의 피로 거룩하여진다(출30:10, 레16:1-34, 롬3:24-26, 롬5:9, 히9:7,14,22,25, 요일1:7).

영이신 하나님께서 거룩하시기 때문에 거룩하지 않으면 영이신 하나님을 만날 수가 없다. 성별과 거룩-'카다쉬'가 없이 만나려 가는 자는 죽는다(출19:12-13, 딤전6:15-16). 실제로 죽고, 영적으로 죽는다. 거룩하지 않는 자의 희생물은 받지 않으시고 등을 돌리신다(사1:2-20). 이것이 영적죽음이다. 그러므로 예슈아께서 영적예배를 말씀하셨다(요4:23-24, 롬12:1-2).

넷째 '하르' הַר이다.
'산' הַר(2022, 하르-산, 언덕, 산지)에 경계선을 만들어 거룩하게 하라(출 19:23).

출애굽기 19:23 모세가 여호와께 아뢰되 주께서 우리에게 명령하여 이르시기를 산 주위에 경계를 세워 산을 거룩하게 하라 하셨사온즉 백성이 시내산에 오르지 못하리이다. 라고 하였다.

'산을 거룩하게 하라' קָדַשׁ(6942 카다쉬) : וְקִדַּשְׁתּוֹ 와우 계속법-피엘 완료 2인 남성 단수-3인 남성 단수이다.

하르 간략해설

'산을 거룩하게 하라'는 것은 '베피타쉬투'로 직역문장정리하면 '너는 그것을 거룩하게 하라'이다. 산은 인격체도 아닌데 어떻게 산을 '카다쉬'하게 할 수가 있겠는가? 영이신 예하바께서 산 주의에 경계선을 너는 잘 지키도록 하라는 말씀을 따라 경계선을 지키는 것이 거룩함이다. 영이신 하나님께서 정하여 놓으신 그 말씀을 따라 순종하여 행하는 것이 거룩함이다.

경계선 גְּבֻל (1379, 가발-경계를 짓다, 접경하다)은 생명을 지키는 마지막 생명선이다. 예하바께서 이스라엘백성을 사랑하셔서서 '카다쉬'와 '가발'의 2중의 경계선을 만들어 자기의 생명을 지키게 하셨다.

가발 간략해설

영혼의 목자이신 예슈아께서 가르쳐주실 때 마음에 잘 받아들이는 자는 생명의 주인께서 그의 생명을 보존유지 시켜주시는 보답의 보상을 주신다. 어기는 자에게는 죽음의 징계의 몽둥이를 맞게 된다(히9:9-10).

출애굽기 19:12 너는 백성을 위하여 주위에 경계 גְּבֻל(1379, 가발- 경계를 짓다, 접경하다)를 정하고 이르기를 너희는 삼가 산에 오르거나 그 경계를 침범 נָגַע(5060, 나가- 닿다, 대다, 접촉하다, ~에 이르다(도달하다), 치다)하지 말지니 산을 침범하는 자는 반드시 מוֹת(4191, 모트-죽고) 죽임 יוּמָת(4191 우마트-너는 죽으며)을 당할 것이라.고 하였다.

침범 נָגַע(5060, 나가-닿다, 대다, 접촉하다, ~에 이르다(도달하다), 치다) 동물의 울타리에 감전 선에 닿는 동물은 혼비백산하여 도망친다. 그러나 사람은 생명유지 보존의 경계선, '나가'에 접촉만 해도 죽는다. 침범하지 말라는 생명의 경계선은 지키는 자는 생명이 유지 보존 되지만 넘어서는 자는 죽고 죽는다(창2:17, 창3:4-6,19, 고전4:6).

나가 간략해설

·························

예하바 엘로힘께서 정하여 놓으신 생명의 경계선을 귀로 듣고 눈으로 보고 알고 있다. 그러므로 넘어서지 않고 접촉하여 닿기만 하여도, 그의 대한보응은 죽고 죽는다 (출19:12-13,23, 신4:9, 히12:20-21). 생명의 경계선을 접촉하였다는 것은 이미 넘어가려는 마음이 있었다는 증거이다. 위험의 경계선 옆에는 접근하지 않아야한다는 사전적 의미이다.

창 2:17절에서 죽고 מוֹת (4191 무트- 죽고) 너는 죽으며 תָּמוּת (4191 타무트- 너는 죽으며)는 것을 '반드시 죽는다'라고 하였고, 출애굽기 19:12절에서도 죽고 מוֹת (4191, 모트- 죽고) 너는 죽으며 יוּמָת (4191 우마트- 너는 죽으며)를 '반드시 죽는다.'라고 하였다. 영이신 하나님께서는 영혼의 죽음과 육체의 죽음, 두 번 죽는 것을 말씀하셨다.

창세기 2:17절과 출애굽기 19:12절의 음역이 다른 것은 자음은 동일하나 모음의 차이일 뿐 사전적 의미는 동일하다. 이런 곳이 많다.

영이신 예하바께서는 당신의 거룩함이 침범당하는 것을 용납하지 않으신다(출19:12-13, 벧전2:13-25). 육체를 가진 인간들이 영이신 하나님과의 만남이 불가능하다.

그러나 그 만남의 길이 있다(요14:6). 예슈아께서 저주의 십자가에서 대리적 속죄의 희생물이 되셔서 흘리신 보혈의 피로 그 길을 열어 놓으셨다(막 15:37-38, 히10:20).

'예수께서 큰 소리를 지르시고 숨지시니라 38 이에 성소 휘장이 위로부터 아래까지 찢어져 둘이 되니라'(막15:37-38)고 하였다.

'그 길은 우리를 위하여 휘장 가운데로 열어 놓으신 새로운 살 길이요 휘장은 곧 그의 육체니라'(히10:20)고 하였다(요1:29, 요19:30, 히9:12-22,26, 히10:10-18, 요6:50-51, 54-57, 마20:28, 마26:28, 롬5:15, 엡1:7, 히9:14,22, 히13:20-21, 요일2:2, 계7:14, 출24:8, 레17:11).

다섯째 '카다쉬' קָדַשׁ 와 '코데쉬' קֹדֶשׁ 이다.

거룩한 성물(출 28:38).를 직역문장정리를 하면 '너희가 거룩하게 드리는 그 구별한 것들'이다. '카다쉬'나 '코데쉬'나 자음이 같다. 모음만 달리하여 5개이다. 항상 말하지만 자음이 같으면 동사, 명남, 형용사, 지명으로 나누이지만 근본적인 의미는 같다.

출애굽기 28:38 이 패를 아론의 이마에 두어 그가 이스라엘 자손이 거룩하게 드리는 성물과 관련된 죄책을 담당하게 하라 그 패가 아론의 이마에 늘 있으므로 그 성물을 여호와께서 받으시게 되리라.고 하였다.

'거룩하게 드리는' קָדַשׁ(6942 카다쉬- 너희가 거룩하게 드리는) יַקְדִּישׁוּ 히필 미완 3인 남성 복수이다.

'성물' קֹדֶשׁ (6944 코데쉬- 그 거룩한 것들, 그 구별한 것들) הַקֳּדָשִׁים 관사-명사 남성 복수이다.

'죄책을' עָוֹן(5771 아본-불법, 부정, 죄악, 죄의 벌) עֲוֹן 명사 남성 단수 연계이다.

'아본'의 죄를 '죄책(罪責-잘못을 저지른 책임)'이라고 하였다.

사전적 의미들도 역시 무슨 죄인지가 분명하지가 않다. 그래서 이브리어 단어별합성어해설을 해야 알 수가 있다.

아본 간략해설

안목의 정욕으로 인하여 아버지 하나님께로 가는 길이신 예슈아와 연결되지 않아서이다. 예슈아의 생명과 연결되어 있지 않는 자는 영이신 루바흐 엘로힘께서 정하여 놓으신 생명의 경계선을 지키지 않는 죄이다.

그러므로 본문에서의 '아본'의 죄는 영이신 하나님께 '그 거룩한 것들', 그 구별한 것들의 대해서 지키지 않았고, 정하여 놓으신 생명의 경계선을 넘어선 죄이다. 이것을 제사장이 담당하라는 것은 장차 오실 예슈아께서 담당하실 것에 대한 상징적인 것이다. 인간의 '코헨(제사장)'은 절대 사람의 '아본'의 죄를 담당할 수가 없다.

'담당' נָשָׂא(5375, 나사-들어 올리다, 나르다, 가지고 가다, 취하여 가다) 사람의 '코헨(제사장)'은 어떤 구별된 것들을 가져 왔을 때 대신 들어 올려드리는 일이며, 예슈아코헨께서 몸과 영혼이 십자가 위에 들어올려져 담당하신 것이 '아본'의 죄를 사해주시는 일이다(요19:18-30).

여섯째 '촘' צוֹם이다.
거룩한 금식 집회를 선포하라들(욜 2:15).
요엘 2:15 너희는 시온에서 나팔을 불어 거룩한 금식 일을 정하고 성회를 소집하라.고 하였다.

| 단어 사전적 의미 |

'금식' צוֹם(6685 촘—금식 fast, 금식함 fasting, 금식하다) צוֹם 명사 남성 단수이다.

'성회' עֲצָרָה(6116 아차라—집회, 모임, 회중) ‎עֲצָרָה명사 여성 단수이다.

'소집하라' קִרְאוּ(7121 카라— 부르다들, 선포하다들, 소환하다들, 읽다들) קִרְאוּ 칼 명령 남성 복수이다.

직역 문장정리를 하면 '카다쉬 금식 집회를 선포하라들'이다.

예슈아는 사탄마귀를 이기고 저주의 십자가를 감당하기 위하여 하셨다(마 4:1-22, 눅4:1-13). 그러나 대부분은 무엇을 위하여 금식할까? 저의 경우는 능력 받기 위하여 하였다. 아마도 많은 사람이 그렇지 않았을까 하는 생각한다. 금식 기도란? '카다쉬'를 위하여 해야 한다는 것을 알려주신다. '카다쉬'는 죄 에서 벗어나야 이루어진다. 영이신 하나님의 자녀구실을 바로하려면 거룩 한 '촘'-금식을 성공해야한다(사58:3-7, 욜1:14, 욜2:12,15, 욘 3:5, 슥8:19, 마4:1-11, 마 6:16-18).

촘 간략해설

금식은 사악한 사탄의 결박(족쇄)을 풀어버리는 것이다. 멍에의 묶음을 끊 어내는 것이다. 사탄마귀의 압제에서 자유를 얻는 것이다(사58:6) 금식의 모 범은 예슈아이시다(마4:1-11). 사탄마귀의 세 가지 시험을 이기는 것이다(창

3:4-6). ①떡, 선악과(창3:5,6, 마4:3), ②표적, 죽지 않는다(창3:4, 마4:5-6). ③경배하라-하나님처럼 된다(창3:5, 마4:8-10). 이 시험은 육신의 정욕, 안목의 정욕, 이생의 자랑이다(요일2:16). 예슈아께서 생명진리의 말씀과 금식기도로 이기신 것처럼 복음의 말씀과 금식기도로 무장하여 사탄마귀의 시험을 대적하는 자를 이기도록 책임져주신다는 것이다

일곱째 '마아세르' מַעֲשֵׂר 이다.

거룩한 십일조(대하31:6).

역대하 31:6 유다 여러 성읍에 사는 이스라엘과 유다 자손들도 소와 양의 십일조를 가져왔고 또 그들의 하나님 여호와께 구별하여 드릴 성물(구별된 자들)의 십일조를 가져왔으며 그것을 쌓아 여러 더미를 이루었는데, 라고 하였다.

참으로 한국 사람은 거룩 성(聖)자를 참 좋아하는 것 같다. 성자를 붙이면 더 성스럽고 성자가 빠지면 덜 거룩한 것이 아니다. 십분의 일이나 소나 양을 '카다쉬'-구별, 성별한 것이 곧 거룩한 것이니 성물이라 하지 않아도 이미 거룩하게 성별된 것이다. 그러므로 이브리어 사전적 의미에 따라서 '그 구별하여 드리는 것들'이라고 하면 된다. '코데쉬', '카다쉬' 두 곳 다 복수는 다 빼고 사전적 의미에 따라 번역을 하지 않았다.

ㅣ 단어 사전적 의미 ㅣ

'성물' קֹדֶשׁ (6944 코데쉬- 구별하여 드리는 자들) קָדָשִׁים 명사 남성 복수이다.

'구별하여 드릴' קֹדֶשׁ (6942 카다쉬- 그 구별하여 드리는 것들) הַמְקֻדָּשִׁים 관사-푸알 분사 남성 복수이다.

'십일조' מַעֲשֵׂר(4643 마아세르- 십분의 일, 십일조 tithe, 십분의 일부분 tenth part) מַעֲשֵׂר 명사 남성 단수 연계이다.

'소' בָּקָר(1241 바카르-소, 숫소) בָּקָר 명사 남성 단수이다.

'양' צֹאן(6629 촌-작은 가축, 양과 염소(떼)) וְצֹאן 접속사-명사 여성 단수이다.

'가져 왔으며' הֵבִיאוּ(935 보-그들이 가져왔다) הֵבִיאוּ 히필 완료 3인 공성 복수이다.

직역문장정리를 하면 '구별하여 드리는 자들의 십분의 일과 소나 양을 그 구별하여 드리는 것들을 그들이 가져왔다'이다.

한국교회가 성(聖)자를 좋아하기에 밝혀드린다. 이것을 분류하느라 많은 시간이 들었다. 한글번역 성경에 '프뉴마(영)'을 '성령'으로 번역한 곳이 107회나 된다. 성령이라고 번역하려면 '하기오스 프뉴마'라야 한다.

| 헬라어 프뉴마 πνεῦμα(4151, 프뉴마- 바람, 호흡, 생명, 영)와 관련성경 364회 분해 횟수 |

1) 하기오스 프뉴마 87회
하기오스ἅγιος(37, 하기아조- 거룩하게 하다, 성별하다, 봉헌하다, 성화(성결)하게 하다) 프뉴마πνεῦμα(4151, 프뉴마-바람, 호흡, 생명, 영) 하기아조 프뉴마가 성령이다. 그러므로 정확하게 번역한 곳은 87회이다.

2) 프뉴마를 성령으로 번역한 곳이 107회이다.
'프뉴마' '영'을 107회나 성령으로 번역한 것은 오역(誤譯)한 것이다.

3) 프뉴마를 영으로 번역한 곳이 96회이다.

'프뉴마'를 영으로 정확하게 96회를 번역하였다.

4) 프뉴마를 귀신으로 번역한곳이 30회이다.

5) 그 외 악귀 6회, 심령 14회, 마음 11회, 중심 1회, 영혼 5회, 바람 2회, 열심 2회, 기운 1회, 생기 2회로 한글 번역하였다.

여덟째 '바이트' בַּיִת **이다.**

거룩한 집, 예하바께서 거주 하시는 집이다(대하 2:4).

역대하 2:4 이제 내가 나의 하나님 여호와의 이름을 위하여 성전을 건축하여 구별하여 드리고 주 앞에서 향 재료를 사르며 항상 떡을 차려 놓으며 안식일과 초하루와 우리 하나님 여호와의 절기에 아침저녁으로 번제를 드리려 하오니 이는 이스라엘의 영원한 규례니이다.라고 하였다.

| 단어 사전적 의미 |

성전– בַּיִת(1004, 바이트–집, 가정 house)

건축– בָּנָה(1129, 바나–세우다, 짓다, 건축하다)

구별– קָדַשׁ(6942, 카다쉬–거룩하다, 거룩하게 하다, 성별하다, 봉헌하다, 성화(성결)하게 하다)

영이신 루바흐 엘로힘께서 사시는 집을 사람이 짓거나 건축하는 것이 아니다. 여기에서도 '바이트'-집인데 '성전'이라고 하였다. 성전이라고 하려면, '카다쉬 헤칼'이나 '카다쉬 울람'이라야 한다. 그리고 '카다쉬 바이트'는 거룩한 집이지, 거룩한 성전이 아니다. 성전은 성도들이다(고전3:16-17). 영이신 하나님은 건축물에 임하여 계시지 않는다. 사람에게 임하여 당신의 소원을 두고 행하게 하신다(빌2:13).

귀신처럼 대나무나 바위나 고목 같은데 붙는 것 같은 것이 아니다. 건물은 영이신 루바흐 엘로힘을 섬기기 위하여 사람들이 모이는 회당, 예배당일 뿐이다. 그 이상이 아니다. 건물은 거룩해 질 수가 없다. 물론 영이신 엘로힘 예하바를 섬기기 위하여 성별되게 구별하는 곳은 맞지만, 원어에 없는 '카다쉬'을 넣어서까지 번역하지 않아야한다.

성도들에게 혼란을 주며, 악영향을 주는 번역을 하지 말아야한다. 직역문장정리하면 '엘로힘 예하바 이름의 집을 건축하여 구별하여 그에게'이다. 성경번역을 하는데 있어서 뭔가가 부족해 보이고 문장이 매끄럽지 않아도 원어의 사전적 의미를 살리고 자의적 견해나 주장으로 번역하면 안 된다는 원칙을 지켜야한다. 어느 학자의 견해와 주장보다 원어의 사전적 의미에 더 충실해야 한다. 볍씨 보기 싫다고 둥글고 예쁘게 다듬어서 심으면 썩어버린다. 생명을 잃어버렸기 때문이다.

아홉째 '샬랄' שָׁלָל이다.
노략해서 얻은 물건을 거룩하게 구별(대상 26:27).

역대상 26:27 그들이 싸울 때에 노략하여 얻은 물건 중에서 구별하여 드려 여호와의 성전을 [개수]-חֲזֵק (2388, 하자크-강(하게)하다, 견고하(게 하)다, 강화하다, 튼튼하게 하다)한 일과.라고 하였다.

'노략하여 얻은 물건 중에서' שָׁלָל (7998, 샬랄-그 노획물) הַשָּׁלָל 관사-명사 남성 단수이다.

'구별하여 드려' קָדַשׁ (6942, 카다쉬-거룩하다, 저희가 성별하다, 저희가 봉헌(奉獻-받들어 바침)하다) הִקְדִּישׁוּ 히필 완료 3인 공성 복수이다.

역대상 26:27절 직역문장정리를 하면 '그 노획물을 저희가 봉헌하였다.' 이다.

그렇다. 적과의 전쟁에서 승리를 해서 얻어진 노획물이다. 생명을 잃을 뻔한 전쟁에서 살아남았으며 노획물까지 취하였다. 그 중에서 '카다쉬'하여 예하바의 집을 견고하고 튼튼하게 하는 일에 쓰도록 봉헌하여 드리라고 하신 것이다.

'개수(改修)'의 이브리어는 '하자크'이다. 사전적 의미는 '강(하게)하다, 견고하(게하)다, 강화하다, 튼튼하게 하다'이다. 이스라엘 백성들의 믿음으로 모이는 구심점인 예하바의 집을 견고하고 튼튼하게 세우는 것을 통하여 믿음의 적인 사탄마귀로부터 자기 자신을 예하바께 봉헌하여 드리므로 강하게 강화하라는 영적인 교훈이다. 모든 전쟁은 예하바께 속한 것이다(삼상17:47). 그러므로 항상 예하바를 믿고 자기를 '카다쉬'하여 강하고 견고하게 한 자들을 통하여 전쟁에서 승리를 주시겠다는 말씀이다.

여호수아 6:18-19 너희는 온전히 바치고 그 바친 것 중에서 어떤 것이든지 취하여 너희가 이스라엘 진영으로 바치는 것이 되게 하여 고통을 당하게 되지 아니하도록 오직 너희는 그 바친 물건에 손대지 말라. 19 은금과 동철 기구들은 다 여호와께 구별될 것이니 그것을 여호와의 곳간에 들일지니라 하니라. 고 하였다.

여호수아6:18-19절은 가나안 진국의 첫 성 여리고 예하바의 것으로 온전히 바친 것 중에서 어떤 것이든지 그 물건들에 손을 대지 말라고 하였다. 손대는 자들에게는 괴롭힘을 당한다고 하였다(행5:1-11).

'아카르'를 당하게 된다.

עָכַר (5916 아카르-너희가 화를 당한다, 너희가 괴롭힘을 당한다) וַעֲכַרְתֶּם 와우 계속법-칼 완료 2인 남성 복수이다.

하나님의 것을 도적질하지 말라고 경계하신 것이다. 그러나 아칸이 예하바께 바쳐 봉헌된 것을 훔쳐서 이스라엘 백성 전체에게 진노를 하셨다(수 7:1).

---

* 단어 사전적 의미 *

'바친 물건을 인하여' חֵרֶם(2764, 헤렘-바쳐진 것, 봉헌된 것 devoted thing, 봉헌, 헌신 devotion, 금지, 저주 ban) בַּחֵרֶם 전치사-관사-명사 남성 단수이다.

'범죄' מַעַל(4604, 마알-부정, 반역행위, 불성실한 행위) מַעַל 명사 남성 단수이다.

'아칸' עָכָן(5912, 아칸-아간 Achan(인)-괴롭히는 자, 근심이나 두통거리) עָכָן고 유명사이다.

'진노' אַף(639 아프-분노, 화) אַף 명사 남성 단수 연계이다.

'아칸'의 이름의 의미를 보고 깜짝 놀랐다. 부모가 자식의 이름을 이렇게 지어주었을까? 의문이 든다. '아칸'은 예하바께 바쳐진 것을 훔쳐서 숨겨 놓았다. '헤렘'의 저주의 말씀을 듣고도(수6:18), 안목의 정욕에 눈이 멀어 사탄마귀의 유혹을 받아들여 생명의 경계선을 넘어가 버렸다는 뜻이다(수7:1, 13-26).

'헤렘' חֵרֶם의 사전적 의미를 보라. '금지와 저주'의 의미가 포함되었다. 이브리어의 특성이다. '헤렘'정리하면 '그 바쳐진 것, 봉헌된 것을 훔치는 것이 금지 되었다. 저주가 임하기 때문이다.' '고통(저주)을 당하게'가 '헤렘'이다(수6:18-19).

아담과 하와에게 복으로 주신 말씀이 '빠라크'이다(창1:28). בָּרַךְ (1288 바라크- 성공, 번영, 생산, 장수 등을 위한 능력을 부여하다, 무릎을 꿇다, 축복하다, 복을 주다, 찬양하다, 저주하다, 욕하다) וַיְבָרֶךְ 와우 계속법-피엘 미완 3인 남성 단수이다.

'빠라크' 복 안에도 '저주하다'와 '욕하다'가 포함되어 있다. '빠라크'의 복을 받지 못하는 자는 곧 저주를 받고 자기에게 욕이 돌아오게 된다는 말씀이다.

헤림 간략해설
....

자기의 생명을 보호하고 복을 받으라. 금지한 말씀을 지키라. 그 생명의 울타리를 넘어가지 말라는 필수적인 생명진리의 버리고, 아칸은 사탄마귀가 넣어준 생각을 마음에 잉태하고 있다가 행동에 옮기므로 거룩함의 경계를 넘어서서 예하바께 봉헌된 것을 취하는 반역죄를 범함으로 저주를 받았다. 자기가 자기를 해롭게 하는 저주의 행위를 한 것이다(수7:21-26, 1-26). 아나이아스(아나니아-여호와는 은혜로우시다) 삽페이레(삽비라-아름다운)부부도 동일한 죄이다. 사탄이 마음에 가득하여 하기오스 프뉴마를 속이는 죄이다(행5:1-11). 거짓, 속임, 탐심, 욕심은 사탄마귀이며 그의 이름들이며 속성들이다.

예하바께서는 당신의 거룩함을 침범하는 자들을 용서하지 않으신다. '카다쉬'는 영이신 하나님께서 정하여 놓으신 생명의 경계선이다. '카다쉬'선을 넘어서지 않는 자가 지혜로운 자이다. 넘어서면 죽기 때문이다(출19:21-25).

아칸(아간) 한 사람의 '마알'로 인하여 아이 성 군사들에게 이스라엘 군사 삼십육 명쯤이 죽임을 당한다(수7:5). 이에 예호슈아가 예하바께 엎드려 기도하였다(수1:5-10). 예하바의 말씀이 예호슈아에게 임하여 아이 성 점령에서 실패한 원인을 알려주셨다(수7:11-15).

예하바께서는 항상 복과 저주에 대한 말씀을 먼저 하셔서 경계를 시킨다. 거역하는 자는 저주를 받는다(수7:16-26). 한 사람, 아칸(아간)의 '마알'로 인하여 전쟁에서 패하였다. 전쟁은 사람의 실력으로 하는 것이 아니다(수7:2-5).

전쟁은 예하바께 속하였다는 확실한 증거이다(삼상17:47, 삼상14:6, 대하20:15-17, 시33:16-17, 시44:6-7, 시118:8-9, 시146:3-4, 잠21:30—31, 사2:22, 사31:3, 렘17:5, 호1:7, 슥4:6, 롬8:31,37). 예하바의 거룩이 침해당하였을 때 전쟁에서 패하게 된다는 진리이다.

거룩함, 구별, 성별의 카다쉬, 코데쉬의 말씀들에서 볼 수 있듯이 영이신 엘로힘 예하바과 관련된 모든 것은 성별 되어야 하며 거룩하게 되며 완전하게 된다는 것을 잘 보여주고 있다. 거룩하려면 예슈아 크리스토스-(이에수스 크리스토스-예슈아 마쉬아흐)와 연결되어야 한다. 예슈아 크리스토스께서 생명과 거룩함을 이루셨기 때문이다.

영생구원의 소망을 가지고 죄 사함을 받은 자는 예슈아 마쉬아흐와 연결되어 있는 자이다. 이들이 곧 하나님 아버지의 거룩한 아들과 딸이다(롬 8:30).

(3) 완전하다 헬라어 '텔레이오스'

Τέλελος(5046, 텔레이오스- 완성한 complete, 완전한 perfect)이다.

사람은 절대로 완전한자, 온전한 자가 될 수가 없다(시14:2-3, 롬3:9-12). 그럼에도 성경을 통하여 영이신 하나님은 온전하라고 명령을 하고 계신다. 영이신 하나님께서 온전하라고 명령하신 것은 당신의 수준에 까지 이르러야 한다는 것이 아니다. 노아가 온전하지 못하였다. 그러나 예하바께서는 당대에 완전한 자라고 하였다(창6:7-8).

아브라함이 온전하지 못하지만 복의 통로와 이스라엘 민족과 모든 성도들의 믿음의 조상, 아버지로 삼아 놓으셨다(창12:1-3). 엘로힘 예하바께서 사람에게 완전하다. 라고 말씀하시는 것은 예하바의 부르심을 받은 그 사람이 소명에 합당하게 생활하였다는 것을 보시고 하시는 말씀이라는 것을 알 수 있다.

노아가 다른 면에는 부족하여도 방주를 짓는 일에 순종하였다. 아브라함이 다른 면에는 부족하여도 예하바께서 부르시고 말씀하신 그 말씀을 믿고 말씀을 따라 살아 가는 것을 보시고 완전하다고 하신 것을 꼭 기억하자.

참고 | 텔레이오스 관련 성경구절

마 5:48 그러므로 하늘에 계신 너희 아버지의 [온전]하심과 같이 너희도 [온전]하라

엡 4:13 우리가 다 하나님의 아들을 믿는 것과 아는 일에 하나가 되어 [온전한] 사람을 이루어 그리스도의 장성한 분량이 충만한 데까지 이르리니

골 1:28 우리가 그를 전파하여 각 사람을 권하고 모든 지혜로 각 사람을 가르침은 각 사람을 그리스도 안에서 [완전한 자로] 세우려 함이니

약 1:4 인내를 [온전히] 이루라 이는 너희로 온전하고 구비하여 조금도 부족함이 없게 하려 함이라

약 1:17 온갖 좋은 은사와 [온전한] 선물이 다 위로부터 빛들의 아버지께로부터 내려오나니 그는 변함도 없으시고 회전하는 그림자도 없으시니라

약 1:25 자유롭게 하는 [온전한] 율법을 들여다보고 있는 자는 듣고 잊어버리는 자가 아니요 실천하는 자니 이 사람은 그 행하는 일에복을 받으리라

약 3:2 우리가 다 실수가 많으니 만일 말에 실수가 없는 자라면 곧 [온전한] 사람이라 능히 온 몸도 굴레 씌우리라.고 하였다.

(4) 완전하다 이브리어 '샬람'

שָׁלַם (7999, 샬람-완전하다, 완성하다, 온전하다)이다.

'샬롬', '샬람'하면 평화라고 알고 있을 것이다. 맞다. 그러나 기본어근은 '완전하다. 완성하다. 온전하다'는 의미이다. 어떤 목자-포이멘은 전혀 생소해 할 수가 있을 것이다. 그러나 분명한 사전적 의미이다. 평화하려면 완전해야한다. 온전해 져야 평화로운 사람이 된다는 것을 알려주셨다.

그렇다면 어떤 사람이 온전한 사람, 완전한 사람일까요. 화평케 하시는 예수아를 믿는 자라야 한다(요14:27, 눅2:14, 롬1:7, 롬5:1, 롬15:13, 고전1:3, 고후5:18-21, 갈6:16, 엡2:14-17, 빌4:7, 골3:15, 살후1:2, 살후3:16, 히7:2, 사9:6, 사54:13).

참고 | 평강 관련 성경구절

민수기 6:26 여호와는 그 얼굴을 네게로 향하여 드사 평강 주시기를 원하노라 할지니라.

예레미야 29:11여호와의 말씀이니라 너희를 향한 나의 생각을 내가 아나니 평안이요 재앙이 아니니라 너희에게 미래와 희망을 주는 것이니라

요한복음 14:27 평안을 너희에게 끼치노니 곧 나의 평안을 너희에게 주노라 내가 너희에게 주는 것은 세상이 주는 것과 같지 아니하니라 너희는 마음에 근심하지도 말고 두려워하지도 말라

로마서 5:10 곧 우리가 원수 되었을 때에 그의 아들의 죽으심으로 말미암아 하나님과 화목하게 되었은즉 화목하게 된 자로서는 더욱 그의 살아나심으로 말미암아 구원을 받을 것이니라.

골로새서 1:20 그의 십자가의 피로 화평을 이루사 만물 곧 땅에 있는 것들이나 하늘에

있는 것들이 그로 말미암아 자기와 화목하게 되기를 기뻐하심이라.

스가랴 6:13 그가 여호와의 전을 건축하고 영광도 얻고 그 자리에 앉아서 다스릴 것이요 또 제사장이 자기 자리에 있으리니 이 둘 사이에 평화의 의논이 있으리라.

이사야 32:17 공의의 열매는 화평이요 공의의 결과는 영원한 평안과 안전이라.

시편 29:11 여호와께서 자기 백성에게 힘을 주심이여 여호와께서 자기 백성에게 평강의 복을 주시리로다.

예레미야애가 3:17 주께서 내 심령이 평강에서 멀리 떠나게 하시니 내가 복을 내어 버렸음이여.라고 하였다.

하나님 아버지께서는 당신의 아들과 딸에게 평강을 주시려고 외아들 예슈아를 저주의 십자가에서 공의의 심판을 받아 죽게 하셨다. 이보다 더 큰 사랑은 없다.

그리고 성도들이 자기가 영적인 존재라는 것을 알아야한다. 그런데 목자 포이멘도 자기가 영이신 루바흐 엘로힘의 형상과 모양으로 지음 받았다는 것을 잊고 살기 때문에 영이신 루바흐 엘로힘에 대한 의존이 적어진다. 영이신 루바흐 엘로힘에 대한 의존이 적으니까 평화를 누리지 못하고 근심과 걱정을 하며 살아가게 된다. 사람이 완전해지는 것은 완전하신 영이신 루바흐 엘로힘께서 그 사람을 지배하시며 통치하시는 생명의 말씀을 순종하기 때문이다.

그 완전하신 영이신 루바흐 엘로힘께서 자기와 함께 하시고 계시다는 것과 자기가 영이신 루바흐 엘로힘의 형상과 모양으로 지음 받았다는 것을 모르니까 불행한 것이다. 그래서 평화를 잃어버리고, 평화가 무엇인지를 모르고 살아가고 있는 것이다. 그리고 생명의 말씀을 되새김질을 하지 않으니까 영이신 루바흐 엘로힘께서 원하시는 올바른 길을 가지 못하고 고달프게 환경에 휩싸여 살아가는 것이다.

더 큰 불행은 목자와 통치자이신 예슈아께서 평화가 무엇을 인지를 가르쳐 주셨지만 배우지 않았으며 믿지 않아서 온전하게 되지 못한다(요14:27). 온전하지 못하니까 그 사람을 보호하며 지켜주는 지팡이가 징계의 몽둥이가 되기 때문에 아프고 힘들며 근심과 걱정을 하면서 평화를 잃어버리는 것이다(요14:1,27).

요한복음 14:1 너희는 마음에 근심하지 말라 하나님을 믿으니 또 나를 믿으라.고 하셨고, 요한복음 14:27 평안을 너희에게 끼치노니 곧 나의 평안을 너희에게 주노라 내가 너희에게 주는 것은 세상이 주는 것과 같지 아니하니라. 너희는 마음에 근심하지도 말고 두려워하지도 말라.고 하셨다(행3:16 고후4:8-10, 고후12:9-10, 히12:12-13, 벧전1:21, 요일2:23, 시42:5-6, 8-11, 시43:5. 사12:2-3, 사26:3, 사43:1-2, 렘8:18, 애3:17-28)

그렇다. 예슈아께서 가지고 계신 그 '에이레네' εἰρήνη(1515, 에이레네- 평화, 복지, 번영)-평안를 주셨다고 하셨다. 예슈아께서 가지고 계신 '에이레네'가 무엇일까? 하나님왕국의 복음이다. 영적인 평안이다(마4:16-17,23, 마8:16, 마9:13,35, 마10:7-8, 마11:5, 마13:11, 마15:30-31, 막1:14-15, 눅5:32, 눅15:7,10, 행2:38, 행3:19,

행11:18). 하나님의 왕국과 영적인 평안이 곧 예슈아 크리스토스이시다. 그러니까 예슈아 크리스토스께서 평안을 주신다는 것은 곧 자신이 인류를 위하여 대신 저주의 십자가에서 희생물로 죽으심으로 자신을 주신다는 말씀이다(요19:30).

예슈아 크리스토스가 '에이레네'의 본질이요 실체이다. 그래서 세상이 주는 것과 같지 않다는 것이다. 세상이 주는 것이란 모두가 다 육적인 것이다. 육적인 그 어떤 것들도 '에이레네'가 아니라는 것이다.

그리고 사람이 온전해지려면 영이신 루바흐 엘로힘께서 정하여놓으신 필수코스를 밟아야 한다. 그 필수코스가 예슈아 크리스토스를 마음에 영접하여 믿어야하며, 생명진리의 말씀으로 사역하며 생활화가 되어져야 한다. 자기에게 대한 성경말씀에 합당하게 생활하는 자에게 영이신 루바흐 엘로힘께서 그 사람에게 너는 완전한 자라고 하신다. 이것이 샬람의 온전한 뜻이다. 샬람이 이루어진 자에게 많은 복들이 주어진다.

| 샬람의 사전적 의미들 |

샬람이 8개 단어로 되어있다. 그러나 자음이 다 같다. 그렇다면 기본 어근 안에 모든 사전적 의미가 다 포함되어 있다. '샬람'- (완전하다, 완성하다, 온전하다, 회복, (약속 등)이행, 보상, 배상, 화해, 평화조약 체결, 110회), '셸렘'- (완성하다, 끝마치다, 건전하다, 완전하다, 3회), '셸람'- (평안, 안녕, 번영, 형통, 4회), '셸렘'- (화목제, 감사제, 87회), '샬렘'- (완전한, 완성된, 안전한, 평안한, 평화한, 28회),

'샬렘'- (평화로운, 2회), '쉴렘'- (보답, 보수, 보상, 1회), '쉴렘'- (보수, 보상, 2회)이다. 반복되는 것도 있고 전혀 의미가 다른 것 같은 것도 있지만 실상은 하나이다. 많은 해설이 필요하다. 샬롬의 어근은 샬람이다.

완전하게 완성 된 자에게 주어지는 보답이며 완전해지려면 영이신 루바흐 엘로힘 하나님아버지와의 관계가 화목이 이루어져야 한다. 인간의 편에서 완전하신 하나님께 접근금지이다. 인간은 죄인이요. 불완전하기 때문이다. 스스로 영이신 루바흐 엘로힘과의 관계회복이 불가능하다. 그렇다면 어떻게 영이신 루바흐 엘로힘과 화목할 수가 있을까? 예슈아가 그 길이다.

예슈아의 화목케 하시는 희생물을 앞세워야 한다(롬3:25-26, 요6:53-58, 롬3:23-24, 롬5:1,11, 골1:20-23, 히10:19-20, 벧전1:18-20, 요일2:2, 요일4:10, 사53:11). 그래야 하나님과 화목이 이루어지고 완전해지며 샬람의 모든 복을 누리게 된다.

'샬람'과 관련된 110회의 성경 중에서

신명기 25:15 오직 온전하고 공정한 저울추를 두며 [온전하고] 공정한 되를 둘 것이라 그리하면 네 하나님 여호와께서 네게 주시는 땅에서 네 날이 길리라.
열왕기상 8:61 그런즉 너희의 마음을 우리 하나님 여호와께 [온전히] 바쳐 완전하게 하여 오늘과 같이 그의 법도를 행하며 그의 계명을 지킬지어다.
역대상 28:9 내 아들 솔로몬아 너는 네 아버지의 하나님을 알고 [온전한] 마음과 기쁜 뜻으로 섬길지어다 여호와께서는 모든 마음을 감찰하사 모든 의도를 아시나니 네가 만일 그를 찾으면 만날 것이요 만일 네가 그를 버리면 그가 너를 영원히 버리시리라.

롯기 2:12 여호와께서 네가 행한 일에 보답하시기를 원하며 이스라엘의 하나님 여호와께서 그의 날개 아래에 보호를 받으러 온 네게 [온전한] 상주시기를 원하노라. 하는지라.고 하였다.

'샬람'과 관련된 110곳 모두 읽어본다면 '샬람'이 이렇게 다양하게 번역하였구나를 느낄것이고 성경을 보는 폭넓은 눈이 열릴 것이다. 그리고 설교가 새로워질 것이다. 성경의 본질에 충실하게 될 것이다. 목자-포이멘이 신앙의 본질인 신학의 본질이 실종되지 않았나를 돌아보아야 한다. 신앙과 신학의 본질은 성경이다. 목자-포이멘이 성경의 본질을 상실하니까 엑클레시아(성도)들이 생명력을 잃어버리고 방황한다. 목자가 완전하게 서는 것만큼 성도들도 세워진다는 것을 잊지 말아야한다. 목자로 부르심과 세우심에 대한 사명을 온전하게 감당해야한다(엡4:11-16, 눅22:32, 요21:15-17, 행20:24,28, 고후7:1, 빌3:12-18, 골1:24,28, 골4:17, 딤전1:12, 딤후1:11-14, 딤후4:5).

샬람의 번영, 형통, 보답, 보상, 화목, 감사도 모두 완성된 것으로 복을 주신다. 샬람의 해설은 신론 예호바 샬롬에서 구체적으로 하게 될 것이다.

제3장

맛다이오스유앙겔리온

6:10

【본문】

나라이 임하옵시며

뜻이 하늘에서 이룬 것 같이 땅에서도 이루어지이다

【원어】

Ματθαῖος εὐαγγέλιον 6:10 ἐλθέτω ἡ βασιλεία σου· γενηθήτω τὸ θέλημά σου, ὡς ἐν οὐρανῷ καὶ ἐπὶ γῆς·

【직역】

맛다이오스유앙겔리온 6:10 그가 오시고 그 왕국(바실레이아) 당신 그것을 행하시고 그 뜻 당신 ~와 같이 위에 하늘 그리고 ~위에 세상

【문장정리】

맛다이오스유앙겔리온 6:10 당신의 그 왕국과 그 뜻대로 그가 오시고 그리고 당신의 하늘 위에서와 같이 땅 위에서 그것을 행하시고

【헬라어 단어별 사전적 의미】

ἔρχομαι (2064 엘코마이-오다 come, 나타나다 appear) ἐλθέτω 동명령 과거
능동 3인 단수

ὁ (3588 호-그, '이것, 이 사람, 저것, 저 사람) ἡ 관사 주격 여성 단수

βασιλεία (932 바실레이아-왕국 kingdom) βασιλεία 명사 주격 여성 단수

σύ (4771 쉬-너는 you) σου· 인칭대명사 속격 2인 단수

γίνομαι (1096 기노마이-생겨나다, 일어나다, 되다, 만들어지다, 행해지다)

γενηθήτω 동명령 과거 수동디포 3인 단수

ὁ (3588 호-그, '이것, 이 사람, 저것, 저 사람) τό 관사 주격 중성 단수

θέλημα (2307 델레마-뜻 will, 의도, 의향 intention) θέλημά 명사 주격 중성
단수

σύ (4771 쉬-너는 you) σου, 인칭대명사 속격 2인 단수

ὡς (5613 호스-~와 같이, 마치 ~처럼, ~할 때에) ὡς 종속 접속사

ἐν (1722 엔-~안에, ~에, 위에, ~와 함께) ἐν 전치사 여격

οὐρανός (3772 우라노스-하늘 heaven) οὐρανῷ 명사 여격 남성 단수

καί (2532 카이-그리고, ~와 and) καί 부사

ἐπί (1909 에피-~위에, ~가까이에, 근처에) ἐπὶ 전치사 속격

γῆ (1093 게-땅 earth, 세상 world) γῆς· 명사 속격 여성 단수

1. 당신의 그 왕국이

우리가 지금까지 알고 있던 그 천국(天國)은 없다. 성경에서는 3가지 바실 레이아 - 왕국을 말씀하셨다. 그리고 낙원과 에덴을 덤으로 간략해설 하였다.

(1) 마음에 있는 하나님의 왕국 '엔토스 데오스 바실레이아'

엔토스(안에, 내부에, 즉 마음) 데오스(하나님) 바실레이아(왕국)(눅17:20-21, 마 24:23-27, 골1:27, 눅11:20)는 마음 안에 ἐντός(1787, 엔토스-안에 within, 내부에 inside) 있는 하나님 θεός(2316, 데오스- 하나님 God)의 왕국 βασιλεία(932, 바실레이아-왕국 kingdom)이다.

루카스유앙겔리온(눅17:20-21) 바리새인들이 하나님의 나라가 어느 때에 임하나이까 묻거늘 예수께서 대답하여 이르시되 하나님의 나라는 볼 수 있게 임하는 것이 아니요. 또 여기 있다 저기 있다고도 못하리니 하나님의 나라는 너희 안에 있느니라.고 하였다.

파리사이오스Φαρισαῖος(바리새인)들이 예슈아께 하나님의 왕국이 어느 때에 오며 나타납니까. 라고 물었을 때에 예슈아께서 분명하게 말씀하셨다. 하나님의 나라는 볼 수 있게 나타나는 것이 아니라고 하셨다. 마음의 왕국인 영적인 하나님의 왕국을 말씀하셨다. 그러므로 볼 수 없다. 그리고 영적인 왕국은 물질적인 것들이 전혀 필요 없는 왕국이다.

마음 안에 임한 하나님의 왕국도 볼 수 없다. 그러나 그 보이지 아니하는 하나님의 왕국이 마음 안에 임한 사람은 안다. 그리고 그 하나님 왕국의 열매가 맺혀지므로 다른 사람도 어느 정도는 알게 된다.

영원한 영적인 하나님의 왕국에 가기 전에 누리는 마음 안에 임한 하나님의 왕국이다. 이 마음 안에 임한 하나님의 왕국을 누리지 못한 자에게는 영원히 실존하는 하나님의 왕국에 들어갈 수가 없다.

| 단어 사전적 의미 |

맛디아오스유앙겔리온(마 24:27절)에 **'임함'**-παρουσία(3952, 파루시아-왕, 황제, 치리 자와 같은 통치자의 도착, 출현, 오심, 강림, 임재, 현존, 있음, 재산 property, 부, 번영 fortune, 수입income(Plato), '군대, 병력' troops)**이다.**

마태복음 24:27 번개가 동편에서 나서 서편까지 번쩍임 같이 인자의 [임함] 도 그러하리라.고 하였다.

마태복음 24:37 노아의 때와 같이 인자의 [임함]도 그러하리라.고 하였다.

마태복음 24:39 홍수가 나서 그들을 다 멸하기까지 깨닫지 못하였으니 인자의 [임함]도 이와 같으리라.고 하였다.

통치자의 도착과 출현과 오심, 그리고 강림하심과 임재가 현존하여 있다고 하였다.

(2) 하늘 heaven의 왕국 kingdom '우라노스 바실레이아' (마3:2, 마4:17, 마10:7, 마13:11,24,47, 마25:1)

마태복음 4:17 이 때부터 예수께서 비로소 전파하여 이르시되 회개하라

천국이 가까이 왔느니라 하시더라.

마태복음 25:1 그 때에 천국은 마치 등을 들고 신랑을 맞으러 나간 열 처녀와 같다 하리니.라고 하였다.

하늘 οὐρανός(3772, 우라노스- 하늘 heaven) 왕국 βασιλεία(932, 바실레이아 - 왕국 kingdom)이다.

'우라노스 바실레이아'의 의미는 '하나님이 거하시는 곳인 왕국이다.' 누구는 그럼 영이신 하나님이 거하시지 아니한 곳이 어디에 있겠는가? 하겠지만 '우라노스 바실레이아'는 영이신 하나님께서 허락하지 않으시면 그 누구도 미치지 못하는 곳이다(요14:6).

'천국이 가까이 왔느니라'의 직역 문장정리는 '참으로 그 하늘 왕국이 가까이 와있다'이다. 이 말씀은 '참으로 그 하늘 왕국의 본질과 실체이신 예슈아가 가까이 와있다' 이다. 그러므로 나로 말미암지 않고는 영이신 하나님아버지가 계신 우라노스 바실레이아로 올 자가 없다고 하셨다(요14:6).

요한복음 14:6 예수께서 이르시되 내가 곧 길이요 진리요 생명이니 나로 말미암지 않고는 아버지께로 올 자가 없느니라.고 하였다(마11:27, 엡2:18, 벧전1:21, 벧전3:18, 요일1:2, 요일2:23, 요일5:11-12, 계1:5).

천국의 왕국 '우라노스 바실레이아'는 영이신 하나님께서 친히 다스리시고 통치하는 영역이 곧 '우라노스 바실레이아'이다.

| 한자사전의 天國(천국) |

① 이 세상에서 올바르게 살다가 죽은 후에 갈 수 있다는 곳, 영혼이 영원히 축복받은 나라, 천상에 있다고 믿는 하느님이 지배하는 나라,

② 하나님이 지배하는 은총과 축복의 나라, 천당, 하늘나라,

③ 어떤 제약도 받지 않는 자유롭고 편안한 곳, 또는 그런 상황이라고 하였다.

(3) 하나님의 왕국 '데오스 바실레이아'

데오스 바실레이아(마 12:28, 막 1:15, 눅 9:2, 눅 10:9, 눅 19:11)는 있으나 하늘의 왕국은 없다. sky 천국(天國)은 없다.

하나님θεός(2316, 데오스- 하나님 God) 왕국βασιλεία(932, 바실레이아- 왕국 kingdom)이다.

마르코스유앙겔리온(막)1:14-15 요한이 잡힌 후 예수께서 갈릴리에 오셔서 하나님의 복음을 전파하여 15 이르시되 때가 찼고 하나님의 나라가 가까이 왔으니 회개하고 복음을 믿으라 하시더라.고 하였다.

'때가 찼고 하나님의 나라가 가까이 왔으니'의 직역문장정리는 '시간이 채워지니 하나님의 왕국이 가까이 와있다.'이다.

천[국], 하나님의 [나라]라는 단어보다 헬라어 '바실레이아 왕국', 이브리어 '말쿠트 왕국'으로 사용하는 것이 올바른 것이다. 처음 번역할 때부터 천국 (天國-스카이sky 나라, 왕국은 없다)은 영적인 왕국으로 하나님의 나라는 하나님

의 왕국이라고 하였다면 얼마나 좋았을까 하는 아쉬움이 있다. 이제라도 늦지 않았다. 원어의 뜻에 따라 올바른 번역을 하여야한다. 올바른 번역판이 나오지 않는다 할지라도 목회자는 원어의 대한 관심을 가지고 끊임없이 탐구하여야한다. 성경적인 단어와 명칭들을 가르치고 사용해야할 한국교회이었지만 그동안 사용하지 못하였음을 돌이켜보고 이제부터라도 한국교회와 목회자가 사용해야하며 성도들에게 하나님의 왕국(데오스 바실레이아, 엘로힘 말쿠트)과 영적인 왕국이라고 명백하게 가르쳐야한다.

(4) 낙원 헬라어 '파라데이소스'

파라데이소스παράδεισος(3857, 파라데이소스- 정원 garden, 공원 park, 낙원 paradise)이다. 이브리어 역어는 에덴이다.

파라데이소스-낙원은 신약성경에 3곳에 나온다. 아래성경을 보라.

누가복음 23:43 예수께서 이르시되 내가 진실로 네게 이르노니 오늘 네가 나와 함께 [낙원]에 있으리라 하시니라. 고 하였다.

고린도후서 12:4 그가 [낙원]으로 이끌려 가서 말로 표현할 수 없는 말을 들었으니 사람이 가히 이르지 못할 말이로다. 라고 하였다.

요한계시록 2:7 귀 있는 자는 성령이 교회들에게 하시는 말씀을 들을지어다. 이기는 그에게는 내가 하나님의 [낙원]에 있는 생명나무의 열매를 주어 먹게 하리라. 고 하였다.

'오늘 네가 나와 함께 [낙원]에 있으리라'에서 낙원은 육체를 벗어난 영혼이 즉시 가는 하나님의 왕국의 상징적인 의미이다(계2:7).

'이기는 그에게는 내가 하나님의 [낙원]에 있는 생명나무의 열매를 주어 먹게 하리라.'의 직역문장정리는 '이기는 그 사람에게 그 하나님의 그 파라데이소스에 이것이 있다. 그 생명의 그 십자가이다. 내가 이것으로부터 주어 그가 먹는다.'이다.

영이신 하나님의 왕국은 영적인 왕국이다. 영적인 왕국에는 육의 세계의 물질적인 것들이 없고, 더 이상 필요한 것들이 아니다. 유치하고 속된 것들이기 때문이다. 그래서 태양이 필요 없다(계21:23-25, 사60:19-20, 요1:4,9, 요8:12, 행22:6-11). 영혼은 어둠과 빛의 재제를 받지 않는다. 시간과 공간을 초월하여 존재한다는 것을 알아야 한다. 더 이상 모이는 장소의 회당이나 집이나 건축물이 필요하지 않다.

요한계시록 21:22절에 '나오스'ναός(3485, 나오스- 성전 temple, 성소 sanctuary)-성전을 어린양이라고 하셨다(눅20:27-38, 요1:29, 요17:24, 계21:1-4,22-27, 계22:5, 사60:19-20). '나오스' 이브리어 역어는 헤칼הֵיכָל(1964, 헤칼- 궁전, 성전)과 울람אוּלָם(197, 울람- 성전 낭실)이다.

예슈아와 함께 일천년 왕 노릇하는, 일 천년왕국과 하나님의 왕국인 우라노스(하늘) 바실레이아(왕국)를 정확하게 구분을 하지 않아 혼란이 있다. 사탄마귀귀신을 무저갱ἄβυσσος(12, 아소스- 심연, 무저갱, 밑바닥 없는 bottomless, 깊이를 잴 수 없는 unfathomable)이 가두었기 때문에 죄가 없는 세상, 즉 일천년 왕 노릇하는 세계이다. 일천년 왕 노릇하는 자들은 순교의 '프쉬게'ψυχή(5590, 프쉬케-영혼, 목숨, 생명)-영혼들과 육체를 가진 사람들이 통치하며 다스리는 세계이다(계20:4,6, (1-10)).

그러나 '우라노스 바실레이아'와 '데오스 바실레이아'는 구원받은 영혼들만 들어가 누리는 세계, 즉 영적인 세계이다. '천 년 동안 그리스도와 더불어 왕 노릇 하리라'(계20:6)의 직역문장정리를 하면 '일천년을 그(크리스토스)와 함께 그들이 왕의 권력으로 통치를 하며 다스린다.'이다.

요한계시록 20:4 또 내가 보좌들을 보니 거기에 앉은 자들이 있어 심판하는 권세를 받았더라 또 내가 보니 예수를 증언함과 하나님의 말씀 때문에 목 베임을 당한 자들의 영혼들과 또 짐승과 그의 우상에게 경배하지 아니하고 그들의 이마와 손에 그의 표를 받지 아니한 자들이 살아서 그리스도와 더불어 천 년 동안 왕 노릇 하니.라고 하였다.

(5) 기쁨의 동산 이브리어 '에덴'

עֵדֶן(5731, 에덴- 에덴 Eden- 평원, 즐기다, 기쁨의 동산, 만족의 동산, 행동의 동산)이다.

에덴 간략해설
....

눈에 보기에도 좋은 곳, 생명이 넘치는 곳, 그럼에도 영이신 하나님께서 정하여 놓으신 생명의 경계선이 있는 곳이지만 즐겁고 기쁨이 넘치는 곳이었다. 이곳에 타락한 사탄이 뱀 속에 들어가 새빨간 거짓말을 하였는데, 그 새빨간 거짓말을 하와와 아담이 마음에 받아들이고 행동에 옮김으로 기쁨과 즐거움이 사라져 버렸다(창3:8-10,16-19).

사형 형틀인 십자가에 달린 강도에게는 더 이상 남의 것을 강탈하며 사람을 죽일 일이 없는 에덴과 같은 곳, 파라다이소스가 필요하였던 것이다. 예슈아께서 강도에게 가장 이해하기 쉽게 말씀하셨다. '파라다이소스'보다 더 중요한 것은 '예슈아께서 오늘 네가 나와 함께 있으리라'는 말씀이다(눅 23:43).

예슈아께서 가시는 낙원이 영이신 하나님 보좌우편이다(막16:19, 롬8:34, 히 8:1, 히10:12, 히12:2, 히1:3, 벧전3:22, 계3:21). 여기가 곧 하나님의 왕국이다. 예슈아 자신이 에덴이시다. 예슈아 자신이 기쁨이시다. 예슈아 자신이 즐거움이다. 예슈아 자신이 하나님의 왕국이다.

이제 너는 더 이상 두려움이나 강탈하기 위한 계획들이 필요 없다. 너는 나와 함께 기쁨과 즐거움을 누리게 된다는 말씀으로 낙원-'파라다이소스'을 인용한 것이다. 영적인 세계에는 물질이 필요가 없다. 어떤 금 은 보석으로 기쁨과 즐거움을 누리는 것이 아니다. 하나님의 왕국의 주인공은 예슈아이시다. 그리고 예슈아로 인하여 영원히 누리는 기쁨과 즐거움이다(롬14:17).

와!~ 그렇다면 하루 이틀도 아니고 지겹겠다는 생각은 지극히 육신적, 이성적인 것이다. 그래서 이 어린아이와 같지 아니면 하나님의 왕국의 갈 수가 없다고 하신 것이다(마19:14). 어린아이는 누구로 만족하고 기뻐하죠. 엄마이다. 젖만 계속 줘도 다른 것 달라고 투정을 하지 않는다.

영혼은 죄 성이 전혀 없다. 죄지을 확률이 0%이다. 의식주, 명예 영광, 금은 보석이 불필요하다. 그러므로 불안과 근심 걱정 등이 완전히 사라져 버린 영혼이므로 범죄의 가능성이 전혀 없다. 그러므로 만족 그 자체이다.

이사야 35:10 여호와의 속량함을 받은 자들이 돌아오되 노래하며 시온에 이르러 그들의 머리 위에 영영한 희락을 띠고 기쁨과 즐거움을 얻으리니 슬픔과 탄식이 사라지리로다. 라고 하였다(요16:22, 계7:9-17, 계14:1-4, 계15:2-4, 계18:20, 계19:1-7, 계21:4, 사25:8, 사51:10-11, 사60:20, 사65:19, 렘31:11-14).

그렇다. 영계는 육신의 차원이 아니다. 육신의 차원을 완전히 초월하여 실존하는 영적인 하나님 왕국의 세계이다.

2. 그의 뜻대로 그가 오시고

헬라어 '델레마 엘코마이' 간략해설
- -

ἔρχομαι (2064 엘코마이- 오다 come, 나타나다 appear) ἐλθέτω 동명령 과거 능동 3인 단수이다.

θέλημα (2307 델레마- 뜻 will, 의도, 의향 intention) θέλημά 명사 주격 중성 단수이다.

'그의' 는 아버지 하나님이시다. 영이신 하나님은 당신의 일을 당신이 원하는 때에 당신의 뜻과 의도대로 행하신다. 영이신 하나님의 바실레이아 왕국의 성립(成立-확고하게 이루어지고 세워지는 것)은 아버지 하나님의 권한에 있다.

그러나 분명한 것은 '그가' 오셔야 세워지고 이루어진다. 여기에서 '그'는 ①
예슈아이시다 (요14:10-13, 20).

예슈아께서 바실레이아 왕국을 완성하셨다. 예슈아께서 성탄 하셔서 대리
적 속죄의 희생물로써 완성하시고 원 상태로 회복 하셨다 (히1:3, 히8:1, 히10:12,
히12:2, 계4:10-11, 계5:13-14). 당신의 뜻대로 원하시는 시간에 때가차매 오셨다
(갈4:4-6). 그리고 '그'는 ②성령하나님이시다. 성령하나님-영이신 루바흐 하
나님께서는 예슈아께서 완성해 놓으신 복음의 진리를 적용시키는 일을 하
신다 (요14:16,17,26, 요15:26, 요16:7-14, 고전12:3, 빌2:13).

그리고 영이신 하나님께서 원하시는 것은 당신의 거하실 곳을 회복하는
것이다. 영이신 하나님은 천지에 충만하시다. 그러나 유일하게 정하여 놓으
신 영이신 하나님의 집은 사람의 영혼의 집인 마음이다 (행1:4,8, 행2:1-4,38-39).

하나님 아버지와 예슈아께서 보내신 보혜사 성령님이 마음에 임하시므로
세워지는 통치의 왕국이 시작 되는 것이다.

이것을 말씀과 성령으로 거듭(다시 태어남, 마귀의 자녀에서 하나님의 자녀로, 어둠
에서 빛으로, 죽음에서 생명으로)난 것이다(요3:5-6, 엡2:1, 엡5:8, 약1:18, 벧전1:23, 요5:24-
25, 고전12:3). 하나님의 자녀의 권세가 임하였다고 한다(요1:12, 요3:16). 또다른
용어로는 중생(重生-영적으로 다시 새사람이 됨, 거듭남)하였다고 한다.

3. 당신의 하늘 위에서와 같이 땅위에서 그것을 행하시고

우라노스 간략해설
....

οὐρανός (3772 우라노스- 하늘 heaven, 천국, 천당, 하늘나라, 하나님이 거하시는 곳인 하늘) οὐρανῷ 명사 여격 남성 단수이다.

γῆ (1093 게- 땅 earth, 세상 world) γῆς· 명사 속격 여성 단수이다.

'당신의 하늘 위에서와 같이 땅 위에서 그것을 행하시고' 라는 말씀은 영이신 하나님께서 실존하시는 그 '우라노스'가 땅위에서 그것을 행하여 달라고 기도하라는 것이다. 땅위에 하나님의 나라가 임하는 것이 아니다. 하나님 나라-하나님의 왕국에 대한 개념을 바르게 알아야한다. 영이신 하나님의 왕국은 보이는 왕국이 아니다. 영적인 왕국이다.

| 단어설명 |

'우라노스'의 사전적 의미

'하나님이 거하시는 곳'이 하나님의 왕국이다. 조길봉목자-포이멘이 하나님을 영이신 하나님이라고 하는 것을 가볍게 듣지 말아야한다. 하나님의 본질이 영이시다(요4:24, 겔36:27). 하나님의 실체가 영이시다. 루바흐 엘로힘이시다. 영이신 하나님이시다(창1:2, 출33:22-23, 신5:24, 삿6:22, 삿13:22, 사6:1-5, 요1:18, 빌2:6, 딤전6:16, 계1:16-17).

내 영을 너희 속에 두었다(겔36:27). 예수를 죽은 자 가운데서 살리신 이의 영이 너희 안에 거하시면(롬8:11). 우리는 살아 계신 하나님의 성전(고후6:16). 주 안에서 성전이 되어 가고, 성령님 안에서 하나님이 거하실 처소, 크리스토스 예슈아 안에서 함께 지어져 간다(엡2:21-22). 우리 안에 거하시는 하나님(딤후1:14). 우리는 크리스토스의 집이다(히3:6). 신령한 집으로 세워진다(벧전2:5). 사람 안에 거하시는 하나님이시다(요일4:12,15,16). 크리스토스가 우리 안에 거하시는 것이 비밀이다(골1:27).

그러므로 '땅위에서 그것을 행하시고'라는 말씀은 땅위에 살아가고 있는 사람들을 당신이 거하시는 곳으로 삼아달라는 기도이다(창2:7, 고전3:9,16-17, 고전6:19-20, 요14:17, 골1:27, 고후13:5). 이 기도는 명령이다. 반드시 행하여 달라는 것이다.

γίνομαι (1096 기노마이- 그것을 행해시고, 일어나다, 되다, 만들어지다) γενηθήτω 동명령 과거 수동디포 3인 단수이다. '동 명령'은 동사 명령형이라는 것이다. '과거 수동디포'는 자연적으로 왕국이 세워지지 않고 과거부터 수동형이라는 것이다. 3인 단수는 ~그것, ~이것, ~저것, 그가, 저가, 이가, 당신 등이다.

건물은 건물일 뿐이다. 예배당으로 쓰이다가 창고가 될 수도 있고, 주택으로 개조할 수도 있다. 영이신 하나님은 당신의 형상과 모양으로 지으신 사람을 거처로 삼으신다. 그러므로 영이신 하나님을 건물에 가두려고 해서는 안 된다.

'너는 나의 거할 집을 건축하지 말라'(대상17:4). '네가 나를 위하여 내가 살

집을 건축하겠느냐'(삼하7:5-7)고 하셨다. 솔로몬이나 어떤 특정적인 사람이 하나님의 발판(발을 올려놓는)을 봉안(안식)할 성전(집)을 건축(세우다, 짓다)한다는 것은 웃지 않을 수 없다. 사람이 영이신 루바흐 엘로힘(프뉴마 데오스)께서 안식할 집을 짓는다? 요술램프 같은 집을 짓겠다는 허황된 꿈을 버려야 한다. '너는 나의 거할 집을 건축하지 말라'(대상17:4)를 직역문장정리하면 '나의 거주하여 살 집을 너는 건축하는 것이 아니다'이다.

영이신 루바흐 엘로힘이 거주하시는 집은 영이신 루바흐 엘로힘께서 직접 지으신다(대상28:2), 하늘과 하늘들의 하늘이라도 주를 용납하지 못한다(대하6:18), 여호와께서는 그의 성(카데쉬-거룩한) 전(헤칼-왕궁)에 계신다(시11:4), 여호와의 성전(헤칼-왕국)이라 하는 거짓말을 믿지 말라(렘7:4), 이 산에서도 말고 예루살렘에서도 말고(요4:20-21), 손으로 지은 집에 계시지 아니하신다(행7:48-50, 행17:24, 왕상8:27).

| 참고 – 성전에 대하여 |

성전 관련 역대상 17:4절 본문, 직역, 문장정리를 보라.

본문 : 가서 내 종 다윗에게 말하기를 여호와의 말씀이 너는 내가 거할 집을 건축하지 말라

직역 : 가라 너는 말하라 대하여 다뷔드 내 종 이렇게 그가 말씀하셨다. 예하바 아니다 당신 너는 건축하는 내가 그 집 거주할

⊙ 이브리어 단어별 사전적 의미

לֵךְ (3212 얄라크–가다, 오다, 걷다) לֵךְ 칼 명령 남성 단수

אָמַר (559 아마르–말하다 say) וְאָמַרְתָּ 와우 계속법–칼 완료 2인 남성 단수

אֶל (413 엘–~에, ~쪽에, ~안으로, ~옆에, 대하여, 관하여) אֶל 전치사

דָּוִד (1732 다위드–다윗 David) דָּוִיד 고유명사

עֶבֶד (5650 에베드–노예 slave, 종 servant) עַבְדִּי 명사 남성 단수–1인 공성 단수

כֹּה (3541 코–이렇게, 이 방법으로, 여기에, 지금까지) כֹּה 부사

אָמַר (559 아마르–말하다 say) אָמַר 칼 완료 3인 남성 단수

יהוה (3068 예호와–여호와, 야웨) יְהוָה 고유명사

לֹא (3808 로–아니, 아니다 no, not) לֹא 부사(부정어)

אַתָּה (859 앗타–당신, 그대 thou) אַתָּה 인칭대명사 2인 남성 단수

בָּנָה (1129 바나–세우다, 짓다, 건축하다) תִבְנֶה 칼 미완 2인 남성 단수

לְ (9003 레–나의 …에게 to, …에서) לִי 전치사–1인 공성 단수

בַּיִת (1004 바이트–그 집, 가정 house, 건물) הַבַּיִת 관사–명사 남성 단수

יָשַׁב (3427 야샤브–앉다, 머무르다, 살다, 거주하다) לְשָׁבֶת 전치사–칼 부정사 연계

이브리어 바이트는 성전이 아니라 집이다. בַּיִת(1004, 바이트– 집, 가정 house) 바이트 집을 성전이라고 오역한 곳이 많다. 성전이 되려면 반드시 '카다쉬 바이트'나 '카다쉬 헤칼'과 '카다쉬 올람'이라야 한다.

제4장

맛다이오스유앙겔리온

6:11

맛다이오스 유앙겔리온 6:11

【본문】

오늘날 우리에게 일용할 양식을 주옵시고

【원어】

Ματθαῖος εὐαγγέλιον 6:11 Τὸν ἄρτον ἡμῶν τὸν ἐπιούσιον δὸς ἡμῖν σήμερον·

【직역】

맛다이오스유앙겔리온 6:11 그 양식(빵-알토스) 우리 그 매일의 당신은 주소서 우리에게 오늘

【문장정리】

맛다이오스유앙겔리온 6:11 오늘 우리에게 그 매일의 그 양식을 우리에게 당신은 주시고

ὁ (3588 호-그, '이것, 이 사람, 저것, 저 사람) Τὸν 관사 대격 남성 단수

ἄρτος (740 알토스-빵 bread, 빵(떡)덩이 loaf) ἄρτον 명사 대격 남성 단수

ἐγώ (1473 에고-나 I, 우리) ἡμῶν 인칭대명사 속격 1인 복수 (our)

ὁ (3588 호-그, '이것, 이 사람, 저것, 저 사람) Τὸν 관사 대격 남성 단수

ἐπιούσιος (1967 에피우시오스-매일의 daily) ἐπιούσιον 형용사 대격 남성단수

δίδωμι (1325 디도미-주다 give, 하사하다 grant) δὸς 동명령 과거 능동 2인 단수

ἐγώ (1473 에고-나 I, 우리) ἡμῖν 인칭대명사 여격 1인 복수

σήμερον (4594 세메론-오늘 today) σήμερον· 부사

오늘 우리에게 그 매일의 그 양식을 우리에게 당신은 주시고

(1) 우리에게 양식을 헬라어 '에고 알토스'

ἄρτος (740 알토스-빵 bread, 빵(떡)덩이 loaf) ἄρτον 명사 대격 남성 단수이다.
ἐγώ (1473 에고- 나 I, 우리) ἡμῶν 인칭대명사 속격 1인 복수, (our)이다.

에고 알토스 간략해설

'우리에게 그 매일의 그 양식을 당신은 주시고',

영이신 하나님께서 주시지 아니하시면 누구라도 받을 수 없다. (출16:4, 13-18, 31, 신8:3, 16, 수5:12, 느9:15, 계2:17) 그러므로 영이신 하나님의 왕국이 임한 우리들에게 주셔야 한다고 명령형으로 강조하고 있다.

이기주의의 기도가 아니다. 박애 (博愛-차별 없이 넓게 사랑함)정신으로 기도하라는 것이다. 우리 모두에게 주시라는 것이다. 만사의 모든 것들이 우연이, 자연적으로 이루어지는 것은 없다(고전3:6-7). 그렇다. 사람이 무엇을 하는 것 같지만 배후에서 만능의 엘로힘께서 도와주지 않으시면 이루어지지 않는다.

(2) 양식 이브리어 '레헴'

לֶחֶם(3899, 레헴- 음식, 빵)이다.

레헴 간략해설
·······················

목자와 통치자이신 예슈아께서는 당신을 목자로 믿고 따르는 자들에게(요 10:2-4,9-11,14-16) 영육간의 모든 것들이 부족함이 없도록 인도하신다(시23:1-6). 생명의 울타리, 보호의 울타리 안으로 인도하셔서 자유와 평안을 누리게 하신다. 생명의 떡인 진리의 말씀으로 살아가도록 가르쳐주신다는 것이 '레헴'이다.

עִבְרִי이브리인(창14:13)들의 식사는 일상적으로 떡과 고기와 음료수로 이루어졌다(창18:1-8, 신8:3).

세계가 전쟁과 싸움이 쉬지 않는 원인이 빵, 즉 먹고 사는 문제들 때문이다. 경제 전쟁들을 하고 있다. 빵의 전쟁에서 승리를 거두면 축제의 잔치가 벌어진다. 빵의 전쟁은 생명진리의 말씀으로 생활하느냐 하지 않느냐이다(마4:4, 신8:3).

예슈아의 보혈이 발라져 있는 생명의 울타리 안에 있느냐 떠나느냐의 전쟁이다. 그리고 생명의 떡의 말씀인 예슈아 복음을 가르쳐줄 때 잘 받아들여 익히느냐 버리느냐의 싸움이요. 전쟁이다. 빵의 전쟁이 아니라 영적전쟁에서 살아남느냐 죽느냐의 살벌한 전쟁이다. 예슈아의 살과 피를 먹으면 살고 먹지 않으면 죽는 전쟁이다(요6:46-51, 54-58,27,40, 요3:15-18, 요5:24).

사람의 육신은 음식으로 사는 것이 아니다. 엘로힘 예하바와 예슈아께서는 아니라고 하셨다. 신명기 8:3 너를 낮추시며 너를 주리게 하시며 또 너도 알지 못하며 네 조상들도 알지 못하던 만나를 네게 먹이신 것은 사람이 떡으로만 사는 것이 아니요 여호와의 입에서 나오는 모든 말씀으로 사는 줄을 네가 알게 하려 하심이니라. 고 하였다.

마태복음 4:4 예수께서 대답하여 이르시되 기록되었으되 사람이 떡으로만 살 것이 아니요 하나님의 입으로부터 나오는 모든 말씀으로 살 것이라 하였느니라 하시니. 라고 하였다(출16:15,35, 신6:1-3,4-13, 신7:12-15, 신10:12-15, 신11:7-17, 삼상7:3, 왕상17:12-16, 왕하4:42-44, 왕하7:1-2, 사33:15-16, 학2:16-19, 말3:9-11, 요6:31,63, 롬15:4, 엡6:17).

요한복음 6:63 영으로 이르는 말씀이기에 영으로 받아야 생명이 된다.
출애굽기 23:25 네 하나님 여호와를 섬기라 그리하면 여호와가 너희의 양식과 물에 복을 내리고 너희 중에서 병을 제하리니. 라고 하였다.

신명기 10:12-13 이스라엘아 네 하나님 여호와께서 네게 요구하시는 것이 무엇이냐 곧 네 하나님 여호와를 경외하여 그의 모든 도를 행하고 그를 사랑하며 마음을 다하고 뜻을 다하여 네 하나님 여호와를 섬기고 13 내가 오늘 네 행복을 위하여 네게 명하는 여호와의 명령과 규례를 지킬 것이 아니냐. 라고 하였다.

이스라엘 백성들이 광야 40년 동안 하늘에서 내리는 만나를 먹이신 것을 통하여 말씀하셨고 예슈아께서는 40일 금식하시고 계실 때 가장 음식이 먹고 싶을 때 사악한 사탄이 돌들로 떡을 만들어 먹으라고 거짓미혹을 할 때 하신 말씀이다(마4:3-4).

'레헴'은 통치권자이시고 선한 목자이신 예슈아께서 생명진리의 말씀으로 가르쳐 주시는 대로 살아가라는 것이다. 그리고 생명의 울타리를 떠나지 말라는 것이다. 이렇게 살면 잘된다(신28:1-13). 잘되지 않을 수가 없다(요일3:2-4).

그리고 영적인 뜻은 그 음식과 그 빵은 예슈아 이시다(요6:32-35,49-58). 그리고 예슈아가 곧 필수적인 생명진리의 말씀이다(요14:6).

아마도 '레헴'하면 그동안 떡, 혹은 진설병으로 알고 사용하였을 것이다. 그런데 자 보라! 레헴(스트롱코드 3898-3901)을 4개로 나누어 놓았다. 강의 할 때마다 항상 말하지만 자음이 같으면 모음과 관계없이 사전적 의미는 같다. 모음은 이브리어를 읽기위해서 필요할 뿐이지 어떤 특별한 의미가 전혀 없다.

(3) '레헴'의 또 다른 사전적 의미

'싸우다, 전쟁하다, 먹다(170회), 음식, 빵, 떡(300회), 축제, 잔치(1회), 싸움, 전쟁(1회)'이다. 떡이나 빵 정도로 알았던 '레헴'의 기본적인 어근이 '싸우다, 전쟁하다, 먹다'라는 것은 영적전쟁을 하기 위하여서는 생명의 말씀을 먹어야 한다는 것이다. 영육간의 모든 전쟁이 먹기 위한 것이다(시18:39, 잠8:36, 삼상17:47).

그래서 이브리어 단어별 합성어 해설을 해야 한다. 성도들의 전쟁은 불의한 세상의 주관자들과 통치자들과 권세자들, 그리고 악의 영들이라고 하였다. 교회를 허물고 선교운동을 방해하는 사악한 세상 통치자들과 권세들과 이 어둠의 세상 주관자들과 하늘에 있는 악의 영들과 싸워야 한다는 것이다(엡6:12).

복음운동을 막는 세력은 공산주의자들과 이단, 사이비, 신비주의자들이다. 그러므로 담대하게 대적하여 싸워 이겨야한다. 정교분리란? '국가가 종교적 중립성을 유지하여 권력과 특정 교단을 결부하지 않는 것'을 말한다. 정부가 교회에 대하여 이래라저래라 할 수 없다는 뜻이지 교회에서 정치나 정치이야기를 하지 말라는 것이 아니다. (대한민국 헌법 제20조 제1항 모든 국민은 종교의 자유를 가진다. 국가가 종교를 억압 할 수가 없다.)

에베소서 6:11-13 마귀의 간계를 능히 대적하기 위하여 하나님의 전신 갑주를 입으라 12 우리의 씨름은 혈과 육을 상대하는 것이 아니요 통치자들과 권세들과 이 어둠의 세상 주관자들과 하늘에 있는 악의 영들을 상대함이라 13 그러므로 하나님의 전신 갑주를 취하라 이는 악한 날에 너희가 능히 대적하고 모든 일을 행한 후에 서기 위함이라고 하였다(롬8:38, 엡2:2, 골2:15).

사탄마귀와 죄와 싸우라는 것이다(히12:4, 계3:10, 계13:10, 눅8:12-14, 요일2:16). 죄는 곧 사탄마귀이다(요일3:8, 요8:44, 고후4:4, 창3:4-6).

사탄마귀가 무저갱ἄβυσσος(12, 아   소스- '밑바닥 없는' bottomless, '깊이를 잴 수 없는' unfathomable, 영들의 감옥', 곧 지옥이다(눅8:31, 계11:7, 계17:8, 계9:1,11, 계20:1,3, 마

25:41).)이 갇히면 일 천년동안 왕의 권세가 시작된다(사11:1-10, 계12:9, 계14:10-11, 계20:1-10). 일 천년동안 왕 노릇 한다는 것은 사탄마귀가 활동하지 못하기 때문에 사람이 죄를 짓지 않는다. 죄는 사탄마귀이고 사탄마귀는 곧 죄이다.

죄의 삯이 사망(죽음)이다(롬6:23, 약1:15, 창2:17, 히9:27).

사탄마귀귀신(죄)과 싸워서 이긴 자만 영이신 하나님 왕국 혼인축제의 잔치를 하게 된다는 것을 생각하며 살아야한다. 요한계시록 2~3장을 깊이 마음에 새기면서 읽고 이기는 자가 되어야한다. 진자는 이긴 자의 종이다(벧후2:19). 사탄마귀에게 지면 사탄마귀의 종이 되는 것이다.

| 참고 - 베들레헴에 대하여 |

베트레헴은 떡집 בֵּית־לֶחֶם(1035, 베트레헴-베들레헴 Bethlehem-떡집)이다.
한글성경에는 '베들레헴'이라고 번역하였다. 그러나 이브리어는 베트레헴이다.
베트레헴은 바이트 בַּיִת(1004, 집 house)와 레헴 לֶחֶם(3899, 음식, 빵, 떡)의 합성어이다.
'레헴'해설은 앞에서 해놓은 해설을 보라.
바이트 간략해설-'바이트'는 집이라는 의미이다. 무슨 집일까? 예슈아 십자가의 복음진리를 받아들인 마음의 집이다. 십자가는 예하바 손의 하게하시는 능력이다. 예슈아 십자가는 죄 사함과 영생구원을 준다. 그러므로 예슈아의 손과 아버지의 손에서 빼앗아갈 세력이 없다(요10:28-30).

요드는 쥔 손의 능력, 하시고자 하시는 일을 이루시는 능력의 손이다.

그리고 목자와 통치자이신 예슈아께서 유월절 필수적인 생명복음의 진리를 가르쳐 주실 때 '아만'으로 받아들여 생명의 울타리 안에서 생활하라는 것이 '베이트레헴'이다.

제5장

맛다이오스유앙겔리온

6:12

맛다이오스 유앙겔리온 6:12

【본문】

우리가 우리에게 죄 지은 자를 사하여 준 것 같이

우리 죄를 사하여 주옵시고

【원어】

Ματθαῖος εὐαγγέλιον 6:12 καὶ ἄφες ἡμῖν τὰ ὀφειλήματα ἡμ
ῶν, ὡς καὶ ἡμεῖς ἀφήκαμεν τοῖς ὀφειλέταις ἡμῶν·

【직역】

맛다이오스유앙겔리온 6:12 그리고 당신은 용서하여 주시고 우리 저들 빚
들 우리 ~와 같이 그리고 우리 우리를 용서하시고 저들 빚진 자들 우리

【문장정리】

맛다이오스유앙겔리온 6:12 그리고 우리가 우리끼리 저들의 빚들을 우리
가 용서한 것과 같이 당신은 우리와 저들의 빚진 자들을 용서하여 주시고,

【헬라어 단어별 사전적 의미】

καί (2532 카이-그리고, ~와 and) καὶ 대등 접속사

ἀφίημι (863 아피에미-내보내다, 버려두다, 용서하다) ἄφες 동명령 과거 능동
2인 단수

ἐγώ (1473 에고-나 I) ἡμῖν 인칭대명사 여격 1인 복수, (us)

ὁ (3588 호-그, '이것, 이 사람, 저것, 저 사람) τὰ 관사 대격 중성 복수

ὀφείλημα (3783 오페일레마-빚, 의무) ὀφειλήματα 명사 대격 중성 복수

ἐγώ (1473 에고-나 I) ἡμῶν, 인칭대명사 속격 1인 복수

ὡς (5613 호스-~와 같이, 마치 ~처럼, ~할 때에) ὡς 종속 접속사

καί (2532 카이-그리고, ~와 and) καὶ 부사

ἐγώ (1473 에고-나 I) ἡμεῖς 인칭대명사 주격 1인 복수

ἀφίημι (863 아피에미-내보내다, 버려두다, 용서하다) ἀφήκαμεν 동직설 과거
능동 1인 복수

ὁ (3588 호-그, '이것, 이 사람, 저것, 저 사람) τοῖς 관사 여격 남성 복수

ὀφειλέτης (3781 오페일레테스-빚진자 debtor, 채무의 빚진 자, 의무를 지고 있는 자)
ὀφειλέταις 명사 여격 남성 복수

ἐγώ (1473 에고-나 I) ἡμῶν· 인칭대명사 속격 1인 복수

당신은 우리와 저들의 빚진 자들을 용서하여 주시고

(1) 빚진 자 헬라어 '오페일레테스'

ὀφειλέτης (3781 오페일레테스- 빚진 자 debtor, 채무의 빚진 자, 의무를 지고 있는 자) ὀφειλέταις 명사 여격 남성 복수이다.

오페일레테스를 '죄 지은 자'이라고 하였다. 그러나 명사 오페일레테스는 신약성경의 대표적인 죄ἁμαρτάνω(264 하마르타노- 죄를 짓다 sin, 빗맞추다, 놓치다, 실수하다, 실패하다) ἁμάρτημα(265 하마르테마- 죄, 범죄, 위반) ἁμαρτία(266 하마르티아 잘못 mistake, 죄 sin)가 아니다. 물론 채무자가 형편이 어려워 채권자에게 빚을 갚지 않는 것은 나쁜 것이다. 법률적으로는 민사상 채무 불이행에 해당한다.

'오페일레테스' 간략해설
....

'오페일레테스'는 사람과의 관계에서 채무의 빚을 말하는 것으로 채무의 빚진 자가 채권자에게 갚을 의무를 다하지 않은 것을 채권자가 채무자를 용서한 것처럼 우리도 용서하겠습니다. 영이신 하나님 아버지께서도 우리가 지켜야 할 의무를 다하지 못하였다 할지라도 그 빚진 우리와 저들까지 용서해 달라고 기도하라는 것이다.

그리고 용서를 구하는 것은 채무를 갚을 의무를 다하겠다는 적극적인 의미가 내포되어있다. 용서를 구하였으니 그것으로 채무탕감이 된 것이 아니다.

채권자는 용서를 하였다 할지라도 채무의 빚진 자는 갚기를 힘써야 한다. 채무자가 자기 쓸 것은 다 쓰면서 빚 갚기를 힘쓰지 않는 자는 신앙양심을 쓰지 않는 자이다. 이런 사람은 영이신 하나님께 용서를 받지 못한다.

그리고 빚진 자를 서로가 용서할 때에 영이신 하나님께도 용서를 구할 수 있다는 것이다. 사람끼리 용서를 하지 않는 자는 영이신 하나님께도 용서를 받을 수 없고 기도가 응답되지 않는다 (마6:14-16, 마18:21-22,23-35, 막11:25, 골3:13, 약2:13, 요일3:10, 신24:10, 잠21:13).

에베소서 4:32 서로 친절하게 하며 불쌍히 여기며 서로 용서하기를 하나님이 그리스도 안에서 너희를 용서하심과 같이 하라. 고 하였다.
야고보서 2:12-13 너희는 자유의 율법대로 심판 받을 자처럼 말도 하고 행하기도 하라 13 긍휼을 행하지 아니하는 자에게는 긍휼 없는 심판이 있으리라 긍휼은 심판을 이기고 자랑하느니라. 고 하였다.

우리는 영이신 하나님 아버지께 도저히 갚을 수 없는 죄(헬 '하마르티아', 이브리어 '하타')의 빚을 탕감 받았다. 도저히 갚을 수 없는 빚이란? 사람의 고행이나 선행, 돈과 권력, 자기 생명으로도 그 죄의 값을 대신 할 수가 없다. 이러한 것들이 영이신 하나님의 공의 법을 충족할 수가 없기 때문이다.

그러므로 예슈아께서 대리적 속죄의 희생물로 성탄 하셔서 다 이루었다 (요19:30). 그리고 성령하나님을 사람의 마음에 보내셔서 예슈아께서 저주의 십자가에서 이루신 죄 사함과 영생구원의 모든 과정이 믿어지도록 감동을 하신다(요15:26, 요16:14-15, 고전2:3, 요일4:2).

마태복음 18:23-35절에 '천국'은 '우라노스 바실레이아'이다. 우라노스 바실레이아는 '하나님이 거하시는 곳의 왕국'이다. '하나님이 거하시는 곳의 왕국'으로 데려갈 자들의 자격을 결산 할 때의 일을 잊지 말라. 우라노스 바실레이아 왕국의 주인이신 예슈아 마쉬아흐를 믿고 탕감받은 자가 들어간다. 믿지 아니하는 자는 영멸지옥이다(마18:34-35).

예슈아께서 이루신 이 과정은 인간으로서는 도저히 갚을 수 없는 만 달란트의 빚이다(마18:24-27). 그러므로 사람끼리 용서하는 것은 아무것도 아니다. 육십만 분지(分之) 일에 해당하는 백 데나리온의 불과한 것들이다(마18:28).

명사 '오페일레테스'는 유대교에서 하나님께 빚을 진다는 개념을 언급한다. 명사 오페일레테스를 죄라고 하는 것은 하나님께 이행하여야 할 의무를 가지고 있는 자가 그 의무를 이행하지 않는 것을 빚을 지었다고 하는 것이다.

참고 | 오페일레테스 관련 성경구절

『마태복음 6:12』 우리가 우리에게 [죄 지은 자를] 사하여 준 것 같이 우리 죄를 사하여 주시옵고
『마태복음 18:24』 결산할 때에 만 달란트 [빚진 자] 하나를 데려오매

『누가복음 13:4』 또 실로암에서 망대가 무너져 치어 죽은 열여덟 사람이 예루살렘에 거한 다른 모든 사람보다 [죄가] 더 있는 줄 아느냐

『로마서 1:14』 헬라인이나 야만인이나 지혜 있는 자나 어리석은 자에게 다 내가 [빚진 자]라

『로마서 8:12』 그러므로 형제들아 우리가 [빚진 자]로되 육신에게 져서 육신대로 살 것이 아니니라

『로마서 15:27』 저희가 기뻐서 하였거니와 또한 저희는 그들에게 [빚진 자]니 만일 이 방인들이 그들의 영적인 것을 나눠 가졌으면 육적인 것으로 그들을 섬기는 것이 마땅하니라

『갈라디아서 5:3』 내가 할례를 받는 각 사람에게 다시 증언하노니 그는 율법 전체를 행할 [의무를 가진 자]라

『시편 18:24-27』 그러므로 여호와께서 내 의를 따라 갚으시되 그의 목전에서 내 손이 깨끗한 만큼 내게 갚으셨도다 25 자비로운 자에게는 주의 자비로우심을 나타내시며 완전한 자에게는 주의 완전하심을 보이시며 26 깨끗한 자에게는 주의 깨끗하심을 보이시며 사악한 자에게는 주의 거스르심을 보이시리니 27 주께서 곤고한 백성은 구원하시고 교만한 눈은 낮추시리이다.라고 하였다

『요한계시록 22:11-12』 불의를 행하는 자는 그대로 불의를 행하고 더러운 자는 그대로 더럽고 의로운 자는 그대로 의를 행하고 거룩한 자는 그대로 거룩하게 하라 12 보라 내가 속히 오리니 내가 줄 상이 내게 있어 각 사람에게 그가 행한 대로 갚아 주리라.고 하셨다.

(2) 빚 헬라어 '오페일레마'

ὀφείλημα(3783 오페일레마- 빚, 의무) ὀφειλήματα 명사 대격 중성 복수이다.

맛다이오스 유앙겔리온 6:12절에서 빚진 자는 첫째는 '오페일레테스'이다. 둘째는 '오페일레마'이다.

'오페일레테스'는 영이신 하나님 아버지께서 무조건적 사랑으로 모든 의무에 속한 것들을 용서해 주신 것이다. 명사 '오페일레마'는 무엇인가를 꾸었는데 갚을 의무를 다하지 않는 빚진 자를 말한다.

| 단어 설명 |

'오페일레마'를 '죄를'이라고 번역하였다. 명사 '오페일레마' 죄란 그저 내면적인 불순종이 아니라 외면적인 빚으로 인식하여야 한다. 재차 말하지만 이브리어와 헬라어에서 무슨 죄인지가 명확하지 않다. 그래서 이브리어 단어별 합성어해설을 해야 명확하다.

신약성경에 2회 나오는 단어이다.
「마 6:12」 우리가 우리에게 죄 지은 자를 사하여 준 것 같이 우리 [죄를] 사하여 주시옵고
「롬 4:4」 일하는 자에게는 그 삯이 은혜로 여겨지지 아니하고 [보수]로 여겨지거니와

(3) 빚, 빚진 자 이브리어 '나샤'

נָשָׁה(5383, 나샤-빌려주다, 채권자가 되다)이다.

나샤 간략해설

돈을 빌려준 다음에 본전 생각이 나거나 아까운 생각이 나서 억압하며 채권자행세를 해서는 안 된다고 하셨다. 생명을 주신 영이신 하나님께서 바라보고 계신다는 것을 생각하고 말씀을 되새김질을 하며 올바르게 행동하여 영이신 하나님께서 정하여 놓으신 채권자와 채무자간의 생명의 경계선을 서로가 넘지 말아야한다.

맛다이오스 유앙겔리온(마) 6:12절 중심으로 '나샤'를 해설한다. 채권자는 채무자(債務者-채권자에게 빚을 갚아야 할 책임이 있는 사람)가 갚을 여력이 없어 용서를 구할 때 탕감하여 용서해 주어야 한다. 사람의 채권자와 채무자는 영이신 하나님아버지께 그 무엇으로도 갚을 수 없는 채무의 빚을 진자들이다.

외아들 예슈아를 저주의 십자가에 못박혀 공의의 저주를 받는 죽음의 희생물을 삼으신 십자가복음의 빚이다. 그러므로 채권자이신 영이신 하나님 앞에 엎드려야한다. 영원히 탕감 받을 수 없는 십자가 복음의 빚을 탕감 받은 자로써 사랑의 용서를 하는 자에게 영이신 하나님께서도 그 사람을 용서해주신다.

그리고 현재는 채권자이지만 언제 다른 사람의 채무자가 될 수도 있다. 그러므로 '청함을 받은 자는 많지만 택함을 입은 자가 적다'는 말씀을 잊지 말아야 한다(마22:1-14). 죄 사함과 영생구원이 결코 쉬운 것이 아니라는 진리이다. 빚 진자의 대한용서가 쉽지 않다는 것과 일치한다(마18:23-35). 탕감비유의 말씀은 '우라노스 바실레이아' 왕국복음이라는 것을 기억해야 한다.

죄 사함과 영생구원을 사모하는 자들이 영이신 하나님 앞에서 어떤 마음의 자세를 가지고 살아야 하며 기도해야 하는지를 명백하게 알려주신 기도이다.

채권자(債權者-채무자에게 빚을 받아낼 권리가 있는 사람)의 힘은 대단하다. 그러나 엘로힘께서는 빌려주고 이자를 받지 말라고 하셨다. 잊고 살아야 속이 편하다. 자꾸 생각하면 영의 힘이 줄어든다. 본전 생각이 나기 때문이다. 빌려간 사람은 속히 갚아야 한다.

참고 | 나샤 관련 성경구절

'나샤'는 12회 나오는 단어이다(출22:25, 신15:2, 신24:10, 신24:11, 왕하4:1, 느5:10, 느5:11, 시109:11, 사24:2, 사50:1, 렘15:10).

『출애굽기 22:25』 네가 만일 너와 함께 한 내 백성 중에서 가난한 자에게 돈을 [꾸어주면] 너는 그에게 채권자 같이 하지 말며 이자를 받지 말 것이며.라고 하였다.
『신명기 15:2』 면제의 규례는 이러하니라 그의 이웃에게 [꾸어준] 모든 채주는 그것을 면제하고 그의 이웃에게나 그 형제에게 독촉하지 말지니 이는 여호와를 위하여 면제를

선포하였음이라

『신명기 24:10-11』 네 이웃에게 무엇을 [꾸어줄] 때에 너는 그의 집에 들어가서 전당물을 취하지 말고 11 너는 밖에 서 있고네게 [꾸는] 자가 전당물을 밖으로 가지고 나와서 네게 줄 것이며 라고 하였다.

제6장

맛다이오스유앙겔리온

6:13

맛다이오스 유앙겔리온 6:13

【본문】

우리를 시험에 들게 하지 마옵시고 다만 악에서 구하옵소서

(나라와 권세와 영광이 아버지께 영원히 있사옵나이다 아멘)

【원어】

Ματθαῖος εὐαγγέλιον 6:13 καὶ μὴ εἰσενέγκῃς ἡμᾶς εἰς πειρα
σμόν, ἀλλὰ ῥῦσαι ἡμᾶς ἀπὸ τοῦ πονηροῦ. (ὅτι σοῦ ἐστιν ἡ βασι
λεία καὶ ἡ δύναμις καὶ ἡ δόξα εἰς τοὺς αἰῶνας. ἀμήν.)

【직역】

맛다이오스유앙겔리온6:13 그리고 ~하지 않도록 당신은 당신 데리고 들
어가라 우리 ~속 안으로 시험의 유혹 또한 당신은 구하여 내소서 우리 ~에
서 그 사악함~하는 것 당신 당신 ~이다 그 왕국(바실레이아) ~와 이 능력 ~와
이 영광 ~안에 그들 영원하다들 아멘

【문장정리】

맛다이오스유앙겔리온 6:13 그리고 당신은 우리 속 안으로 시험의 유혹을
데리고 들어가지 않도록, 당신은 그 사악함에서, 또한 당신은 우리를 구하여
내실 자는 당신입니다. 그들 안에 이 왕국과 이 능력과 이 영광이 영원하다
들 아멘!

【헬라어 단어별 사전적 의미】

καί (2532 카이-그리고, ~와 and) καὶ 대등 접속사

μή (3361 메-아니 not, ~하지 않도록) μὴ 부사

εἰσφέρω (1533 에이스페로-데리고 들어가다, 가지고 들어가다) εἰσενέγκῃς 동가정 과거 능동 2인 단수ㅁ동명령 과거 능동 2인 단수

ἐγώ (1473 에고-나 I) ἡμᾶς 인칭대명사 대격 1인 복수

εἰς (1519 에이스-~안(속)으로, ~로 향하여, ~을 위하여) εἰς 전치사 대격

πειρασμός (3986 페이라스모스-시험, 시련, 유혹) πειρασμόν, 명사 대격 남성 단수

ἀλλά (235 알라-그러나, 또한, 도리어) ἀλλὰ 우위 접속사

ῥύομαι (4506 뤼오마이-구출하다 rescue, 구해내다 deliver, 보존하다 preserve, 구하다 save.) ῥῦσαι 동명령 과거 중간디포 2인 단수

ἐγώ (1473 에고-나 I) ἡμᾶς 인칭대명사 대격 1인 복수(us)

ἀπό (575 아포-~에서, ~에서부터) ἀπὸ 전치사 속격

ὁ (3588 호-그, '이것, 이 사람, 저것, 저 사람) τοῦ 관사 속격 남성 단수

πονηρός (4190 포네로스-나쁜 상태에 있는, 병든, 나쁜, 악한, 사악한)

πονηροῦ. 형용사(대) 속격 남성/중성 단수

ὅτι (3754 호티-~하는 것, ~때문에) (ὅτι 종속 접속사

σύ (4771 쉬-너는 you) σοῦ 인칭대명사 속격 2인 단수

εἰμί (1510 에이미-내가 있다, 나는 ~ 이다) ἐστιν 동직설 현재 능동 3인 단수

ὁ (3588 호-그, '이것, 이 사람, 저것, 저 사람) ἡ 관사 주격 여성 단수

βασιλεία (932 바실레이아-왕국 kingdom) βασιλεία 명사 주격 여성 단수

καί (2532 카이-그리고, ~와 and) καὶ 대등 접속사

ὁ (3588 호-그, '이것, 이 사람, 저것, 저 사람) ἡ 관사 주격 여성 단수

δύναμις (1411 뒤나미스-힘, 세력, 능력, 역량) δύναμις 명사 주격 여성 단수

καί (2532 카이-그리고, ~와 and) καὶ 대등 접속사

ὁ (3588 호-그, '이것, 이 사람, 저것, 저 사람) ἡ 관사 주격 여성 단수

δόξα (1391 독사-광채, 영광, 영화, 명성) δόξα 명사 주격 여성 단수

εἰς (1519 에이스-~안(속)으로, ~로 향하여, ~을 위하여) εἰς 전치사 대격

ὁ (3588 호-그, '이것, 이 사람, 저것, 저 사람) τοὺς 관사 대격 남성 복수

αἰών (165 아이온-영겁, 무한히 긴 시대, 시대, 수명, 신기원, 영원) αἰῶνας. 명사 대
격 남성 복수

ἀμήν (281 아멘-아멘, 진실로, 그러하도다) ἀμήν.) 지시불변화사

1. 당신은 우리 속 안으로 시험의 유혹을 데리고 들어가지 않도록

(1) 시험 헬라어 '페이라스모스'

πειρασμός(3986 페이라스모스-시험, 시련, 유혹) πειρασμόν, 명사 대격 남성 단수이다.

예슈아께서 40일 금식기도 하시면서 마귀에게 세 가지 유혹의 시험을 받으셨으나 말씀으로 다 이기셨다. 누가복음 4:2,13에 마귀에게 시험을 받으시더라 이 모든 날에 아무것도 잡수시지 아니하시니 날 수가 다하매 주리신지라. 13 마귀가 모든 시험을 다 한 후에 얼마 동안 떠나니라.고 하였다.

누가복음4:13절을 직역 문장정리하면 '그리고 그 마귀가 모든 유혹의 시험을 수행하고, 그에게서부터 순간까지 그가 물러났다.'이다.

마귀가 예슈아께 유혹의 시험을 수행한 것은 세 가지이다. 그런데 성경은 모든 유혹의 시험이라고 하였다. 이것은 곧 모든 유혹과 시험의 대표적인 것이라는 것을 알 수 있다. 하와를 유혹하여 넘어뜨린 시험이나 예슈아께 한 유혹과 시험이 동일하다.

그래서 예슈아께서 제자들에게 사탄마귀의 유혹과 시험을 이기려면 기도하라고 하신 것이다. 아담과 하와가 기도하지 않아서 사탄마귀의 거짓말에 속아서 무너진 것이다(창3:4-6, 마26:41, 막14:38, 눅4:2,13, 눅22:28,40, 고전10:13, 딤전6:9, 약1:2,12, 벧전1:6, 벧후2:9, 계3:10, 약1:12).

『야고보서 4:7』 그런즉 너희는 하나님께 복종할지어다. 마귀를 대적하라 그리하면 너희를 피하리라.고 하였다. '피하리라' – 퓨고는(도망하다, 피하다, 사라지다)이다. 마귀를 대적하면 마귀는 도망친다고 하였다. '대적하라' – 안디스테미는(대적하다, 대항하다, 거역하다, 반대하다)이다.

『베드로전서 4:7』 만물의 마지막이 가까이 왔으니 그러므로 너희는 정신을 차리고 근신하여 기도하라.고 하였다.

『베드로전서 5:8–9』 근신하라 깨어라 너희 대적 마귀가 우는 사자 같이 두루 다니며 삼킬 자를 찾나니 9 너희는 믿음을 굳건하게 하여 그를 대적하라 이는 세상에 있는 너희 형제들도 동일한 고난을 당하는 줄을 앎이라.고 하였다.

(2) 시험 이브리어 '맛사'

מַסָּה (4531 맛사 시험, 시련, 고난, 출17:7, 신4:34, 신6:16, 신7:19, 신9:22, 신29:2, 시95:8)이다.

맛사 간략해설

필수적인 생명 진리의 말씀을 믿지 아니 하였다. 예하바로 믿음의 버팀대로 삼지 아니하므로 사사건건 실존의 문제를 가지고 예하바를 불신한 것이다.

맛사는 이스라엘 아들들이 사탄마귀의 시험에 빠져서 한편은 예하바가 계시다, 다른 편은 예하바가 계시지 않는다는 싸움이었다.

출애굽기 17:7 그가 그 곳 이름을 맛사 또는 므리바라 불렀으니 이는 이스라엘 자손이 다투었음이요 또는 그들이 여호와를 시험하여 이르기를 여호와께서 우리 중에 계신가 안 계신가 하였음이더라.고 하였다.

사람이 시험 נָסָה (5254, 나샤- 시험하다, 유혹하다, 시도하다)에 드는 이유를 말씀하셨다.

① 사탄이 시도하는 시험과 유혹에 넘어졌다(창3:1-6, 요8:44, 약1:14-15, 눅4:13, 요13:2)

사탄마귀가 생각에 넣어주는 유혹을 마음에 받아들여 지금까지 믿고 따르며 버팀대로 삼고 살았던 예하바를 배반하고 생명의 경계선을 넘어가 버린다는 것이다(눅8:13-14, 시106:14, 호6:4, 갈3:1, 벧후2:20-22, 요일2:19).

② 환경에 무너진다는 것이다(출17:1-7, 눅8:12-14, 고전10:5-13).

광야에서 물이 없어 목마르다는 아우성은 어쩌면 당연한 것이다. 그렇다면 미츠라임에서 엘로힘 예하바께서 행하신 기적과 권능(출7:8-12:51), 홍해바다를 가르시고 미츠라임의 병거와 군사들을 수장시키신 것(출14:1-31), 만나의 기적, 불기둥과 구름기둥(출13:21-22, 출40:34-37) 등을 전혀 생각하지 않았다(시78:11-64). 이것은 예하바 엘로힘을 믿지 않았다는 증거이다(시78:22).

그러므로 환경구원을 받는 자들만 영생구원의 복을 받는다. 광야의 메뚜기 떼가 될 것인가(민13:31-33, 민14:1-4,22-23,26-29,32). 예호슈아와 칼레브가 될 것인가(민13:30, 민14:6-9,24,30)의 기로에 서있는 당신을 보라. 그 결정은 당신의 현재 환경에서 내려진다.

본문 : 시편 78:22 이는 하나님을 믿지 아니하며 그의 구원을 의지하지 아니한 때문이로다.라고 하였다.

직역 : 왜냐하면 아니다 그들이 믿지 엘로힘 아니다. 그들이 신뢰(信賴─굳게 믿고 의지)하지 그 구원(예슈아)

문장정리 : 왜냐하면 엘로힘을 그들이 믿지 않았다. 그 구원(예슈아)를 그들이 신뢰하지 않았다.

사탄마귀는 환경을 통하여 성도들을 시험하고 유혹하는 시도를 한다. 이때 나타나는 현상은 예하바 하나님을 믿는 자들과 믿지 않는 자들 간의 싸움이다. 예하바가 있다. 아니야! 예하바께서 계시면 이럴 수 있느냐? 영이신 예하바 하나님께서 다 보고 계신다면서 왜 나를, 우리를 도와주지 않으시는 것을 보니까. 예하바가 없다는 싸움을 하였다는 것이다.

| '맛사' 합성어 해설 |

'맛사'는 멤+싸멕크+헤이 합성어이다.

사전적 의미

① 멤 ◌ ─ 물, 진리, 사역, 필수적인 생명진리의 말씀으로 생활하라, 필수적인

하나님의 말씀으로 생활하지 않는 자는 육신의 정욕과 안목의 정욕으로 살아가기 때문에 사탄마귀의 시험과 유혹을 아주 쉽게 받아들여 멸망의 길을 간다.

② 싸멕크 ס – 측정, 버팀대, 언약의 반지, 남녀 간의 결혼언약으로 서로가 성격을 측정하며 서로가 의존적이 되고 버팀대를 삼게 되듯이 전능하신 루바흐 엘로힘 예하바의 말씀으로 자기를 측정하며 버팀대로 삼는 자는 '시험, 시련, 고난'을 바라보지 않는다. 환경에서 일어나는 '시험, 시련, 고난'을 통하여 예하바 엘로힘의 일하심을 바라보고 의지한다. 그러나 영이신 하나님의 말씀으로 측정하며 버팀대로 삼지 못하면 시험과 유혹에 걸려들어 넘어지고 쓰러진다.

③ 헤이 ה – 목숨, 호흡, 실존이다. 사람의 호흡은 영이신 루바흐 엘로힘께서 계속 불어넣어 연결해 주셔야 실존한다(창2:7). 영이신 루바흐 엘로힘께서 불어넣어주시는 생명은 곧 영이신 루바흐 엘로힘의 의해서 사람이 실존하며 영원히 실존하는 생명이 된다. 그리고 이것이 곧 보이지 아니하시는 하나님의 형상과 모양이다. 불어넣으시던 호흡을 거두어들이는 것이 곧 죽음이다. 그 호흡, 숨(루바흐, 숨, 바람, 영)은 불어넣어 주시던 루바흐 엘로힘에게로 돌아간다(창2:7, 전12:7). 사람은 호흡이 중단되는 동시에 영혼은 육의 속한 것으로부터 완전히 분리된다.

전도서 12:7절을 직역문장정리하면

본문 : 전도서 12:7 흙은 여전히 땅으로 돌아가고 영은 그것을 주신 하나님께로 돌아가기 전에 기억하라

직역 : 그에게 되돌아가며 그 마른 흙 ~위에 그 땅 그가 일어나서 그 영 그에게 되돌아가 회복된다. ~안으로 엘로힘 이는 그가 저를 만들었으니

문장정리 : 이는 그 땅위에서 그가 저를 만들었으니 그 마른 흙, 그것으로 되돌아가며 그 영, 그가 일어나서 그 엘로힘 안으로, 그에게 되돌아가 회복된다.

⊙ 이브리어 단어별 사전적 의미

שׁוּב (7725 슈브-그것이 (되) 돌아가(오)다, 그것이 회복하다) וַיָּשָׁב 접속사-칼 미완 3인 남성 단수(jusm)

עָפָר (6083 아파르-그 마른 흙, 그 먼지, 그 티끌) הֶעָפָר 관사-명사 남성 단수

עַל (5921 알-~에 대해, ~의 곁에, ~에 관하여, ~을 넘어서, 위쪽의) עַל־ 전치사

אֶרֶץ (776 에레츠-그 땅, 그 지구, 그 대지, 그 육지, 그 영토) הָאָרֶץ 관사-명사 여성 단수

הָיָה (1961 하야-그가 ~이 일어나다, 그가 ~이 되다, 그가 ~이다) כְּשֶׁהָיָה 전치사-관계사-칼 완료 3인 남성 단수

רוּחַ (7307 루아흐-그 숨, 그 바람, 그 영) וְהָרוּחַ 접속사-관사-명사 여성 단수

שׁוּב (7725 슈브-그에게 (되) 돌아가(오)다, 그에게 회복하다) תָּשׁוּב 칼 미완 3인 여성 단수

אֶל (413 엘-~안으로) אֶל־ 전치사

אֱלֹהִים (430 엘로힘-그 하나님, 그 신들) הָאֱלֹהִים 관사-명사 남성 복수

אֲשֶׁר (834 아셰르─~하는 (자), ~하는 (것), 이는, 위하여, 인하여) אֲשֶׁר 관계대명사

נָתַן (5414 나탄─주다, 두다, 놓다, 세우다, 그가 저를 만들다) נְתָנַהּ: 칼 완료 3인

남성 단수─3인 여성 단수

사람이 영이신 하나님으로 실존하고 있다는 사실과 영적인 실체라는 것을 모르기 때문에 사탄의 시험과 유혹에 걸려 들어 멸망의 길을 간다. 사탄의 거짓말에 걸려든 자는 시련과 고난과 환난을 당한다.

사탄마귀가 거짓말로 속여 죽이는 시험과 유혹을 마음속으로 받아들이고 거부하는 것은 사람의 의지(意志-어떤 일을 깊이 생각하여 결정하는 마음)와 결단(決斷)에 달려있다. 그러므로 사탄마귀의 시험과 유혹을 받아들여 행할 수도 있고 거부할 수도 있다. 그러므로 사탄마귀의 시험과 유혹을 받아들여 넘어지는 자에게 그 책임이 있다.

사탄마귀는 항상 사람의 ①생각과 ②시각-눈으로 보는 것과 ③청각-귀로 듣고 ④후각-코로 들어오는 향기와 ⑤분위기 등을 통하여 시험과 유혹을 넣어준다. 이 단계에서 정리해버려야 한다. 그러나 사람은 사탄마귀가 보내는 시험과 유혹에 약하다. ①~⑤의 중심은 욕심이다(약1:15, 요8:44, 창3:4-6).

그 이유는 사탄이 그 사람의 영적인 상태를 잘 알고 있기 때문이다. 그러므로 거이 다 걸려든다. 하와와 아담을 보라. 그들은 죄가 무엇인지, 악이 무엇인지, 시험과 유혹이 무엇인지를 전혀 모르는 상태에 있었다. 육신의 정

욕과 안목의 정욕과 이생의 자랑이 무엇인지도 몰랐으나 하와와 아담은 거침없이 받아들였다(창3:1-6).

아담과 하와는 몰라서 사탄의 거짓말에 속아서 죽었다면 우리는 알면서 받아들여 멸망하여 죽는다. 어느 조사기관에서 기독교인들의 70%가 무당을 찾아가서 점을 보았다고 한다(출22:18, 레19:31, 레20:6-7,27, 신18:10-11, 계21:8, 계22:15). 영이신 하나님의 전지전능하심을 믿지 않는다는 것이다(요10:26, 요8:47, 요12:37-40, 롬11:8, 고후4:3-4, 요일4:6, 출16:8, 삼상8:7-8, 시81:11-12). 필자는 이 기사를 보면서 한국교회가 혼합종교가 되었다는 것을 다시 한 번 더 확인하게 되었다. 사실이 아니었으면 한다.

그리고 교인이 일천만이라는데, 국민 1/5이 교회를 다니는데 정치, 경제, 교육, 기독교, 종교, 문화, 국방, 외교, 미디어 등 각 분야에서 진정한 예슈아 크리스토스의 빛과 소금의 역할을 찾아 볼 수가 없다는 것이 그 증거이다. 기독교인들은 국가의 정책과 교육과 경제관에 기울어지지 않는다. 오직 성경의 가르침을 따라가야 한다. 일천만성도 중에 70%을 뺀, 삼백만 명이 하나로 뭉친다면 올바른 대한민국을 세워가게 될 것이다. 각 분야에서 영이신 루바흐 엘로힘의 선한 영향력을 나타내는 사람들이 되어야 한다(마5:16).

아담과 하와에게는 영이신 루바흐 엘로힘 예하바의 속성인 지-지성(知性-지식, 지혜, 인지, 인식, 분별, 이해, 성찰, 등), 정-감정(感情-감정, 사랑, 희로애락, 열정, 애정, 애착, 배려, 등), 의-의지(意志-뜻, 의지, 결정, 선택, 비전, 꿈, 노력, 성실, 실천, 행함, 등)가 있었으나 분별없이 사탄마귀의 거짓말을 받아들여, 힘이신 하나님과 생명의 말씀을 놓아버리고, 복음의 생명의 울타리를 넘어가 버렸다(창2:17).

최초의 죄는 '하타'이다. '하타תַטָּא(2398 하타- 놓치다, 빗나가다, 그릇(잘못)행하다, 죄를 짓다, 상실하다, 속죄제를 드리다, 정결케 하다, 정죄하다)죄이다(창3:4-6).

죄는 곧 죽음과 영멸지옥이다(롬5:12, 롬3:23, 롬5:19, 고전15:21, 약1:15, 요일1:8-10, 계20:14, 창2:17, 창3:6,19,22, 겔18:4).

지정의의 진정한 의미의 균형 잡힌 삶이란 인간의 고뇌나 학문이나 종교적 행위로 얻어지는 것이 아니다. 온전한 인격체, 천지를 창조하신 하나님과의 만남을 통해 우리는 지정의의 균형 잡힌 삶을 추구할 수 있다. 왜냐하면 원래 하나님이 만드신 인간은 지정의의 균형 잡힌 삶을 살도록 창조되었기 때문이다. 그러나 죄 때문에 인간의 지정의의 균형이 깨졌다.

믿음이란 원래의 아담과 하와에게 하나님이 원하셨던 인간의 본질을 회복하는 과정이다. 그 인간의 본질을 회복하기 위하여 믿음을 가져야 한다. 하나님의 말씀대로 살아가려고 힘써야 한다. 필수적인 생명진리의 말씀을 되새김질 하면서 두렵고 떨림으로 구원을 이루어 나아가야 한다(빌2:12, 마11:12, 눅13:24, 요6:27-28, 롬13:11-14, 고전9:24 -27, 고전15:58, 빌1:27,29, 빌3:13-14, 빌4:1, 살전1:3, 히4:1,11, 히12:1-2,28-29, 벧전2:11, 벧후1:5-10, 벧후3:18).

영과 마음으로 통회하며 예하바의 말씀을 듣고 떠는 사람이 되어야한다(사66:2,4-6, 삼상2:25, 잠13:13, 렘5:14, 렘23:29, 요6:63, 히4:12, 계11:5).

2. 당신은 그 사악함에서

(1) 사악함 헬라어 '포네로스'

πονηρός (4190 포네로스- 나쁜 상태에 있는, 병든, 나쁜, 악한, 사악한) πονηροῦ. 형용사(대) 속격 남성/중성 단수이다.

포네로스 간략해설
....

사악하고 나쁜 상태에 있다는 것은 영적으로 병들었다는 것이다. 영적으로 병들었다는 것은 사악한 거짓말쟁이인 사탄마귀에게 붙잡혀 있다는 것이다. 그러므로 악한 행동을 하게 된다(요8:44).

포네로스의 추가적인 사전적 의미를 보라. '가련한, 무력한, 비참한, 초라한, 매력 없는, 부적당한, 쓸모없는, 파멸적인, 해로운, 불리해지는(손해를 주는), 나쁜, 불행을 가져다주는, 치명적인, 불운한' 이다. 인생이 비참해지고 파멸적인 불행한 피해를 상대방에게 입히며 자기도 당하게 된다.

참고 | 포네로스와 관련된 성경 구절

[악]으로부터(마5:37), [악한 자를] 대적하지 말라(마5:39), 하나님이 그 해를 [악인]과 선인에게 비추시며(마5:45), 다만 [악]에서 구하시옵소서(마6:13), 못된 나무가 [나쁜] 열매를 맺나니(마7:17), 좋은 나무가 [나쁜] 열매를 맺을 수 없고(마7:18), 마음에 [악한] 생각을 하느냐(마9:4),

독사의 자식들아 너희는 [악]하니(마12:34), 저보다 더 [악한] 귀신 일곱을 데리고 들어가서 거하니,,,이 [악한] 세대가 또한 이렇게 되리라(마12:45), 천국 말씀을 듣고 깨닫지 못할 때는 [악한 자가] 와서 그 마음에 뿌려진 것을 빼앗나니(마13:19), 가라지는 [악한 자의] 아들들이요(마13:38), 의인 중에서 [악인을] 갈라 내어(마13:49),

마음에서 나오는 것은 [악한] 생각과 살인과 간음과 음란과 도둑질과 거짓 증언과 비방(마15:19), [악하고] 음란한 세대가 표적을 구하나(마12:39, 마16:4), [악한] 종아 네가 빌기에 내가 네 빚을 전부 탕감하여 주었거늘(마18:32), 내가 선하므로 네가 [악하게] 보느냐(마20:15),
종들이 길에 나가 [악한 자]나 선한 자나(마22:10), [악하고] 게으른 종아(마25:26), [질투와](막7:22), 이 모든 [악한 것이] 다 속에서 나와서 사람을 더럽게(막7:22-23), 자기가 행한 모든 [악한 일로] 말미암아(눅3:19), 너희 이름을 [악하다] 하여 버릴 때에는 너희에게 복이 있도다(마5:11 눅6:22),

[악한 자]에게도 인자하시니라(눅6:35), [악한 자]는 그 쌓은 [악]에서 [악]을 내나니(마12:35 눅6:45), [악]귀를 쫓아내심(눅7:21, 눅8:2), 너희가 [악]할지라도 좋은 것을 자식에게(마7:11 눅11:13), [악한] 세대라 표적을 구하되(눅11:29), 만일 눈이 [나쁘]면 네 몸도 어두우리라(마6:23 눅11:34),

[악한] 종아 내가 네 말로 너를 심판한다(눅19:22), 자기 행위가 [악]하므로 빛보다 어둠을 더 사랑한 것(요3:19), 내가 세상의 일들을 [악하]다고 증언함(요7:7), [악]에 빠지지 않게 보전하시기를 위함(요17:15), [불량한] 행동이었으면(행17:5, 행18:14), [악]귀 들린 사람이(행19:12,13,15,16),

[악행의] 혐의는(행25:18), [좋지 못한](행28:21), [악을] 미워하고 선에 속하라(롬12:9), 이 [악한 사람은] 너희 중에서 내쫓으라(고전5:13), 이 [악한] 세대에서 우리를 건지시려고(갈1:4), 세월을 아끼라 때가 [악하]니라(엡5:16), [악한] 날에 너희가 능히 대적하고 모든 일을 행한 후에 서기 위함이라(엡6:13),

[악한 자의] 모든 불화살을 소멸하고(엡6:16), 전에 [악한] 행실로 멀리 떠나(골1:21), [악은] 어떤 모양이라도 버리라(살전5:22), 우리를 부당하고 [악한] 사람들에게서 건지시옵소서 하라(살후3:2), [악한 자]에게서 지키시리라(살후3:3), 투기와 분쟁과 비방과 [악한] 생각이 나며(딤전6:4), [악한] 사람들과 속이는 자들(딤후3:13), 주께서 나를 모든 [악한] 일에서 건져내시고(딤후4:18), [악한] 마음을 품고 살아 계신 하나님에게서 떨어질까 조심(히3:12),

우리가 마음에 뿌림을 받아 [악한] 양심으로부터 벗어나고(히10:22), 서로 차별하며 [악한] 생각으로 판단(약2:4), 허풍떠는 자랑은 다 [악한] 것이라(약4:16), [흉악한 자를] 이기었음이라(요일2:13,14), [악한 자]에게 속하여 그 아우를 죽였으니(요일3:12), [악한 자가] 그를 만지지도 못하느니라(요일5:18), 온 세상은 [악한 자] 안에(요일5:19), [악한] 일에 참여(요이1:11), [악한] 말(요삼1:10), [독한] 종기가 나더라(계16:2)

(2) 악한 이브리어 '라아'

'포네로스'의 이브리어 역어는 '라아'이다.

רָעַע(7489 라아 박살 내다, 산산이 부수다, 파괴하다, 깨뜨리다, 나쁜, 악한, 악, 악한 것, 무가치한, 무용한)이다. 라아(동사)어근은 רַע(7451 라 나쁜, 악한, 악, 악한 것, 무가치

한, 무용한)이다.

　'라아'는 모든 나쁘고 악한 것들의 대명사이다. 악을 행할 때에는 일시적 쾌락이나 이익과 즐거움이 있을지라도 결국은 산산이 부서지고 깨뜨려진다. 그러므로 나쁘고 악한 것은 무가치한 것이다.

　악이란? 영이신 하나님으로 왕과 머리로 삼지 아니하고 자기가 왕의 자리에 앉아서 왕 노릇 하며 자기의 뜻대로 살아가려고 하며, 안목의 정욕으로 살아가는 교만한자이다(잠16:18, 요일2:16).

　무엇이 '라아'의 악일까?
　① 안목의 정욕으로 가득한 마음이다(요일2:16).
　② 영이신 하나님을 사모하여 바라보지 않는다(창49:18, 시25:5, 시27:14, 시34:6, 시37:7, 시38:15, 시40:1-3, 시55:16-17, 시62:1-8, 히12:2)
　③ 하나님의 말씀에 순종하지 아니한다(신1:34-46, 시19:13, 시37:31, 시119:9-11, 사31:1, 롬:7-8).
　④ 자기가 모든 것을 판단하고 결정하며 왕 노릇한다(행12:21-23, 대하32:9-21, 잠16:18, 잠18:12, 사2:11, 겔28:1-9, 단4:30-37, 단5:18-24, 눅6:25, 살후2:4).
　⑤ 하나님 없이 살아가는 사람이다(창6:5,11, 시10:4,13, 시14:1-3, 시36:1, 시53:1, 마6:24, 눅3:1-12, 눅12:16-21, 딤전4:1-2, 딤후3:1-6, 딛1:16, 출20:1-17).
　⑥ 청함 받은 상태에 머물러 있는 교인들과 목자-포이멘들이 여기에 속한다(마22:1-14, 마7:13-14, 눅13:23-24).
　⑦ 슬피 울며 일을 값이 있는 곳으로 쫓겨나게 된다(마8:12, 마13:42,50, 마22:13, 마24:51, 마25:30, 살후1:9, 벧후2:4).

3. 당신은 우리를 구하여 내실 자는 당신입니다.

(1) 구출하다 헬라어 '뤼오마이'

ρύομαι (4506 뤼오마이- 구출하다 rescue, 구해내다 deliver, 보존하다 preserve, 구하다 save, 보호하다, 지키다, 구원하다) ῥῦσαι 동명령 과거 중간디포 2인 단수이다.

뤼오마이 간략해설

사악한 사탄마귀로부터 당신의 아들과 딸을 구원하여 내실 뿐만 아니라 때마다 시마다 위험에서 사탄마귀의 유혹에서 구출하여 내시며 보호해주시고 지켜주시며 보존하여 주실 유일한 분은 영이신 루바흐 엘로힘 예하바이십니다. 라고 기도하며 의존하여 살라고 가르쳐 주신 것이다.

우리를 사악한 사탄에게서 구원하여 내실 영이신 하나님께서 당신의 아들 딸과 함께 하고 있다는 것을 믿으라는 말씀이다(마1:23). 영이신 하나님께서 함께 하신다는 것은 곧 만능이 함께 한다는 것이다(마28:18,20, 눅1:34-38, 창18:10-11, 창21:1-6, 사9:6, 단4:1-3,34, 단7:13-14).

그래서 내게 능력 주시는 자 안에서 모든 것을 할 수 있다고 하신 것이다 (빌4:13, 마10:1, 막1:17-18, 막9:21-23, 행1:8, 행2:1-4, 롬8:31,37, 창39:2-3,21-23, 출3:12, 신 20:4, 신31:6-8, 신31:8, 수1:5-9, 시46:11, 사41:10).

(2-1) 구출하다 이브리어 '나찰'

나찰 נָצַל(5337 나찰- 벗기다, 빼앗다, 구하다, 구조하다, 구해내다, 200회)이다.

나찰 간략해설

자기가 호흡하며 살아가는 실존의 원인을 깨닫게 되면 그 때부터 예하바와 엘로힘을 찾고 부르짖게 된다. 목자와 통치자이신 예슈아 마쉬아흐의 복음을 가르쳐주시고 알려주실 때 듣고 마음에 받아들이면 징계의 몽둥이가 보호와 건져주는 지팡이가 된다.

십자가복음을 마음에 받아들여 믿는 자들을 책임지시고 구하여 내신다. 생명의 경계선 안에서 보호를 받으며 살아가게 된다(창31:9, 출2:19, 출3:8,22, 시34:4,17,19, 시50:22, 시54:7, 시86:13, 시91:3)

(2-2) 구출하다 이브리어 '까알'

까알 גָּאַל(1350 까알- 되 사다, 속량하다, 구속하다, 근친의 역할을 행하다, 무르다, 100회)이다.

까알 간략해설

부모의 희생 (犧牲-자식을 위하여 자기의 몸을 돌보지 않고 통째로 희생물처럼 내어놓음)적인 은덕 (恩德-어진 사랑의 행위)을 생각하지도 않고 보답을 하지 않는 자는 불효자이다.

영광의 예하바 엘로힘께 욕이 돌아가도록 말이나 행동하는 자들을 구원하시기 위하여, 힘과 능력이신 하나님께서 자신을 저주받은 희생물로, 통째로 내어주셨다. 그리고 그 복음을 가르쳐주시고 알려 주셔서 믿는 자에게 죄 사함과 영생구원을 주신다. 영생구원을 받은 자는 생명의 주인이신 하나님께 감사하며, 자신을 속량하여 그 생명을 주신 하나님께, 성령하나님의 감동하심을 따라 살아가면서 보답을 하는 자이다.

완전히 버림받아 영생지옥멸망 할 자를 예슈아의 생명을 내어주고 우리를 죄 값에 팔려나간 자들을 되 사주셨고 구속(救贖)하여 속량(贖良)하셨다(마 20:28, 마26:28, 요1:29,36, 고전5:7, 고전6:20, 고전7:23, 갈3:13, 엡1:7, 골1:14, 히9:12-14, 벧전1:18-19, 요일1:7, 계7:14).

| '사다' 헬라어와 이브리어 |

ἀγοράζω (59 아고라조– 사다 buy, 헬레니즘에서는 노예 해방)이다.

גָּאַל (1350 까알– 되 사다, 속량하다, 구속하다, 근친의 역할을 행하다)이다.

크리스토스는 영이신 하나님이시다(롬8:9-11) 크리스토스 프뉴마 Χριστός (5547 크리스토스)πνεῦμα(4151 프뉴마– 바람, 호흡, 생명, 영, 성령, 누가복음 1:31-35) 이다.

참고 | 성경구절

요한복음 3:34 하나님이 보내신 이는 하나님의 말씀을 하나니 이는 하나님이 성령을 한량없이 주심이니라.고 하였다.

로마서 8:9 만일 너희 속에 하나님의 영이 거하시면 너희가 육신에 있지 아니하고 영에 있나니 누구든지 그리스도의 영이 없으면 그리스도의 사람이 아니라.

로마서 8:11 예수를 죽은 자 가운데서 살리신 이의 영이 너희 안에 거하시면 그리스도 예수를 죽은 자 가운데서 살리신 이가 너희 안에 거하시는 그의 영으로 말미암아 너희 죽을 몸도 살리시리라.고 하였다(골로새서 1:26-29).

베드로전서 1:11 자기 속에 계신 그리스도의 영이 그 받으실 고난과 후에 받으실 영광을 미리 증언하여 누구를 또는 어떠한 때를 지시하시는지 상고 하니라.고 하였다.

빌립보서 1:19 이것이 너희의 간구와 예수 그리스도의 성령의 도우심으로 나를 구원에 이르게 할 줄 아는 고로.라고 하였다.

(2-3) 구출하다 이브리어 '팔라트'

팔라트 פָּלַט(6403 팔라트- 도망, 도피, 구원, 자유, 안전을 기하다, 구원하다)이다.

팔라트 간략해설
....

팔라트 사전적의미는(도피하다, 도망하다, 탈출하다, 구원하다(25회), 벨렛 Pelet(인)-구원(2회), 도망, 도피, 구원, 자유 (5회))이다.

어떤 사람이 '팔라트'의 복을 받을까? 통치자와 목자의 막대기를 가지고 입을 열어 가르쳐 주실 때 아멘으로 말씀을 마음에 받아 잘 배우고 익혀서 거짓된 뱀-사탄의 시험과 미혹을 이겨내는 자에게 주어진다. 사람은 영물인 사탄은 이길 수 없다. 눈으로 볼 수 없기 때문이다. 그러나 이길 수 있는 유일한 한 가지 방법이 있다. 영이신 하나님의 입에서 나오는 생명의 말씀과 기도로 무장한다(엡6:10-18). 영이신 하나님의 속성인 거룩, 선, 진실, 사랑, 능력, 지식, 지혜로 무장하여 살아가는 자이다. 이것만이 사악하고 거짓말의 왕 사탄을 이기는 유일한 방법이다(요8:44, 행5:3, 행13:10, 고후11:3, 고후11:12-15,

살후2:9-12, 벧후2:4, 요일3:8, 계12:9, 계20:10, 계21:8, 계22:15, 창3:4-5, 대상21:1, 대하18:20-22).

참고 | 팔라트와 관련된 성경구절

나를 위하여 [나를 건지시는 자시요](삼하22:2), 다툼에서 [건지시고](삼하22:44) , [새끼를 낳는구나](욥21:10), 영원히 [벗어나리라](욥23:7), 나를 [건지시는 이시요](시144:2), 나의 영혼을 [구원하소서](시17:13),

[나를 건지시는 이시요](시18:2), 다툼에서 [건지시고](시18:43), [구조하시니](시18:48), [그들을 건지셨나이다](시22:4), 그를 기뻐하시니 건지실 걸 하나이다(시22:8), 주의 공의로 [나를 건지소서](시31:1),

여호와께서 그들을 도와 [건지시되](시37:40), [건져] 구원하심은 그를 의지한 까닭이로다(시37:40), [나를 건지시는 이시라](시40:17), [나를 건지소서](시43:1), [안전하오리이까](시56:7), [나를 건지시는 이시오니](시70:5),

나를 구원하소서(시71:2), 장중에서 [피하게 하소서](시71:4), [구원하여](시82:4), 그가 나를 사랑한즉 [내가 그를 건지리라](시91:14), 버려도 건질 자가 없으리로다(사5:29), [도망하는](겔7:16), [보존되지](미6:14),

[보존된](미6:14), [구원]의 노래로(시32:7), [도망치는 자들](렘44:14), 바벨론 땅에서 [도피]한 자의 소리여(렘50:28), 칼을 [피한 자들이여] 멈추지 말고 걸어가라(렘51:50).

요약의 말씀들을 보았다. 어느 상황에서 일어난 '팔라트'인지를 알려면 성경을 모두 찾아서 읽어보아야 한다.

(2-4) 구출하다 이브리어 '야샤'

야샤 יָשַׁע (3467 야샤- 구원하다, 구출하다, 구조하다, 건지다, 해방하다, 200회)이다.

야샤 간략해설
....

야샤 사전적 의미는 (구원하다, 구출하다, 구조하다(200회), 구원, 구출, 구조, 안전, 복지, 번영, 승리(36회), 구원하다, 구출하다, 구조하다(236회))이다.

예슈아 יְשׁוּעָה(3444 예슈아 구원, 구출, 구조) (명여)어근은 야샤 יָשַׁע(3467: 야샤- 구원하다, 해방시키다)이다. 그러므로 야샤는 예슈아의 동등어이다.

예하바 엘로힘께서 누구를 구원해 주시고 구출하시며 구조해 주시는가?
예하바께서 전도자를 세워서 하신 말씀을 새김질하며 묵상하면서 구원하시는 영이신 하나님을 사모하며 앙망하여 바라보는 자이다(행3:2:36-42, 행16:31, 고전1:18,21).

즉 예슈아를 마음에 영접하여 영이신 하나님을 아버지라 부르는 영이신 하나님의 자녀들이다. 이들에 관하여 내꺼야! 라고 하신다. 그러므로 누구든 빼앗을 수 없다(출15:13, 신32:9, 시100:3, 사41:14, 사43:1-3,7,14,15,21, 사44:1-6,21,24, 사45:4, 사48:17, 사49:1, 사63:16, 말3:17, 요10:28-29).

예하바 엘로힘께서 언제, 어느 때에 왜 구원해 주시기도 하시고 버려두셨는지를 알려면 '야샤'와 관련된 성경 236곳을 찾아 읽으면서 그 말씀들에 대한 묵상을 통하여 알아야 한다. 목사들이 설교하기 위하여 주석, 설교 집, 서적 등, 정보를 얻기 위해서 인터넷 검색을 뒤적이는 것은 잘하지만 성경을 읽고 묵상하지 아니하면 설교는 잘하겠지만 자기의 영혼은 피폐해진다.

성도들도 믿음생활을 바르게 하려면 성경을 읽어야 하며, 목자-포이멘들은 더욱 더 성경을 많이 읽고 묵상하는 것으로 영이신 하나님이 기뻐하시는 사람으로 세워나갈 수 있기 때문이다(엡 4:11-16, 딤전 6:11-12).

성경을 읽을 때 이해하려고 하지말라고 권한다. 나는 성경을 읽지 않고 살수가 없었다. 세로로 된 성경을 19개로 분류하여 쪽 성경을 만들어 쉴 새 없이 뜨거운 마음으로 버스, 지하철 등 장소와 관계없이 읽으면서 루바흐 엘로힘께서 감동주시는 말씀들을 즉시기록 노트공책에 적어놓고 약 1년 만에 1,380여절을 암송을 하였다. 신학공부를 할 때를 제외하면 오직 성경만 읽고 암송하면서 붙들고 되새김질하였다.

그리고 이브리어단어별 합성어해설의 영안이 열리기까지 되새김질하며 기도한 두 성경구절이 있다.
①시편 119:18 '내 눈을 열어서 주의 법의 기이한 것을 보게 하소서'
②시편 51:10 '하나님이여 내 속에 정한 마음을 창조하시고 내 안에 정직한 영을 새롭게 하소서'이다.

영이신 루바흐 엘로힘께서 당신을 사랑하고 말씀의 눈 열어 달라고 갈망하며 기도하는 조길봉을 보시고(시14:2, 히11:6, 잠8:34-35, 출31:3, 렘29:12-13, 눅11:9-14, 요14:13, 요15:7, 약1:5,17, 요일5:14-15). 나의 영안의 눈을 열어 이브리어, 헬라어원어 성경의 단어에 담아 놓으신 기이하고 놀라운 진리를 알려주셨다.

나는 이브리어 전공을 하지 않았다. 나는 이브리어, 헬라어원어성경 번역학을 배우지 않았다. 그러나 루바흐 엘로힘께서 나의 영안을 열어 다 알게 해주셨다. 영이신 하나님이 나에게 임하여 감동하심에 따라서 신구약성경 번역을 하고 있으며 이브리어해설 강의를 하고 있다(시19:7-10, 고전2:10-13, 렘31:33, 요2:22, 요14:26, 요16:13-14, 막12:36, 막13:11, 고전12:3, 엡1:13,17, 벧후1:21).

시편119:18절 '기이하다' פָּלָא(6381, 팔라-뛰어나다, 비상하다, 비범하다, 기이하다, 놀랍다, 경이로운 일, 기이한 일, 불가사의한 것, 기적, 83회)이다.

팔라 간략해설

기이하다, 놀랍다, 경이로운 일, 기이한 일, 불가사의한 것, 기적은 루바흐 엘로힘의 입에서 나오는 신비한 생명의 말씀이다(신8:3, 마4:4). 만왕의 왕이신 예슈아께서 만능의 하나님의 말씀을 배우기를 원하는 사람의 영을 열어 가르쳐주시겠다는 것이 '팔라'이다. 그 '팔라'의 기적이 나에게 이루어졌다.

시편119:18절 '보다' נָבַט(5027, 나바트-보다, 바라보다, 70회)이다.

뱀(사탄마귀)의 거짓, 미혹을 마음에 넣어줄 때 정한 마음과 정직한 영으로 물리치고 영이신 하나님께서 정하여 놓으신 생명의 경계선 안에서 루바흐 엘로힘 예하바만을 사모하여 바라보고 기다리라는 것이 '나바트'이다(빌2:13). 예하바 엘로힘께서 '나바트'하고 있는 나에게 '팔라'의 기이한일, 불가사의한 기적을 이루어가고 계신다.

요한일서 2:27 너희는 주께 받은바 기름 부음이 너희 안에 거하나니 아무도 너희를 가르칠 필요가 없고 오직 그의 기름 부음이 모든 것을 너희에게 가르치며 또 참되고 거짓이 없으니 너희를 가르치신 그대로 주 안에 거하라고 하였다.

자! 그리고 보라. 예슈아 이름 안에 복을 주신다는 것을 사전적 의미(안전, 복지, 번영, 승리)에 담아놓으셨다는 것을 기억하라. 죄사함 받고 영생구원을 받은 것으로 끝나지 않는다. 반드시 죄를 이기는 승리가 있다. 번영이 있다. 복지가 준비되어 있다. 인생이 평안하고 안전한 복을 받는다.

시편 18:2절 중심해설-나의 구원(예샤)은 예슈아이십니다. 예슈아는 나의 구원의 뿔이십니다. 예슈아께서는 나의 가장 안전한 미스가브의 산성 שַׂגְּ בַ(4869 미스가브- 안전한 높은 곳, 산성, 피난처)이십니다. 예샤는 예슈아의 어근이다.

예슈아 יְשׁוּעָה (3444 예슈아- 구원, 구출, 승리, 복리, 번영구조, 도움, 하나님에 의한 구원, (78회)) (명여) 어근은 야샤 יָשַׁע (3467 예샤- 구원, 구출, 구조, 안전, 번영, 승리, 구원하다, 해방시키다, 넓게 만들다, 충분하게 하다(236회)) 이다.

예슈아의 구원의 내용을 확실하게 알려면 404곳의 주제 절들을 기도하며 깊이 있게 '하가'-묵상해야한다. 영적 영생구원은 환경에서 이루어진다(눅 8:11-15, 약2:26). 환경에서구원, 구출, 구조를 받지 못하면 죽어 천국은 없다(눅 17:20-21).

예하바 손의 하게 하시는 능력이 생명의 말씀을 되새김질하며 올바른 길을 가는 자를 보시고 구원, 구출, 구조하여 안전하게 하시며 그에게 번영의 복과 승리하는 복을 주신다. 다뷔드가 전쟁에서 백전백승한 이유이다(삼하8:1-6,14, 삼하7:9, 왕상18:1-6, 대상17:8, 대상18:13, 시18:34-46, 시5:11-12, 시121:7-8, 시140:7, 시144:1-2).

다뷔드דָּוִד(1732 다위드- 다윗 David)를 성군이라고 하는 이유이다(삼하22:3,36-51, 삼하23:5, 대상16:35, 시12:5, 시18:2,35,46, 시20:6, 시24:5, 시25:5, 시27:1,9, 시50:23, 시51:12, 시62:7, 시65:5, 시69:13, 시79:9, 시85:4,7,9, 시95:1, 사17:10, 사45:8, 사51:5, 사61:10, 사62:11, 미7:7, 합3:13,18).

(2-5) 구출하다 이브리어 '파다'

파다 פָּדָה(6299 파다- 대(구)속하다, 속량하다, 구원하다, 59회)이다.

파다 간략해설

·······················

생명의 문이신 예슈아께 종속되어 열매를 맺으며 붙좇아가는 것이 쉽지는 않다(요15:4-5). 그러나 선한목자이신 예슈아 입에서 나오는 생명의 말씀에 귀를 기울이는 자는 선한목자이신 예슈아를 만난다. 그 선한목자의 음성을 듣고 따라간다(신8:3, 마4:4, 요10:2-4,11,14-16,27). 이것이 거듭난 확실한 증거이다.

선한 목자는 양들을 대속하고 속량하기 위하여 저주의 죽으심으로 값을 지불하셨다(마20:28, 요10:11-15, 고전6:20, 갈3:13, 벧전1:18-19, 요일4:10). 예슈아를 믿는 자에게 영원히 실존하는 구원을 주신다(요10:28, 요1:12, 요3:15-17).

이것이 믿어진 자는 생명 내어놓고 영원히 실존하게 하는 생명구원을 가장 귀하게 여긴다(행20:22-23, 행21:13, 히11:23-40, 눅1:38, 고후4:17-18, 고후6:4-10, 빌1:20-23, 빌2:17, 빌3:13-14, 골1:24, 딤후4:7, 요일3:16, 계12:11).

　사도행전 20:24 내가 달려갈 길과 주 예수께 받은 사명 곧 하나님의 은혜의 복음을 증언하는 일을 마치려 함에는 나의 생명조차 조금도 귀한 것으로 여기지 아니하노라. 고 하였다.
　요일 3:16 그가 우리를 위하여 목숨을 버리셨으니 우리가 이로써 사랑을 알고 우리도 형제들을 위하여 목숨을 버리는 것이 마땅하니라. 고 하였다.

　예슈아께서 저주의 십자가에서 대리적 속죄의 희생양으로 죽으심으로 당신의 자녀들에게 주시는 영생구원이다(마 26:37-42, 마 27:45-46).

마태복음 27:46절에 제 구시쯤에 예수께서 크게 소리 질러 이르시되 엘리 엘리 라마 사박다니 하시니 이는 곧 나의 하나님, 나의 하나님, 어찌하여 나를 버리셨나이까 하는 뜻이라.고 하셨다.

'파다'와 관련된 성경 59곳의 말씀을 다 읽어보면 무엇을 대속하고 속량하라고 하셨는지는 명백하게 알 수 있을 것이다.

참고 | 파다와 관련된 성경구절

네 아들 중 처음 난 모든 자는 [대속할지니라](출13:13,15), **너희를 그 종 되었던 집에서 애굽 왕 바로의 손에서 [속량하셨나니]**(신7:8), **주 여호와여 주께서 큰 위엄으로 [속량하시고]**(신9:26), **네 하나님 여호와께서 [너를 속량하셨]**(신15:15), **여호와여 [주께서 속량하신]**(신21:8), **내 생명을 여러 환난 가운데서 [건지신]**(삼하4:9), **하나님이 가서 [구속하사]**(삼하7:23), **그의 신들에게서 [구속하신]**(삼하7:23), **[구하신]**(왕상1:29), **[구속하시려고]**(대상17:21), **애굽에서 [구속하신]**(대상17:21), **큰 권능과 강한 손으로 [구속하신]**(느1:10), **하나님이 내 영혼을 [건지사]**(욥33:28), **[나를 구원하소서]**(시119:134), **모든 죄악에서 [속량하시리로다]**(시130:8), **모든 환난에서 [속량하소서]**(시25:22), **[나를 속량하시고]**(시26:11), **진리의 하나님 여호와여 나를 [속량하셨나이다]**(시31:5), **영혼을 [속량하시나니]**(시34:22), **여호와의 [속량함을 받은 자들이]**(사35:10), **여호께 구속 받은**(사51:11), **내가 너를 악한 자의 손에서 건지며 무서운 자의 손에서 [구원하리라]**(렘15:21), **내가 그들을 스올의 권세에서 [속량하며] 사망에서 구속하리니**(호13:14), **내가 너를 애굽 땅에서 인도해 내어 종노릇 하는 집에서 속량하였고**(미6:4), **[내가 그들을 구속하였음]이라**(슥10:8).**고 하였다.**

(2-6) 구출하다 이브리어 '할라츠'

할라츠 חָלַץ (2502-2504 할라츠- 끌어내다, 빼내다, 구원하다, 20회, 헬레스Helez(인)-그가 구원 받았다, 3회, '허리' loin, 11회)이다.

할라츠 간략해설

········

복음을 믿는 자는 영혼의 목자와 통치자이신 예슈아께서 가르쳐주실 때 마음에 받아들여 어린양의 보혈이 발라져있는 생명보호의 울타리 안에 있는 자를 책임지시고 구원하신다(출12:5-13).

사악한 사탄마귀의 소굴에서 끌어내신다(출15:6, 삼상7:10, 욥33:30, 시30:3, 시33:19, 시56:13, 시86:13, 시89:48, 시116:8, 시142:7, 사38:17, 요5:21, 요8:12, 요12:35-36, 행10:38, 엡5:8, 살전1:10, 히2:15, 약5:20). 천하 만민 중에서 빼내어 구원하신다.

고린도후서 1:10 그가 이같이 큰 사망에서 우리를 건지셨고 또 건지시리라 또한 이후에라도 건지시기를 그를 의지하여 바라노라. 고 하였다.

참고 | 할라츠와 관련된 성경구절

문둥병 색 점의 돌을 [빼내며](레14:40,43), **신 [벗김 받은 자]**(신25:9,10), **[무장한 자들은]**(민31:3, 민32:5,17,20,21,27,29,30,32, 신3:18, 수4:13, 수6:7,9,13), **나를 기뻐하시므로 [구원하셨도다]**(삼하22:20), **싸움을 [준비한 자]**(대상12:23,24, 대하17:18), **거룩한 예복을 입히고 [군대]**(대하20:21), **[무기를 가진 사람들이]**(대하28:14),

그 곤고에서 [구원하시며](욥36:15), 나의 영혼을 [건지시며](시6:4), [빼앗았거든](시7:4), 주께서 사랑하시는 자들을 [건지시기](시108:6), 내 발을넘어짐에서 [건지셨나이다](시116:8), 나의 고난을 보시고 [나를 건지소서](시119:153),

예하바여 악인에게서 [나를 건지시며](시140:1), 나를 기뻐하시므로 나를 [구원하셨도다](시18:19), 예하바의 천사가 둘러 진 치고 [그들을 건지시는도다](시34:7), 환난 날에 나를 부르라 [내가 너를 건지리니](시50:15), 주께서 사랑하시는 자를 오른 손으로 [건지시기](시60:5),

고난 중에 부르짖으매 [내가 너를 건졌고](시81:7), 내가 그와 함께 하여 [그를 건지고] 영화롭게 하리라(시91:15), 의인은 환난에서 [구원을 얻으나](잠11:8), 의인은 그의 지식으로 말미암아 [구원을 얻느니라](잠11:9),

네 발에서 신을 [벗을지니라](사20:2), 예하바가 너를 항상 네 영혼을 만족하게 하며 네 뼈를 [견고하게 하리니](사58:11), 들개들도 젖을 [주어](애4:3), 예하바께서 [떠나셨음이라](호5:6), 허리(창35:11, 대하6:9, 욥31:20, 욥38:3, 욥40:7, 사5:27, 사32:11), 네 몸에서(왕상8:19)

성경구절을 많이 인용하는 것은 이보다 더 좋은 주석과 해설이 없기 때문이다. 목자와 성도들이 성경과 거리가 멀다는 것은 영이신 엘로힘 예하바와의 사이가 멀어져 있는 것이다. 성경을 어렵게 생각하지 말고 익숙해지려고 노력하는 경건의 연습을 하라고 권한다.

생명의 양식인 성경을 먹지 않으면 영적으로 피폐해진다. 그 영향력이 생활 속에서 나타나므로 삶이 힘들어진다. 성도들에게 성경구절을 한 구절씩 읽어주기만 해도 된다. 읽어주다 보면 영이신 하나님께서 하시고 싶으신 말씀이 술술 나오게 될 것이다. 몇 구절의 설교 인용이 아니라. 성경에 전문가가 되라고 권한다. 그리고 성경을 암송하라고 권한다.

(2-7) 구출하다 이브리어 '나차르'

나차르 נָצַר(5341-5342 나차르- 지키다, 보호하다, 망을 보다, 경계하다, 60회, 싹, 새로 나온 가지, 새롭다, 신선하다, 푸르다, 밝다, 4회)이다.

나차르 간략해설

새로 나온 가지의 싹이신 예슈아께서 지켜주시고 보호해주시며 망보아 주신다고 하셨다. 그 대상이 누구일까? 차데-복음을 받아들여, 레쉬-모든 엑클레시아의 머리이며 만왕의 왕이신, 눈-예슈아께서 정하여 놓으신 생명의 경계선을 넘어가지 않는 자들을 책임지신다.

시편 11:1 이새의 줄기에서 [한 싹]이 나며 그 뿌리에서 한 가지가 나서 결실할 것이요. 라고 하였다. (한 싹은 예슈아에 대한 예언이다)

이사야 60:21 네 백성이 다 의롭게 되어 영원히 땅을 차지하리니 그들은 내가심은 [가지요] 내가 손으로 만든 것으로서 나의 영광을 나타낼 것인즉. 이라고 하였다. (가지는 성도들을 가리킨다)

나차르는 눈+차데+레쉬의 합성어이다.

나차르의 사전적 의미는 '눈-물고기, 규칙, 규정, 영이신 하나님께서 정하여 놓으신 생명의 경계선이다', '차데-낚시바늘, 책임, 복음을 받아들인 자들을 책임져주신다', '레쉬-모든 엑클레시아, 만왕의 왕, 최고로 높은 자, 잉태, 성도의 머리이신 예슈아를 생명으로 마음에 잉태하여 사랑하며 품고 살아가라'는 것이다.

참고 ㅣ 나차르와 관련된 성경구절

인자를 천대까지 [베풀며](출34:7), **자기의 눈동자 같이 [지키셨도다]**(신32:10, 신33:9, 시25:10, 시78:7, 시119:2,22,33,56,69,100,115,129,145, 잠3:1,21, 잠4:6,13,23, 잠5:2, 잠6:20, 잠13:3, 잠16:17, 잠22:12, 잠24:12, 잠27:18, 잠28:7, 사26:3, 나2:1), **사람을 [감찰하시는 이여]**(욥7:20), **[파수꾼의]**(욥27:18), **율법을 [따르게]**(시105:45), **주의 법을 [준행하며]**(시119:34), **보호**(시12:7, 시25:21, 시31:23, 시32:7, 시40:11, 시61:7, 시64:1, 시140:3,4, 잠2:8,11, 잠13:6, 잠20:28, 사42:6, 사49:8), **내 입술의 문을 [지키소서]**(시141:3), **악에서 [금하며]**(시34:13), **간교한 여인**(잠7:10), **나 여호와는 [포도원지기가 됨이여]**(사27:3), **밤낮으로 [간수하여]**(사27:3), **은비한 일**(사48:6, 사65:4), **에워싸인 자**(겔6:12),

---

(2-8) 구출하다 이브리어 '파차'

파차 חָצַפ(6475 파차- 열다, 구해내다, 해방시키다, ~로부터 앗아가다, 구해내다, 15회)이다.

파차 간략해설

파차는 페+차데+헤의 합성어이다

파차의 사전적 의미는 '페-입, 개방, 예, 아니요', '차데-낚시 바늘, 책임, 복음을 받아들인 자들을 책임져 주신다', '헤이-목숨, 호흡, 실존'이다.

사람이 사는 것은 밥으로 사는 것이 아니다 그 이유는 사람은 영적존재이기 때문이다. 예슈아를 믿지 않는 사람은 사람에게 양심이 있어서 짐승과 다르다고 한다. 그 양심은 영적인 것이다. 사람은 영적이기에 도덕적이며 윤리적이고 법을 만들어 낸다. 그리고 신들을 찾고 신앙을 가진다. 예슈아를 믿는 자들은 당연히 하나님의 입으로 나오는 말씀으로 산다 (신8:3, 마4:4).

화인 맞은 양심은 사탄에게 점령당한 양심으로 죄에 대한 감각 없는 자이다(딤전4:1-2, 마7:15, 마24:24, 롬1:28, 엡4:17-19, 딤후3:5, 벧후2:1-3, 계16:14, 왕상13:18, 왕상22:22, 렘5:21, 렘23:14,32).

선한 양심은 거듭난 양심으로 영이신 하나님을 사모하여 바라보며 살아가는 자이다(벧전3:17-18, 롬9:1, 고후1:12, 딤전1:5,19, 딤후1:3, 히9:14, 히13:18, 벧전2:12, 벧전3:2,21).

이유는 간단하다. 영혼이 잘되어야 모든 일이 잘되고 건강을 유지 보존하기 때문이다(요삼1:2). 영적으로 산다는 것이 특별나지 않다. 영이신 하나님의 입으로 나온 말씀으로 사는 것이다. 이보다 더 영적인 것은 없다. 영이신 하나님의 입으로 나왔기 때문이다. 이보다 더 신령한 것도 없다.

그런데 많은 사람들이 영적이다.라고 하였을 때, 속는 이유가 기도를 많이 해야 하는 줄로 여긴다. 기도 중에도 금식기도를 많이 하면 영적인 줄로 착각을 한다. 아니라고 분명이 말한다. 영이신 하나님의 말씀에 붙잡혀 사는 것이 가장 안정적인 영적인 사람이다. 말씀을 사모하고 하가(묵상)하는 사람은 더 깊은 대화(기도)를 하나님과 할 수가 있다.

그리고 말씀을 되새김질을 하기 때문에 무시기도가 겸해지는 유익이 있다. 어떤 목자-포이멘은 통성기도만 하라. 어떤 목자-포이멘은 묵상기도만 하라고 한다. 둘 중에 어떤 기도를 해야 하느냐가 중요한 것이 아니다. 기도의 기본원칙은 영이신 하나님께 올려드리는 것이다. 그리고 기도는 영이신 하나님아버지와의 대화이다.

기도를 받으시는 하나님아버지께서 가장 좋아하시는 첫째 기도는 예슈아께서 가르쳐주신 기도의 일정한 형식을 따라서 하는 기도이다. 둘째 말씀을 되새김질하며 하는 기도이다. 말씀을 되새김질하지 않는 기도는 속 빈 강정과 같은 것이다.

'파차'의 핵심은 예슈아 십자가의 복음을 받아들인 자를 사탄마귀에게서 책임지시고 구해내신다는 것이다, 그리고 죄와 사망에서 해방시켜주신다는 것이다(롬5:21, 롬6:18,22, 롬8:1-2, 요6:63, 요8:36).

피 흘린 죄에서(시51:14), 칼의 세력에서(시22:20), 사냥꾼의 올무와 멸망의 전염병
에서(시 91:3), 영혼의 사망과 기근(시33:19, 시56:13, 시57:4, 시86:13, 시89:48, 욥
5:20), 셰올(죽은 자의 거처, 음부)의 사망에서(시86:13, 호13:14), 사악한 라샤에서(시
17:13, 시59:3, 시71:4, 시97:10),

모든 곤란과 악(라)으로부터(시34:17,19), 페샤-반역죄에서(시39:8, 시40:13, 시79:9)
의 구원하심을 노래하고 있다.
죄 사함과 영생구원은 사람이 무엇을 해야 얻는 것이 아니다(눅18:18). 사람이 할 수
없는 일을 하나님은 하신다(눅18:27).

무슨 선한 일을 하여야 영생을 얻는 것이 아니다(마19:16, 막10:17, 눅6:46-(마7:21-
27), 눅10:25, 행2:37-38, 행16:30-31, 갈3:10-12).
죄 사함과 영생은 오직 하나이다. 예슈아께서 자기의 저주를 짊어지시고 저주의 십자
가에서 대리적 속죄의 희생물이 되신 것을 믿는 자에게 주어지는 하나님의 선물이다
(요1:12, 요3:15-18, 요5:24-25, 요14:6, 갈2:20, 엡2:8),

그러므로 영생구원에 대한 자가진단 말씀키트를 사용해보라(고후13:5, 고전4:6, 롬
10:9-13, 딤후3:8, 딤후4:10, 요일3:6-11,14-16,28-24(1-24), 골3:1-3, 롬8:5-9, 마
7:21-27, 마15:8, 눅12:45-46, 눅13:25-30, 고전:26,27, 고전10:12, 히3:11, 히
4:1,11, 히6:4-8, 히12:15,25, 히13:7, 약4:4, 계 2:5 ,계3:2-3, 민4:34, 시146:3,
사 2:22, 사29:13, 렘17:5 등).

시편 144:7,10,11 위에서부터 주의 손을 펴사 나를 큰물과 이방인의 손에서 [구하여] 건지소서. 10 주는 왕들에게 구원을 베푸시는 자시요 종 다윗을 그 해하는 칼에서 [구하시는 자시니이다] 11 이방인의 손에서 나를 [구하여] 건지소서. 저희 입은 궤사를 말하며 그 오른손은 거짓의 오른손이니이다. 라고 하였다.

구출하다 '뤼오마이'의 이브리어 역어 8개 단어를 종합하여 정리하면

① 자기 백성을(출6:6, 출14:30, 삿6:9, 삿8:34, 왕하18:32, 미4:10, 미5:5, 사36:15, 사44:6, 사48:17, 사49:7,25, 사54:5,8, 겔13:21, 겔13:23) 구원, 구출하신다.

② 생명을 해치려는 악인들의 손에서(삼하12:7, 삼하22:18,44,49, 욥5:20, 욥22:30, 욥33:17, 시6:4, 시7:1, 시17:13, 시25:20) 구원하심을 찬양하고 있다.

③ 그의 백성을 미츠라임(애굽) 파르오의 손에서(출14:30, 출6:5-7, 출3:17, 신 7:8, 신15:15, 신26:8 , 삿6:8-10, 왕하17:36, 시136:11-12),

④ 무거운 짐 밑에서(마11:28),

⑤ 오예브 모든 적, 원수들의 손에서(삿8:34), 앗슈르 세력에서(왕하15:29, 왕하17:3-5, 왕하18:9-15, 왕하18:22-19:37, 왕하19:32-35, 사10:5-12, 사14:24-27, 사36:15, 미5:5-6, 눅1:71-75),

⑥ 죄와 사탄마귀와 전쟁포로에서(엡2:1-5, 엡5:8, 사56:8, 렘30:17-22, 겔34:12-17, 겔37:21-22, 겔39:27-29, 미2:12, 습3:19),

⑦ 악의 세력에서(애7:3-10:3),

⑧ 모든 두려움에서(시34:4), 간사하고 불의, 불법, 부정에서(시43:1, 사25:4) 구원하신다.

| 참고 - 수렁 '티트'에 대하여 |

'타르'는 '건지소서'(시69:14) נָצַל(5337 나찰- 벗기다, 빼앗다, 구하다)와 관련된 성경을 보다가 '수렁'이라는 단어가 눈에 띄어서 보니까. 반드시 해설해야겠다는 생각이 들어서 하게 되었다.

수렁 טִיט(2916 티트- 진흙, 진창, 점토)에서(시69:14) 이다.

티트 간략해설- 시편 69:14 나를 '수렁' טִיט 에서 건지사 빠지지 말게 하시고 나를 미워하는 자에게서와 깊은 물에서 건지소서. 라고 하였다.

시편 69:14절의 말씀은 일반적인 수렁이 아니다. 사탄마귀가 예슈아십자가 복음을 믿지 못하도록 만들어 놓은 영멸지옥의 수렁이다. '티트'는 테트+요드+테트의 합성어이다. '테트'는 뱀-사탄마귀를 상징한다(계12:9). 티트는 사탄의 강력한 능력으로 인생을 엉망진창으로 만드는 악마이다.

'테트'טֵ(뱀)는 '헤트'חֵ(생명)를 거꾸로 뒤집어 놓은 단어이다. '타브'의 상형문자는 십자가였다. 사탄마귀의 본질은 강력한 능력으로 예슈아 십자가의 복음을 감추어 사람들을 죽음으로 끌고 가는 사악한 영이라는 뜻이다. 테트-뱀-사탄, 요드-능력, 타브-죽음증표이다. 사탄마귀는 죽이는 악마이다.

'헤트'는 생명의 울타리를 상징한다. 그리고 '헤트'는 타브ת-죄와 죽음가운데 있는 자들을, 헤트ח-어린양 피가 발라져있는 곳, 즉 믿음으로 믿는 자들을, 요드י-예하바의 능력의 손으로 구원하여 보호하시며 영생구원을 주신다는 뜻이다. 상형문자는 울타리 형태이지만 기독교로 개종한 랍비들은 '헤트'를 왕관, 영광

222

의 면류관이 씌워져있다는 것으로 해설을 한다. 그 이유는 '헤트'는 자인¹ 과 바브¹의 합성어이다. '자인'은 칼, 도구, 무기, 수행으로 영이신 하나님의 말씀의 칼, 성령의 검을 상징한다(엡6:17, 히4:12). 예슈아의 생명으로 연결이 된 사람들은 성령의 검인 하나님의 말씀으로 사악한 사탄마귀의 온갖 유혹과 시험을 이긴다. 이들에게 씌워 주시는 영광의 면류관이라는 것이다.

그리고 헤트-생명, 요드-예하바 쥔 손의 능력, 타브-십자가 구원의 언약의 증표이다.

'바브'는 갈고리, 못, 연결하는 사람으로 성막을 세우는데 필수적이다(금은 갈고리-출27:10,11,17, 출36:36,38, 출38:10-12,17,19,28, 전12:11). 못과 갈고리와 연결하는 끈이 없이는 성막은 세워지지 않는다. 가장 핵심의 의미는 아버지 하나님께로 가는 십자가이다(요14:6).

바브-예슈아께 연결 된 자들은 자인-성령의 검 곧 하나님의 살아있는 말씀으로 이기는 자들에게 씌워주시는 영광의 면류관이다(벧전5:4, 고전9:24-25, 살전2:19, 딤후4:7, 계2:10, 계3:11).

4. 그들 안에 이 왕국과 이 능력과 이 영광이 영원하다들 아멘

(1) 왕국 헬라어 '바실레이아'

βασιλεία(932, 바실레이아-왕국 kingdom, 왕권, 왕의 통치, 왕국, 왕토)이다.

즉 왕의 통치에 예속하는 영토로서 왕국이다. 162회 나온다(마3:2,17, 마4:17, 마9:35, 마6:33, 마7:21, 벧후1:11, 계1:6,9, 계5:5-10, 계11:15-17, 계12:10-11, 계17:12-17).

'그들 안에'이 왕국과 이 능력과 이 영광이 영원하다들 아멘! 이라고 하였다.

결론 부분에서 '그들 안에'라는 중요한 말씀을 놓치기 쉽다. 그들 안에 위에 내용들이 이루어지고 실천하는 그들이 하나님 왕국의 능력과 영광을 영원히 누리게 된다는 것을 '확신합니다. 믿습니다'로 마치고 있다는 것을 잊지 말아야 한다.

① 예슈아께서 가르쳐주신 주신 일정한 형식과 법칙을 따라 기도하는 그들이다.

② 예슈아께서 가르쳐 주신 기도보다 그들에게는 더 좋은 기도는 없다.

중요한 것은 불신자처럼 중언부언하지 말고 일정한 형식을 따라 하라는 것은 기도에 대한 팩트를 분명히 하라는 것이다.

진리의 말씀을 하나씩 되새김질하면서 하라는 것이다. 아버지 하나님께서 당신의 입으로 하신 말씀을 붙잡고 기도하는 그 아들과 딸을 사랑하시고 기뻐하신다는 것을 꼭 기억해야 한다. 듣기에 거북한 대표기도들이 난무하고 있다. 하나님 아버지께서는 말씀을 새김질하며 하는 기도를 받으시며 응답하신다.

③ 예슈아께서 가르쳐주신 주신 기도의 내용이 그들 안에 있어서 생활에 실천하는 그들이다.

기도만 하고 그 기도와 관계없이 살아간다면 그 사람은 그들 안에 들지 못한다. 그들 안에 들지 못하면 영광도 능력도 하나님 왕국도 그 사람에게는 관계가 없다. 중언부언βαττολογέω(945, 밧톨로게오-많은 무익한 말을 쓰다, 쓸데없는 말을 하다, 똑같은 말을 몇 번이고 반복하다)의 기도이기 때문이다(마6:5-7). 그러므로 이 기도가 자기에게와 공동체들에게 열매 맺도록 기도하라는 것이다. 그래야 '하나님의 이 왕국과 이 능력과 이 영광을 영원히 들' 누리게 된다. 는 것을 믿고 확신을 가지고 기도하라는 것이다.

(2) 왕국 이브리어 '말쿠트'

מַלְכוּת(4438 말쿠트- 힘의 왕권, 힘의 통치권, 왕국)이다.

말쿠트 간략해설
....

엘로힘 말쿠트 왕국은 생명과 진리의 말씀으로 사역하며 생활하는 왕국이다. 목자이신 예슈아께서 왕권으로 통치하시는 왕국이다. 예슈아 십자가 복음을 받아들인 자들이 이생과 내생에서 누리는 영적왕국이다.

예슈아께서 저주의 십자가위에서 대리적 속죄의 희생물이 되셔서 완성하신 왕국이다(창3:15, 빌2:6-8, 신21:23, 시22:16, 마26:39, 갈3:13).
아브라함의 씨는 예슈아이다(창13:16, 창15:5, 창21:12, 갈3:16, 히2:14-16).

'말쿠트'는 지상 왕국을 가리키는 것이 아니라 영적인 왕국으로 영이신 하나님이 친히 통치권. 지배권을 행사하는 곳이다.

세상의 왕권과 통치왕국은 유한하다. 영원한 왕권과 통치왕국도 존재하지 않는다. 오직 영이신 루바흐 엘로힘 왕국과 그의 통치만 영원하다, 영이신 루바흐 엘로힘의 왕국은 생명진리의 말씀으로 세워졌다, 그리고 예슈아의 십자가복음을 가르쳐 줄 때 믿고 받아들이는 자가 엘로힘 왕국에 들어갈 수가 있다(요5:24-25, 요14:6, 롬8:1-2).

이 왕국은 첫째 영이신 하나님이시다(전 12:7, 눅 16:22).

둘째 성도들이다(마12:28, 눅10:9-11, 눅17:20-21, 고전3:16-19, 고전6:10-20, 골1:27, 계 1:6, 계5:10).

십자가복음(고전1:18) 생명진리의 말씀으로 예슈아를 가르쳐 주실 때 겸손하게 받아들여 만왕의 왕 예슈아께 연결되어 있는 자에게 이 왕국이 임하여 있고, 통치권 안에 있는 자이다. '말쿠트'는 헬라어 '바실레이아' 역어이다. 그러므로 '마므라카'מַמְלָכָה(4467 마므라카-왕국, 통치권, 통치) 보다 '말쿠트'가 엘로힘 예하바 왕국으로 더 합당한 단어이다.

> **| 말쿠트 단어의 어근과 사전적 의미 |**
>
> מַלְכוּת(4438 말쿠트- 왕국, 왕권, 통치(지배)권, 90회)이다.
>
> **말쿠트(명여) 어근은 말레쿠 מַלְכוּ** (4437 말레쿠- 왕권, 통치 왕국, 57회)이며 **말레쿠(명여) 어근은 말라크 מָלַךְ** (4427 말라크- 왕 king, 여왕이다(되다), 통치(지배)하다, 조언, 충고, 권고, 훈계, 약 3,040회)이다.

(3) 능력 헬라어 '뒤나미스'

δύναμις(1411 뒤나미스-힘, 세력, 능력, 역량, 지적, 영적인 힘)δύναμις명사 주격 여성 단수이다.

한국교회에서 하나님하면 한 분이신 하나님을 주로 전한다. 그리고 하나님은 능력이시다. 라고 전 할 것이다. 그리고 능력을 받으라, 성령 충만을 받으라고 설교들을 한다. 그런데 그 능력을 어떻게 받을까? 아마도 '부르짖어 기도하라', '40일 금식기도 하라'는 등이 주류를 이루고 있을 것이다.

필자도 능력 받으려고 꽤나 기도하였다. 삼각산, 청계산, 전국 여기저기 산기도, 금식기도, 특별작정기도 등등. 그러던 어느 날 이브리어 하가(묵상)를 하던 중, 영이신 하나님께서 '내가 능력이다', '내가 조길봉 너의 마음 안에 있다'고 하신 말씀에 나는 깜짝 놀랐다. 그렇다. 우리는 예슈아를 마음에 영접해 놓고 있으면서 능력을 구하고 있다.

왜! 무엇 때문에! 나는 하나님의 능력, 성령의 은사를 달라고 매달려 구하였는가. 사탄마귀, 죄, 욕심, 정욕과 싸워서 이기려고 구한 것이 아니었다. 나는 능력을 받아서 교회 부흥시켜서 큰 교회 건축하고, 좋은 자동차 등등.. 나는 사실 부흥사 기질이 강하다. 그런데 영이신 루바흐 엘로힘께서 나를 이브리어 단어별 합성어해설로 앉혀 놓으셨다. 나는 의자에 앉아서 연구하기보다는 산기도가서 부르짖는 스타일이었다.

그런데 능력을 너무너무 사모하여 부르짖어 기도하였지만 그 능력이신 하나님께서 내안에 계시다는 사실을 전혀 모르고 살았다. 또한 성경말씀이 능력이라는 것도 함께 깨달음을 주셨다. 말씀과 하나님은 하나이기 때문이다(요1:1, 요10:30, 요일1:1, 요일5:20, 계1:2, 계19:13).

영이신 엘로힘은 말씀으로 사람 안에 거하신다(요1:1, 12, 14, 18, 요14:6, 요5:24, 25, 39, 요6:63, 68, 요15:4-7, 눅8:11, 15, 히4:12, 약1:18, 벧전1:23, 잠8:32-36, 창1:3, 6, 9, 11, 14, 20, 24, 26, 29, 창6:13, 창8:21, 창12:1-4 등). 말씀이 마음에 있는 사람에게 영이신 하나님께서 그 사람 안에 계신다는 증거이다.

아래말씀을 보라.

요한복음 3:16 하나님이 세상을 이처럼 사랑하사 독생자를 주셨으니 이는 그를 믿는 자마다 멸망하지 않고 영생을 얻게 하려 하심이라. 고 하였다.

요한복음 5:39 너희가 성경에서 영생을 얻는 줄 생각하고 성경을 연구하거니와 이 성경이 곧 내게 대하여 증언하는 것이니라. 고 하였다.

요한일서 5:11-12 또 증거는 이것이니 하나님이 우리에게 영생을 주신 것과 이 생명이 그의 아들 안에 있는 그것이니라 12 아들이 있는 자에게는 생명이 있고 하나님의 아들이 없는 자에게는 생명이 없느니라. 고 하였다.

2022. 1. 30. 주일 새벽에 영이신 하나님과 대화(기도)를 하던 중에 영이신 하나님께 창살 없는 감옥과 같은 곳에 나를 가두어 두시고 이브리어 단어별 합성어해설을 기록하도록 하시느냐고 여쭈었다, 전에는 이런 기도를 해보지 않았는데 내 안에 영이 영이신 루바흐 엘로힘께 질문하는 것 같았다. 왜 나는 7년여 동안 이브리어 단어별합성어해설에 사로잡혀 있었기 때문이다.

이에 영이신 루바흐 엘로힘께서 말씀하시기를 너무 구체적으로 알려주셨다. 너는 부흥사가 되면 망하기 때문에 내가 막고 있다는 것과 망하는 이유 세 가지를 말씀하셨다. 이성과 욕심과 교만으로 망한다는 것이다. 그리고 너는 옳다고 여기면 적극적으로 올인 하지 않느냐! 아버지 하나님!~ 감사합니다. אָמֵן아만!!~ הַלְלוּיָהּ야흐할랄!!~

영이신 엘로힘אֱלֹהִים(430 엘로힘)은 창세기 1:1절에 처음 나온다, 엘로힘-하나님의 본질이 모든 만능의 힘들과 모든 능력들과 모든 권세들, 모든 지혜들과 모든 지식들과 모든 권능들 등등이시다.

뒤나미스 능력의 하나님은 장차 오실 예슈아이시다(사9:6, 사11:1-2, 시110:2, 빌2:6, 요10:30).

영이신 루바흐 엘로힘 하나님께 사로잡히면 예언을 한다(민11:25-26, 삼상10:6,10, 삼상19:23, 미3:8, 미5:2, 욜2:28, 눅1:16-18,34-38,49).

구약은 예언서이며, 과거와 미래에도 그 예언의 말씀들이 견고히 세워져 가며 이루어가고 있다. 신약은 구약예언의 성취이며 과거와 현재와 미래에 계속 이루어지는 예언 성취의 말씀들이다(눅5:17, 눅6:19, 눅8:46).

영이신 하나님의 시간은 항상 현재이다. 그래서 영원하시다. 인간의 시간은 과거와 미래이다. 내가 글을 쓰고 있는 그 시간과 글이 추가 되면서 이미 과거가 되어버린다. 지나갔으니까 과거인 것이다. 인간에게는 현재가 있는 것 같지만 실상은 현재가 없다. 그 이유는 시간 속에 살아가기 때문이다.

고린도후서 6:2 지금 νῦν(3568 뉜- 지금 ,찰라, 순간)이다. 과거와 미래로 넘어가기 전의 지금을 말한다. 시간이 시작되기 전의 지금이다. 이 '지금'을 놓치지 않는 것은 오직 영이신 하나님으로만 가능하다. 그 때를 놓치면 은혜도 구원도 놓치는 것이다. 사탄마귀 도적놈에게 구원을 빼앗긴다(눅8:12). 은혜를 도적맞는다(고후6:2).

하나님께서 성령과 권능으로 예수님께 기름 부으셨다(행10:38, 막6:2, 눅19:37, 눅24:19-20, 행2:22, 마13:54,58, 마14:2, 막9:2, 눅19:37, 요3:2, 요5:19,30, 요9:16, 요10:21, 계5:12).

성도들에게 부어지는 '뒤나미스'이다(행1:4,8, 눅24:49, 마10:20, 사32:15, 사44:3, 사59:20-21, 욜2:28-29, 행2:1-21).

(4) 능력 이브리어 '하일'

חַיִל(2428 하일- 성벽, 요새, 몸 무림, 고통, 힘, 능력, 부, 재산, 군대, 견고하다, 강하다, 권력)이다.

헤트ח-생명의 울타리, 능력의 울타리, 힘의 울타리, 보혈의 보호의 울타리, 성벽과 요새의 보호 안에 있는 것이다. 죽음의 저주가 지나가는 곳, 어린 양 피가 발라져있는 곳이다(출12:12-13,21-23, 겔9:4-6, 계9:4).

요드 י- 쥔 손과 능력, 하게 하심이다. 예하바 쥐게 하시는 손의 능력으로 얻어지는 능력과 부와 재산이다(신8:17-18), 예하바 쥔 손의 능력으로 모든 것을 되게 해주셔야 얻어진다(요15:1-6, 고전3:6-7).

라메드 ל- 영혼의 목자가 지팡이מַקֵּל(4731 막켈- 막대기, 지팡이 (출12:11, 민

22:27, 삼상17:40, 삼하24:16, 사37:36, 겔39:9, 고전10:5-11, 민14:27-30, 민16:49))를 들고, 통치자의 홀 שֵׁבֶט(7626, 셰베트-막대기, 지팡이, 곤봉, 홀 (창49:10, 삼하23:21, 시23:4, 사 11:4, 사14:5, 미7:14))을 들고 양들에게 견고하여 흔들리지 않는 자가 되라. 강하게 되라는 말씀을 가르쳐 주실 때, 겸손한 마음으로 마음에 받아들여 생활 속에 적용해 나아가는 자에게 영이신 예하바의 만능의 역사가 나타나도록 하신다는 것이다. 사람이 생명의 울타리를 벗어나면 당장은 아무렇지도 않은 것 같지만 때가 되면 고통과 몸부림을 치게 되는 징계를 당하게 된다.

탕자가 그랬다(눅15:11-17). 나오미가 그랬다(룻1:1-5). 다뷔드가 그랬다(삼하 11:1-17,26-27, 삼하12:7-18, 삼하13:7-17,28-31, 삼하15:13-23, 삼하16:20-22).

징계는 두 가지이다. 첫째 회심하고 돌아오라는 징계이다. 둘째 죽이는 심판의 징계이다.

힘이신 루바흐 예하바 엘로힘을 떠나는 것은 물고기가 물을 떠나는 것과 같고 가축이 주인의 우릿간을 떠나는 것과 같다. 물고기와 가축에게 일어날 일들을 상상해 보라. 영원히 슬피 울며 이를 갊이 있는 곳에서 몸부림치며 고통을 겪게 된다.

힘과 능력의 이브리어 단어들이 40여개나 있는 것은 영이신 루바흐 예하바 엘로힘께서 힘, 재물, 지혜, 강함, 두려움, 능력, 승리, 권세이시라는 것과 그 힘과 능력이 사람에게 임할 때 다양한 힘과 능력들이 나타난다. '빠라크'의 복에도 나타난다.

그 힘과 능력들을 주시는 주목적은 죄-짐승-사탄마귀-욕심-거짓말의 유혹과 우상숭배와 짐승의 표를 이기고 영생구원을 이르라고 주신 것이다, 짐승-사탄마귀의 육백육십육의 수를 찾아보라(창3:4-6, 요8:44, 약1:15, 요일2:16, 마4:1-11, 눅8:12-14, 벧전4:12-13, 계15:2, 계12:9,11 계13:14-15, 계21:8, 계22:15, 사4:4).

육백육십육은 복잡하지도 어렵지도 않다. 베리칩이니, 코로나 백신 속에 베리칩에 들어있느니 등등이 아니다. 지나친 사이비 종말론주의자들의 극성들이다. 성경을 보라. ①육백육십육의 표는 자유롭게 사고팔지 못하게 하는 표이다(계13:17).

매매ἀγοράζω(59 아고라조- 사다 buy) πωλέω(4453 폴레오- 팔다 sell)사고파는 것을 자유롭게 못한다는 것이다.

자! 그렇다면 육백육십육 표의 답이 나왔다. 육신의 정욕과 안목의 정욕과 이생의 자랑이다. 아담과 하와가 이것으로 넘어졌다. 사탄마귀가 심지어 예슈아까지 이 세 가지로 무너뜨리려고 하였다는 것을 잊지 말라. 과거와 현재와 미래의 모든 사람들이 다 여기에 넘어진다. 오직 예슈아께서만 이기셨다(요16:33). 그러므로 구원자이시다.

그리고 ②전 세계를 지배하는 자, 자기를 하나님이라고 하는 자의 의하여 통용된다는 것도 꼭 기억하라(살후2:3-4, 계13:6-8,15-18, 마24:4-6, 살후2:8-10, 요일2:18, 사14:13, 겔28:2-9, 단7:25, 단11:36, 고전8:5).

이 두 가지만 분명히 알고 있으면 이단들과 거짓선지자들에게 넘어가지 않는다. 오직 성경을 읽고 성경대로 바로 서 있어야 한다. 귀신의 속삭임에 넘어가지 말라(딤전4:1-2, 딤후 4:3-4). 적그리스도의 증상은 있으나 아직 나타나지 않았다. 난무하고 있는 사이비 신비주의자들이나 거짓선지자들, 극단적종말론주의자들의 속삭이는 소리에 속지 말고 이기는 자가 되라(계 3:12, 계 15:2, 계 21:8, 계 22:15).

예하바의 군사들이 깨어 일어나 저 사탄마귀의 세력들과 대적하여 싸워야한다(엡6:12-13, 약4:7, 벧전5:8, 막13:9). 진자는 이긴 자의 종이라는 사실을 잊지 말아야한다(요8:34, 롬6:16,20, 벧후2:19, 요일3:8, 잠5:22).

아담과 하와의 타락 이후 모든 사람이 걸려드는 짐승-사탄마귀의 육백육십육의 수는 동일하다. 언제나 생활과 연관되어있다. 세계를 뒤덮고 있는 인권법 조례안, 성 평등법 같은 프레임을 가지고 교회를 무너뜨리려는 사탄마귀의 전략에 적극적으로 대적하여 일어나지 않으면 설교를 못하는 날이 올 것이다.

그래서 환경구원을 받지 못하면(눅8:12-14) 영생구원은 없다. 왜 '데오스 바실레이아'는 마음 안에 있다고 하셨는지를 깊이 묵상하며 생각해 보아야한다(눅17:20-21).

이 복음의 진리를 깨닫지 못하는 자는 죽어서 가는 천국을 말할 것이다. 그러나 죽어서 가는 천국(天國-하늘국)은 없다. 데오스(하나님) 바실레이아(왕국)는 있다.

우라노스(sky하늘이 아닌 heaven하늘은 하나님이 거하시는 곳인 하늘, 바울이 경험한 제 삼의 하늘heaven이다. 고후12:1-4) 바실레이아(왕국)는 있다. 많은 설명이 필요하다. 한마디로 말하면 하나님의 왕국인 영의 세계에는 더 이상의 육의 속한 물질, 즉 돈, 금, 다이아, 진주, 옷, 음식, 물 등의 모든 것들이 불필요한 곳이다(전12:7, 눅16:22,-25, 눅20:35-36 (27-38), 사 60:20, 계:21:3-7, 일 천년왕국과 영적왕국을 분리하면 이해가 됨).

| 참고 - '차바'에 대하여 |

צָבָא(6635 차바ー 전쟁을 수행하다, 섬기다, 시중들다, 복무하다, ~하고 싶다, 원하다, 기뻐하다, 전쟁, 군대, 무리)이다.

1) '차바'의 사전적의미
차바는 차데+베이트+알레프의 합성어이다.
차데는 '낚시바늘, 책임', 베이트는 '집, ~안, 내면의 집, 마음의 집, 속사람',
알레프는 '소, 희생, 배우라'이다.
해설 :복음을 내면의 집에 받아들이고 힘이신 하나님을 배우는 자는 영적 전쟁에서 승리하도록 책임져 주신다는 것이다.

'차바'를 '만군'이라고 하였다. 대부분은 만군의 여호와라고 하였다.
성도는 모두가 영적전쟁터에서 복무하고 있다. 전쟁에서 적을 무찌르지 못하면 내가 죽는다. 마음에 있는 데오스 바실레이아를 지켜내지 못하면 영멸지옥행이다(눅8:12).

크리스토스의 군사로 모집된 자는 자기 생활에 얽매이지 않는다(딤후2:3-4).

우리의 싸우는 병기는 육체에 속한 것이 아니다(고후10:3-5).

마귀의 교활함과 싸워 이기려면 성령의 검, 곧 하나님의 말씀과 기도로 무장해야한다(엡6:11-18, 히4:12).

예언의 말씀을 붙잡고 선한 싸움을 싸워야한다(엡6:12-13, 딤전1:18, 딤전6:12-14, 딤후4:7-8).

복음으로 인하여 받는 고난은 자랑스러운 것이다(마5:12, 롬8:17, 고후4:17, 딤후1:8, 딤후2:12, 벧전4:12-14, 벧전5:1,10, 계1:9, 사25:9, 사35:10, 사51:11).

빛-예슈아의 생명을 받은 사람은 어둠과의 싸움의 고난이 있지만 참는 자에게 승리가 주어진다(창1:2, 요1:4-9, 요3:19, 요8:12, 요12:35,46, 행13:47, 히10:32, 히6:15, 딤후3:11, 욥5:19-21, 시34:19,37, 시91:2-6,14, 사41:10, 사43:1-2, 렘1:19, 단6:27).

바울이 모든 것을 참는 목적도 영생구원에 있다(딤후2:10).

히브리서 11장은 영적전쟁에서 승리한 믿음의 용사들에 대한 기록이다. 사악한 거짓말쟁이 사탄마귀도 감당하지 못한 자들이다(히11:38).

예슈아께서는 십자가 전쟁에서 승리하셔서 보좌우편 앉으심과 같이 승리하는 자들이 함께 앉게 된다(마19:28, 눅22:30, 요16:33, 행14:22, 엡1:20-23, 빌2:6-11, 히12:2, 요일5:4-5, 계3:21, 계12:11).

2) '차바' 해설에 대한 이해를 돕기 위하여 시편 84:12절 중심으로 해설

צָבָא(6635 차바–전쟁, 군대, 무리, 전쟁하는 여군들(무리들)) צְבָאוֹת명사 여성 복수이다.

차바 간략해설–마음의 집 안에 복음을 받아들여 믿는 여군들을 힘이신 하나님께서 책임지신다. '차바'를 만군(萬軍–많은 군사)이라고 번역한 것은 한자의 영향이다. '차바'는 명사 여성 복수이다.

그러므로 '전쟁하는 여군들의 예하바이시다.' 라는 의미이다. '전쟁을 하는 자들의 예하바이시다.' 그러므로 차바 예하바는 전쟁하는 자들을 예하바께서 만능으로 도와주신다는 것이다.

한자와 영어가 성경번역에 유익을 주기보다는 독이 되는 곳들이 있다. 예하바의 성호까지 바르게 번역을 하지 않고 있다. 히브리어 박사라는 사람도 예하바를 아도나이라고 읽는다. 아도나이אֲדֹנָי(136 아도나이– 나의 주 my Lord)와 예하바יהוה는 사전적의미가 동일하지 않다. 그리고 이브리어와 헬라어를 한글과 한자와 영어가 100% 번역할 수가 없다. 한글이 영어를 100%번역 할 수 없는 것과 같다. 이유는 문화가 다르다. 그래서 각 나라가 문화적으로 번역하는 부분이 있기 때문이다.

특히 근대이브리어 속에도 모세에게 주셨던 상형문자의 의미가 그대로 담겨있다. 그래서 유대랍비들은 그 상형문자로 해설을 한다. 어떤 학자는 글이지

아무런 의미가 없다고 가르치기도 한다. 어느 정도 맞는 것 같지만 틀린 주장이다.

그렇다면 성경은 더 이상 하나님의 말씀이 아니다. 성경은 수많은 상징과 비유와 영적인 의미가 담겨 있기 때문이다. 그러므로 성경번역자들은 한자나 영어보다 원어의 사전적의미를 올바르게 분별하여 그대로 기록해 놓아야한다. 그래야 자기도 살고 독자들도 살린다(계22:18-19, 벧후1:19-21, 벧후3:16-17, 히5:11, 시56:5). 자기도 죽고 독자들을 죽이는 성경번역과 설교를 하지 말아야한다.

'예수께서 대답하여 가라사대 너희가 사람의 미혹을 받지 않도록 주의하라'고 하셨다(마24:4). 마태복음 24:4절 말씀을 직역문장정리하면 '그리고 그 예슈아께서 대답하기를 너희는 어떤 사람의 그 미혹을 받아 길을 잃지 않도록 너희는 그들을 통찰하라고 그가 명령하셨다.'이다. 성경을 사견으로 번역과 해석을 하는 자가 있다면 큰일날 일이다. 우리가 생명 걸고 믿고 지켜왔던 성경이 틀렸다면 얼마나 실망을 많이 할까? 거짓말이었다면 얼마나 낙망을 하겠는가?

그런데 우리가 그동안 믿고 불렀던 영이신 하나님 이름은 '여호와'가 아니라 사실은'예하바'(고유명사)이다. 그런데도 우리는 지금도 '여호와'로 부르고 있다. 성경은 엘로힘과 예하바를 '나의 영원한 이름이요 대대로 기억할 나의 칭호니라'고 하셨다(출3:13-15).

그런데 성경 번역을 할때 영이신 하나님의 영원한 이름, 대대로 기억하라는 예하바의 칭호인 요드 ˈ 헤이 ה 바브 ׀ 헤이 ה인 예하바의 칭호를 '여호와'라고 오역하였다. 이제는 올바르게 번역하여 예하바라고 불러야한다. 그래서 이브리어를 어느 정도 알고 있는 이단들에게 비웃음을 받지 말아야한다. 이제는 올바르게 고쳐 불러야한다. 몰랐던 과거가 부끄럽다. 아래 창세기 2장4절 말씀을 통하여 그 사실을 명백하게 밝힌다.

'예하바'를 '여호와'라고 번역하였다. 왜 잘못 번역하였는지를 보라.

예하바의 칭호가 창세기 2:4절에서 처음 나온다.

창세기 2:4절의 원어이다.

אֵלֶּה תוֹלְדוֹת הַשָּׁמַיִם וְהָאָרֶץ בְּהִבָּרְאָם

בְּיוֹם עֲשׂוֹת יְהוָה אֱלֹהִים אֶרֶץ

וְשָׁמָיִם:

창세기 2:4 여호와 하나님이 천지를 창조하신 때에 천지의 창조된 대략이 이러하니라

창2:4 This is the account of the heavens and the earth when they were created, in the day that the LORD God made earth and heaven. —NASB

창2:4 These are the generations of the heavens and of the earth when they were created, in the day that Jehovah God made earth and heaven —ASV

창2:4 These are the generations of the heavens and of the earth when they were created , in the day that the LORD God made the earth and the heavens, —Kjv

창2:4 These are the generations of the heavens and the earth when they were created. In the day that the LORD God made the earth and the heavens, —NRSV

ASV만 그나마 '여호바'라고 하였고 나머지는 모두 '아도나이'라고 하였다. 그렇게 한국 사람들이 이브리어에 원에 가깝다는 Kjv 마져 '아도나이'라고 하였다. 영어성경들이 '예하바'에 대한 복음의 진리를 망쳐놓은 것이다.

'아도나이'의 사전적 의미는 '나의 주'라는 뜻이다. 예하바의 의미와 비슷하지도 않다. '예하바'의 사전적 의미는 '생명과 실존이 능력으로 연결되어 있다', '능력으로 생명과 실존으로 연결되어 영원히 실존하시는 생명이다'는 뜻이다.

'예하바'를 창세기 2:7절과 연결시키면 예하바의 쥔 손의 능력으로 사람에게 생명을 계속 불어넣어 연결시켜 주시므로 실존한다.가 된다. 호흡의 생명을 불어 넣어주지 않으면 사람이 죽는다. 사람이 병들어 죽는 것 같지만 그렇지 않다. 숨 쉬지 못하니까 죽는 것이다. 제가 아는 여집사 한 분은 암병의 말기에다 치매까지 왔는데도 식사도 잘하고 숨을 쉬니까 수년을 실존하고 있다. 뇌사상태에서도 호흡을 하니까 수년을 살고 있는 사람도 많다.

고유명사 יהוה (3068 예호와) יְהֹוָה이다. '예하바'의 성호를 어느 사람이 제멋대로 '아도나이'라고 번역하고, 읽고 가르친다. 예하바의 모음을 보라. '쉐바'는 'ֵ'이다. '키메츠'는'ָ' 이다. 그러므로 '에하바, 예하바'라고 번역하고, 읽고 가르쳐야한다. 그리고 한글성경에 여호와라고 번역을 하였는데 모음 홀렘 'ֹ'없다. 그런데 없는 홀렘을 예하바 이름에 2회나 덧붙였다. 예하바의 성호를 이렇게 불러도 왜 가만히들 있는지 알 수가 없다. 몰라서가 아닐 텐데, 아니면 어느 단체의 정죄가 두려운 것일까? 어느 특정적인 사람이 두려운 것일까? 두말 할 것 없다. 이브리어원어성경의 본질로 돌아가자.

예하바의 칭호까지 자의적, 타의적으로 번역하여 일천만의 성도들에게까지 악영향을 주고 있는 것에 대하여 마음이 아프다. 그리고 이브리어를 올바르게 사용해야한다. 여기에 이유를 붙이지 말라. 이유를 달려면 5-10세기경에 모음을 붙인 마소라 학파들에게 물어보라.

그리고 '예하바'를 '아도나이'라고 읽으면 그것이 예하바를 경외하는 것일까? 과연 예하바께서 너희들 참 잘 했다라고 하실까? 아니다. 삶속에서 '예하바'께 대한 믿음의 행위가 더 중요하며 그가 하신 말씀들을 순종하여 사는 것을 더 기뻐하신다. 고유명사인 '조길봉'을 '조고봐'라고 하면 되겠는가? 많은 해설을 필요로 한다.

이브리어원어에 '예하바'라고 하였으니 '예하바'라고 부르면 된다(출3:13-15). 부르지 못할 성호를 왜 주셨을까를 생각해보라. 한국 사람들은 예하바를 경외하지 않아서 '예하바'라고 부르고 있다면 다 죽여야 마땅하지 않은가? 그래서 멸망하지 않으려고 진리에 대한 연구도 없이 영미권에서 '여호와'라고 하니까 우리도 다 이브리어원어가 아닌'여호와'라고 해서는 안 된다.

그렇다면 이브리 원어는 영어보다 못하거나 낮은 원어라는 것 밖에는 안 된다. 예하바는 고유명사이다. 영이신 하나님께서 사람들에게 당신이 어떤 분이라는 것을 알려주는 유일한 칭호라는 것을 잊지 말아야 한다.

모세가 이스라엘 백성들에게와 미츠라임(애굽) 파르오에게까지 '아도나이'라고 하지 않고 '엘로힘 예하바'라고 분명히 알려주었다(출4:27-5:1). 어느 국가에서, 또는 어느 학자가 그랬다는 것을 앞세우는 사람은 이브리어 원어를 무시하고 있다는 증거이다. 이브리어 성경이 어느 국가나 어느 학자에 의하여 본질이 훼손되었다면 바로 잡는 것이 목자-포이멘과 신학자들의 몫이라고 생각한다.

선지자 때나, 예슈아 때나, 사도들 때에나, 지금도 생명 걸고 성경진리를 따르는 자는 항상 적고 가짜가 많다(마7:13-14, 마16:25, 마22:14, 마24:5,1,24, 막8:34, 막13:22, 눅13:24, 롬9:27-29, 롬12:2, 살전3:3, 벧전3:20, 벧후2:1-3, 왕상22:5-25, 잠4:26-27).

예컨대 학문을 앞세우다 보면 요1:12, 요3:5,16절 등을 어느 학자의 논문에서 논해 놓은 것이 있어야 믿는다는 것과 같은 경우가 된다. 성경을 읽어보라. 죄 사함과 영생구원이 핵심이다. 그래서 예슈아께서 성경의 중심이다. 예슈아에 대한 기록이라고 하였다(요5:39, 요20:31). 예슈아께서 성탄 하셨고 저주의 십자가에서 대리적 속죄의 희생물이 되셔서 다 이루었다고 선언하신 것이다(마1:21-23, 마20:28, 요19:30, 고후13:5, 고전1:18, 요5:24-25, 골1:27).

지식의 바벨탑을 쌓는 학문으로 이브리어진리를 왜곡 시키는 어리석은 일들을 앞다투어 하고 있다. 책 한권을 내도 어느 학자의 논문이나 저서가 뒷받침 되어야한다는 것이다. 위대한 학자들의 논문과 저서를 평가절하 하는 것이 아니다. 그들에게 찬사를 보낸다. 성경해설은 성경으로 시작하여 성경으로 끝내야 한다. 이것이 성경진리의 본질로 돌아가는 개혁이다. 설교를 잘하려고 하지 말고 성경말씀을 전하기를 힘쓰면 만능이신 엘로힘의 역사가 일어난다.

루바흐 엘로힘 위에, 성경 위에 다른 복음을 올려놓지 말라는 의미이다(갈1:6-10). 이브리어 단어별합성어해설연구원에서는 이브리어 사전적 의미를 가지고 해설하기 때문에 초교파를 초월하여 사용해도 아무런 문제가 없는 진리의 본질이다.

성경은 영이신 루바흐 엘로힘의 감동하심을 받은 자들이 기록한 것이다. 그러므로 영이신 하나님의 감동이 있어야 그 기록된 성경이 깨달아진다. 그래서 진리의 영을 받아야 한다. 보혜사 거룩한 영, 하나님을 받아야 한다. 예슈아께서 성령이 너희에게 임하면 내가 너희에게 말한 모든 것을 생각나게 하신다고 하셨다(요:14:17,26, 요16:7-15).

나는 분명히 말한다. 신학자를 앞세우는 것은 진리의 영, 보혜사 성령을 외면하는 것이다. 그리고 성경에 대한 이해 부족이다. 어느 학자가 그랬다. 어느 책에서 그랬다라고 해야 권위가 세워지지는 않는다(갈1:10). 이브리어 사전적 의미와 헬라어 사전적 의미보다 더 나은 본질은 없다. 성경은 예슈아에 대한 기록이다(요5:39). 그리고 이브리어 알파벳 22자는 모두 예슈아와 관련되어 있다.

상형문자 역시 예슈아와 관련되어 있다. 현대 이브리어 안에도 상형문자의 영적인 의미가 들어있다. 그러나 뜻글이 아니라는 사람도 있다. 이런 사람들에게 배워 목자-포이멘, 신학자가 되니까. 오늘날 심각한 문제가 되고 있다. 이브리어 단어별합성어해설연구원에서 해설하고 있는 것이 성경진리의 본질이다.

그리고 교회는 학문을 앞세우지 말고 오직 성경을 성경으로 해설하는 것이 최고의 학문이다. 죄 사함과 영생구원의 말씀이기 때문이다(벧후1:19-21, 눅 24:24-27,44, 요1:45, 요5:45-47, 행3:24, 행10:43, 창49:10, 민21:8-9, 신 31:12-13, 대하17:9, 사7:14, 사9:6-7, 사50:6, 렘23:5-6, 렘33:14-15, 단 9:25, 미5:2-3, 슥9:9.). 요한복음 5:39 너희가 성경에서 영생을 얻는 줄 생각하고 성경을 연구하거니와 이 성경이 곧 내게 대하여 증언하는 것이니라.고 하였다.

인간들의 학문은 그 사람의 견해와 주장이다(롬 2:20). 사람의 견해를 성경위에 올려놓는 그릇된 행동을 중단해야 한다. 그러므로 목자-포이멘은 오직 성령 충만, 오직 성경에 정통해야 한다(마13:52, 막12:24, 엡4:11-16, 행18:25, 행20:27, 롬3:2, 신4:36, 삼하23:2). 그리고 성경을 균형 있게 세워나가야 한다.

최고의 학문과 교훈은 성경이다(롬3:24, 롬5:19, 롬6:7, 롬8:33-34, 롬15:4, 갈2:16-17, 갈3:8,11, 딤후3:16, 딤후4:2, 약2:21, 계22:11, 신32:2, 시19:7-11, 시119:9,11,101-104,130).

최고의 책망도 성경이다(고전1:8, 엡5:11-13, 딤후2:25, 딤후3:16, 벧후2:16, 잠1:23, 잠27:5, 잠3:11, 잠5:12, 잠10:17, 잠12:1, 잠13:18, 잠15:5, 잠15:10,31,32, 잠6:23).

최고의 의로 교육하기에 유익한 것도 성경이다(갈3:8, 딤후3:16, 출23:7, 신17:18~20, 왕상8:32, 스9:15, 욥10:15, 시19:9, 시116:5, 렘3:11).

최고의 아멘의 사람으로 올바르게 세워가는 것도 성경이다(롬16:10, 고후10:18, 고후13:7, 딤후2:15, 딤후3:16, 약1:12, 창24:48, 출15:26, 신12:25, 신13:18, 신32:4, 대하29:34, 호14:9, 느9:13, 1:1,8, 욥2:3, 욥8:6, 시33:4, 시37:14,37, 시119:137, 잠29:27, 전7:29, 미7:2, 렘34:15, 말2:6).

최고의 의는 예슈아의 십자가와 성경이다(롬3:24, 롬4:6-9, 갈5:24, 엡1:7, 엡4:24, 골3:16, 히9:12-15,22, 벧전2:24, 요일1:7, 계14:4, 창15:6, 창18:19, 출23:7, 신6:25, 시1:1-6, 시18:20, 시32:1, 호10:12, 합2:4, 말3:18).

고린도후서 5:21 하나님이 죄를 알지도 못하신 이를 우리를 대신하여 죄로 삼으신 것은 우리로 하여금 그 안에서 하나님의 의가 되게 하려 하심이라.고 하였다.

최고의 지혜는 예슈아이다. 죄 사함과 영생구원의 이르게 하는 예슈아가 믿어지는 지혜이기 때문이다(요3:15-18, 막2:5, 마9:2,22, 마11:19, 막5:34, 막6:2, 눅2:40,52, 고전1:25,21, 롬10:4,10, 엡1:17, 엡2:8, 딤후3:15, 약3:13, 시32:1, 시103:3, 잠8:33, 잠23:19, 잠27:11, 사11:1-2).

사람을 온전하게 하는 것이 성경이다(고후13:9,11, 딤후3:10,15-17, 엡4:12, 히2:10, 히5:9, 히7:28, 히10:1, 히13:21, 벧전5:10, 시26:1, 시78:72, 시101:2, 잠2:7, 잠20:7, 사47:9).

살아 움직이는 하나님의 말씀을 학문으로 죽이지 말라(눅8:11, 요10:35, 행4:31, 롬1:16, 히4:12), 말씀을 혼잡하게 하는 자가 누구일까? 학자와 목자-포이멘이다(고후2:17, 고후4:2, 고후10:4, 엡6:17), 하나님의 말씀 받는 자세(살전2:13), 하나님의 말씀은 살아 움직이고 있고 생각과 마음의 뜻에 자극한다(히4:12, 히13:7), 진리의 말씀으로 우리를 낳으셨다(약1:18), 거듭난 것이 하나님의 말씀이다(벧전1:23, 계1:16, 계2:16, 계19:15, 계20:4, 시119:130, 시149:6, 전12:11, 렘23:29).

내가 '르우벤 아쳐 토레이'박사를 좋아하는 이유는 단 하나이다. '성경 자체만큼 유용한 주석은 없다'는 말 때문이다. 그렇다. 성경만이 진리의 본질이다.

르우벤 아쳐 토레이(Reuben Archer Torrey)박사는 '성경 자체만큼 유용한 주석은 없다. 나는 본서가 나를 어떤 주석보다 더욱 하나님이 뜻하는 참된 지식에 이르게 할 수 있다는 것을 알았다. 이 책은 알기 어려운 부분들을 비추어 알게 할 뿐만 아니라 많은 증거들을 통해 진리를 강조한다. 이 책은 연구자에게 말씀을 이해하는 능력뿐만 아니라, 말씀을 먹는 능력을 준다고' 고 하였다.

나는 Reuben Archer Torrey 박사의 오직 성경중심의 사상을 전적으로 지지한다. 오늘날 학문이 높아지면서 학문의 잣대로 성경이 무너지고 있어 마음이 아프다. 예슈아, 선지자들, 사도들이 어느 학자의 말과 견해와 주장을 인용하지 않았다. 오직성경 가라사대, 영이신 루바흐 엘로힘 예하바께서 말씀하시기를 선포하였다. 그러므로 나도 오직성경, 하나님이 말씀하셨습니다만 외치고 있다. 오직성경, 오직기도, 오직신앙양심 등의 모토는 나의 은사이자 계약신학교와 계약신학원의 설립자이신 故 이병규목자에게 전수받았다.

왜 오직성경인가? 아래성경을 보라. 22가지로 세분(細分)하였다. 22가지 헬라어 단어를 이브리어 역어의 단어들로 해설하면 그 진리의 의미가 더욱 선명해진다.

디모데후서 3:15-17 또 ①어려서(브레포스-태아, 갓난아이, 유아)부터 ②성경(히에라 그람마타-거룩한 것들의 기록들)을 ③알았나니(에이도-보다, 느끼다, 알다, 경험하다, 지각한다. 등) 성경은 ④능히(뒤나미스-할 수 있는 능력, 역량) 너로 하여금 ⑤그리스도 ⑥예수 안에 있는 ⑦믿음으로 말미암아 ⑧구원에 이르는 ⑨

지혜가 있게 하느니라 16 모든 성경은 ⑩하나님의 ⑪감동으로 된 것으로 ⑫교훈과 ⑬책망과 ⑭바르게 함과 ⑮의로 ⑯교육하기에 ⑰유익하니 17 이는 ⑱하나님의 사람으로 ⑲온전하게 하며 모든 ⑳선한 ㉑일을 행할 능력을 ㉒갖추게 (엑사르티조—완료하다, 충분히 갖추다, 준비하다, 결합하다)하려 함이라고 하였다.

루바흐 엘로힘과 결합(結合)한 사람은 성경만 전한다(출 4:11-12, 민 11:25, 삼상 10:10, 삼하23:2, 사59:21, 렘1:7-9, 겔3:11, 미3:8, 눅12:12, 눅21:15, 요 5:39, 요14:26, 요 20:31, 행2:4, 벧후1:19-21, 행4:8-14, 행11:23-24, 엡 3:16-19, 벧전1:12).

학문으로 나가니까 교리만 있고 복음이 사라졌다. 생명진리와 예슈아십자가 복음이 사라졌다. 그래서 강단에서 예슈아 십자가의 복음이 나오지 않는다. 죄와 회개하라는 외침도 없다. 오직 교리와 윤리, 도덕과 교양만 있다. 교리가 중요하지만 생명을 살리는 진리가 될 수는 없다. 성경을 인용한다고 생명을 살리는 복음과 진리가 아니다.

거짓 선지자들과 이단들도 모두 성경을 전한다. 이단들의 특색이 있는데 성경을 자기에게 맞추어 자의적 해석을 하며 자기교리에 맞추어한다. 그래서 한 단어를 이해하는데 가장 필요한 것이 성경이므로 할 수 있으면 성경구절을 연결해 놓았다. 성경을 찾아 읽으면 알 수 있도록 하였다. 이보다 더 안전하고 좋은 주석은 없다. 영이신 하나님께서 가장 기뻐하시는 것은 성경을 전하는 일이다. 성경구절을 연결하였으나 직역문장정리를 하여 알려주지 못하여 아쉽다.

그리고 구약성경에 복수의 엘로힘אֱלֹהִים(430 엘로힘- 하나님, 신들) 하나님은 약2,600회 나오고, 단수의 엘 אֵל(410 엘- 하나님, 신 God, god) 하나님은 240회 나온다. 그렇다면 성경을 번역할 때 두말할 것 없이 엘로힘 하나님과 엘 하나님으로 번역해야한다. 그러나 성경에는 모두 하나님과 신과 신들로 번역하여 성도들이 올바르게 알고 믿고 섬겨야 할 엘로힘과 예하바에 대한 알 권리를 무시하였다. 믿음의 대상인 영이신 하나님이 어떤 분이신가를 알려주는 '예하바'와 '엘로힘'하나님과 '예슈아'의 이름을 엉터리로 번역한 책임을 어떻게 감당할는지 심히 두렵다. 영이신 하나님의 이름, 칭호까지 원어에서 벗어난다면 다른 것은 어떻겠는가?

'차바'는 여군들이다. 모든 성도가 예슈아의 신부이듯이 모든 성도는 성별에 관계없이 여성명사로 일컫는다. 성도들은 모두가 사탄마귀-죄-욕심-거짓말-죽음과 싸워 이기는 자로 부르셨다. 그러므로 모든 성도들은 전쟁하는 군대로 모집되었다는 것을 생각하며 항상 경계하며 살아야 한다(히5:12-14, 엡6:10-18, 삿7:1-7, 대하36:15-16, 느9:29-31, 사5:4, 렘11:7).

군인은 첫째 자기 생활에 얽매이지 않는다. 둘째 모집한 예슈아마쉬아흐를 기쁘게 한다. 그렇다. 이기는 자라야 모집한 영이신 크리스토스 하나님을 기쁘게 한다(히 11:6, 고전 9:25-27, 고전 15:58, 히 12:4-5, 딤전 6:12, 딤후 4:7-8, 히 12:28, 벧전 5:4, 계 2:10-11, 계 3:11).

힘이신 하나님께서 당신을 마음에 모시고 전쟁에 임하는 여군들을 당신의 십자가 복음으로 책임져 주신다(요일 3:8-10, 딤후 2:3-4. 요일 3:5, 창 3:15). 죄를 없이 한다는 것은 마귀의 일을 멸하신다는 말씀과 같다(요일 3:8).

요한일서 3:12절에 가인이 '악한 자' πονηρός(4190 포네로스- 슬픈, 불행한, 근심으로 괴로워하는, 나쁜 상태에 있는, 병든, 나쁜, 악한, 사악한)에게 속하여 동생을 쳐 죽였다. 고 하였다. 그 악한 자, 사악한 사탄을 지칭(指稱)한다. '라아'도 רעע(7489, 라아-악하다, 나쁘다) 사탄의 또 다른 이름이다. 악의 속한 모든 것들은 사탄의 본질이다(살전5:22-23).

예하바 엘로힘께서 성도들에게 능력을 주신 목적을 성도들이 바르게 알고 '차바'와 '하일'의 의무를 제대로 감당하여 자신을 십자가에 못 박고 사탄마귀-죄-욕심-정욕-유혹-거짓말을 이기는 자들이 되어야 한다. 데오스 왕국은 이기는 자들이 들어가는 곳이다(계3:21, 계5:5, 계11:7, 계12:11, 계15:2, 계17:14, 계21:7).

(5) 영광 헬라어 '독사'

δόξα(1391 독사- 광채, 영광, 영화, 명성, 167회) δόξα명사 주격 여성 단수이다.

독사 간략해설

데오스 하나님의 왕국의 능력과 영광의 광채와 영화이다. 하나님왕국에서 독사의 영광의 광채와 영화는 예슈아마쉬아흐-이에수스크리스토스이시다

(히1:1-3, 요1:14, 롬1:16, 고후4:4,6, 엡1:20-22, 골3:1, 히8:1, 히12:2, 벧전1:21, 벧전3:22, 벧후 1:16, 계3:21, 계4:11, 미5:2-4, 대상29:11).

'독사' 마태복음 중심으로

마귀가 예슈아께 보여준 만국의 영광(마4:8), 데오스 왕국의 영광(마6:13) 솔로몬의 영광(마6:29), 아버지의 영광으로 오신 예슈아(마16:27), 자기 영광의 보좌에 앉으실 예슈아(마19:28), 예슈아께서 능력과 큰 영광으로 오심(마24:30, 마25:31) 등등이다. 독사와 관련된 성경이 167곳이다. 모두 읽어야 '광채, 영광, 영화, 명성'이 무엇인지 다양하게 깨닫게 될 것이다.

(6) 영광 이브리어 '카보드'

카보드 간략해설

'카보드'와' 카바드'에 엄청난 복들이 담겨있다. 마음의 집안에 예슈아께서 가르쳐주신 기도와 말씀들은 겸손하게 잘 받아들여, 그 말씀이신 예슈아께 잘 박힌 못과 같이 연결되어 있어야한다. 생명의 문이신 예슈아께 종속 (種屬, 從屬-예슈아 생명의 씨를 받아 하나님의 자녀가 되어 좇아 감, 약1:18, 벧전1:23, 마4:20,22,25, 마8:19,22, 마9:9, 요6:2, 요8:12, 요10:1-6,27, 요12:26, 고전10:4, 계14:4, 계19:14) 되어 나아가는 자에게 카보드의 영광의 문이 열려진다. 풍부한 부와 영예의 문이 열려진다.

헬라어 명사 '독사'의 역어는 이브리어 '카보드' 등이다.

כָּבוֹד(3519 카보드- 풍부, 다량, 다수, 부, 영예, 영광, 40회)이다.

예슈아 마쉬아흐께서 가르쳐주신 일정한 형식을 갖추어 기도하면서 실행하는 자에게는 영이신 하나님의 왕국이 그 마음에 세워지고 영이신 하나님의 능력 '하일'과 '차바'가 부어져서 영적전쟁에서 이기는 자가 된다. 영이신 하나님께서는 이기는 자에게 '카보드'로 보상을 하신다. 행위로 죄사함과 영생구원은 받지 못하지만 복을 받는다.

| '카보드' 사전적 의미 |
'풍부, 다량, 다수, 부, 영예, 영광'이다. '카보드'어근 '카바드'의 사전적 의미는 '무겁다, 힘겹다, 짐(부담)이 되다, 영화롭다, 존귀하다, 견고하다, 참혹함, 맹렬함'이다.

'카보드'어근 '카바드'에 '무겁다, 힘겹다, 짐(부담)이 되다, 참혹함, 맹렬함'이라는 의미를 보라. '카보드'의 복을 받는 것을 쉽게 생각하지 말라. 성공하는 기업가들의 자서전들을 읽어보라. 참혹하리만큼 맹렬한 전투에서 성공을 이루어내었다고 말들을 한다. 성공을 이루기까지 남모르는 힘겨움을 이겨낸 자들이다. 무거운 짐, 실패를 거듭하면서, 끝장이라는 부담까지 이겨낸 결과들이라고 말하는 것이다.

그렇다. 영적전쟁의 상대는 영물인 사탄마귀귀신들이다. 결코 이기기가 쉽지 않은 싸움이다. 그리고 사람에게는 의식하지도 못하는 전적부패의 속성들, 본성들이 있다. 예슈아마쉬아흐를 믿는 자들에게도 있다. 이 부패성과의 싸움에서 이기는 자가 되어야한다.

그러므로 성도들은 영이신 루바흐-성령하나님께서 깨우쳐주심으로 회개 (회심)을 하는 것이다(롬6:1-7:25). 생명을 내어놓고 회개(회심)하며, 자기를 죽이는데 대적하지 아니하면 사탄마귀에게 잡아먹힌다(롬3:9-18, 롬1:24-32, 딤후 3:1-7, 벧전5:8-9, 약4:7, 엡6:10-18, 고전9:27, 고전15:31, 행14:22, 롬7:11-24, 갈5:24-26).

성경을 보라. 그리고 소망을 가지고 믿음으로 싸워야한다.

예슈아께서 모든 무거운 짐을 다 맡아 주신다고 하셨다(마11:28). 모든 죄의 짐을 짊어지셨기 때문에 하신 말씀이다(요1:29, 벧전2:24).

우리 죄를 친히 담당하셨다. 담당- ἀναφέρω(399 아나페로- 데리고 올라가다, 자신에게 취하다, 떠맡다, 담당하다, 견디다) 예슈아께서 우리 죄를 떠맡아 자신에게로 취하여 가버렸다는 말씀이다. 죄의 짐을 예슈아께서 저주의 십자가로 가지고 올라가셔서 다 처리해 버렸으니 더 이상 죄의 짐을 지고 다니지 말라는 말씀이다(막10:45, 마11:28).

아무것도 염려하지 말고 기도와 간구를 하라고 하셨다(빌4:6-7). 말씀을 붙잡고 두려워하지 말고 담대하라(수1:5-9, 사41:10, 사43:1, 엡1:13). 엘로힘 예하바께서 함께 해주신다고 하셨다(수1:5-9, 마1:23),

능력의 오른손으로 붙잡아 주신다고 하셨다(사41:10). 작은 능력(계3:8), 곧 인간의 능력은 곤충에 속한 능력과 같은 것이지만 그 힘을 다하면 나머지는 엘로힘 예하바의 만능으로 이기게 해주신다. 모든 씨보다 작은 것(마13:32),

적은 누룩(갈5:9), 잠시 잠깐(히10:37), 작은 능력(계3:8)과 같지만 그 힘을 다하는 것을 보시고 만능으로 도와 주셔서 모든 것을 감당하게 하신다(시11:4, 시33:13-22, 시 50:15, 빌4:13, 사41:10, 사43:1-7, 고전10:13).

영이신 하나님 아버지께서는 당신의 아들과 딸이 능히 감당할 것만 주신다고 하셨고 감당하지 못할 때에는 피할 길까지 마련해 두셨다(고전10:13). 내게 능력주시는 자 안에서 모든 것을 할 수 있다고 하셨다(빌4:13). 그러므로 할 수 있거든 이라고 하지 말고(막9:22-23) 하나님 아버지와 예슈아를 믿고(요14:1, 엡3:16-19, 벧전1:21, 요일5:10-12, 시42:5-6) 성경말씀을 믿고 의지하여 믿음으로 대적하는 자에게 이김을 주신다(막10:52, 눅7:50, 눅17:19, 요16:33, 행3:16, 롬1:17, 롬8:37, 롬10:17, 고전15:57, 고전16:13, 고후2:14, 고후5:7, 갈5:5, 엡3:12, 엡6:16, 골2:7, 요일4:4, 수1:9, 대하20:20,27, 시9:10, 시13:5, 시20:7, 시46:10, 계12:11, 계21:7).

'카보드'의 영광을 주신다. 존귀하게 하신다. 영예를 얻게 하신다. 풍부한 부까지 주신다는 약속의 말씀이다. 예슈아 마쉬아흐-이에수스 크리스토스께서 가르쳐준 기도가 이처럼 귀하고 복 된 말씀이다.

'카보드' 40회 중에 대부분은 영광이지만 달리 번역하기도 하였다.
내 영광(출33:22), 주의 영광(시102:15), 예하바의 위엄(사24:14-15), 예하바의 영광(사42:8), 야아코프의 영광(사17:4), 레바론의 영광(사35:2), 바이트(집)의 영광(학2:3), 존귀(전10:1, 대상29:28, 민24:11), 재물(창31:1), 요세프가 미츠라임에서 누리는 영화(창45:13), 영예(대상17:18), 부와 귀(대상29:12), 경의(대하32:33), 나의 마음을 다하여(시108:1) 라고 번역하기도 하였다.

(7) 영원 헬라어 '아이온'

αἰών(165 아이온- 영겁, 무한히 긴 시대, 시대, 수명, 신기원, 영원, 122회) αἰῶνας.명사 대격 남성 복수이다.

아이온 간략해설

이 세상에 존재하는 모든 것들은 유한하다. 영원한 것은 영이신 하나님께 속한 영적인 것들뿐이다.

영원히(마6:13, 마21:19, 벧후3:18, 요일2:17, 요이1:2, 유1:25), 세상(마12:32,39,40,49) 세세토록(계1:6, 계1:18, 계5:13, 계7:12, 계11:15, 계14:11, 계19:3, 계20:10, 계22:5), 영원토록(계15:7) 등등이다.

(8) 영원 이브리어 '올람'

헬라어 '아이온'의 역어는 이브리어 '올람'이다.

עוֹלָם(5769 올람- 영원, 긴 기간, 고대, 옛날, 미래, 440회)이다.

영생(창3:22), 영원히(창6:3, 창9:12,16, 창13:15, 창17:7,8 등등)이다.

올람 간략해설

필수적인 생명진리의 말씀을 목자이신 예슈아께서 가르쳐 주실 때 '아만'으로 마음에 잘 받아들여 익히면서 생활에 적용하는 자에게 '올람'의 복을 주신다. 영이신 하나님께서 영존하시듯 그의 아들과 딸에게도 영원히 실존하는 생명을 주셨다. 사람에게만 영원히 죽지 않는 생명을 주셨다(창2:7).

예슈아께서 가르쳐 주신 기도 안에는 예슈아께서 하나님아버지 안에서 어떻게 살아갈 내용과 함께 죄 사함과 영생구원이 들어있는 십자가복음이다. '올람'과 관련된 성경이 440곳이다. 다 읽어보아야 한다. 그래야 성경을 균형 있게 적용할 수가 있다. 특히 목자-포이멘은 전문적인 서적보다 성경을 90%이상 더 많이 읽어서 성경말씀에 정통(精通)해야 한다. 실상은 100% 성경만 읽으라고 권하고 싶다. 영이신 하나님의 감동이 없이는 성경을 알 수가 없기 때문이다. 말씀과 성경과 기도가 답이다.

(9) 아멘 헬라어 '아멘'

ἀμήν(281 아멘- 아멘, 진실로, 그러하도다) ἀμήν.)지시불변화사이다.

아멘 간략해설

예슈아께서 가르쳐주신 기도의 내용이 진실하다는 것이다. 예슈아께서 가르쳐주신 기도의 내용이 그렇게 이루어주실 것을 믿는다는 것이다. 그리고 우리가 예슈아 이름으로 기도합니다. 예슈아 크리스토스의 이름으로 기도드립니다. 아멘은 내가 예슈아께서 가르쳐주신 기도의 일정한 형식을 따라 진실하게 기도하였사오니 이루어주실 것을 믿습니다. 의 아멘이다.

아멘과 말씀 순종, 아멘과 기도, 아멘과 예슈아 이름으로는 분리할 수 없는 하나이다. 아래 성경을 묵상해 보자.

요한복음 14:13-14 너희가 내 이름으로 무엇을 구하든지 내가 행하리니 이는 아버지로 하여금 아들로 말미암아 영광을 받으시게 하려 함이라. 내 이름으로 무엇이든지 내게 구하면 내가 행하리라.고 하였다.

요한복음 14:13절 직역문장정리

본문 : 너희가 내 이름으로 무엇을 구하든지 내가 행하리니 이는 아버지로 하여금 아들로 말미암아 영광을 받으시게 하려 함이라

직역 : 그리고 ~하는 바의 누구든지 소원 너희가 구하는 ~와 함께 그 이름 나의 그것 내가 행하여 주겠다. ~하는 것 그가 영화롭게 하는 것이다. 그 아버지 ~안에 그 아들

문장정리 : 그리고 너희가 나의 그 이름과 함께 누구든지 소원하여 구하는 바의 그것을 내가 행하여 주겠다. 그 아버지 안에서 그 아들, 그가 하는 것을 영화롭게 하는 것이다.

⊙ 헬라어 단어별 사전적 의미

καί (2532 카이-그리고, ~와) καὶ **대등 접속사**

ὅς (3739 호스-이것, 이 사람, 저것, 저 사람, ~하는 바의) ὅ **관계대명사 대격 중성 단수+**

τίς (5100 티스-어떤 사람, 누구든지, 누군가) τι **부정대명사(형) 대격 중성 단수**

ἄν (302 안-사상, 소원) ἄν **불변화사**

αἰτέω (154 아이테오–구하다, 요구하다) αἰτήσητε **동가정 과거 능동 2인 복수**

ἐν (1722 엔–~안에, ~에, 위에, ~와 함께) ἐν **전치사 여격**

ὁ (3588 호–그, 이것, 이 사람, 저것, 저 사람) τῷ **관사 여격 중성 단수**

ὄνομα (3686 오노마–이름) ὀνόματί **명사 여격 중성 단수**

ἐγώ (1473 에고–오직, 나 I) μου, **인칭대명사 속격 1인 단수**

οὗτος (3778 후토스–이, 이것, 그것) τοῦτο **지시대명사 대격 중성 단수**

ποιέω (4160 포이에오–만들다, 창조하다, 행하다) ποιήσω, **동직설 미래 능동 1인 단수**

ἵνα (2443 히나–~하기 위해, ~하는 것, ~하도록) ἵνα **종속 접속사**

δοξάζω (1392 독사조–찬양하다 praise, 영화롭게 하다) δοξασθῇ **동가정 과 거 수동 3인 단수**

ὁ (3588 호–그, 이것, 이 사람, 저것, 저 사람) ὁ **관사 주격 남성 단수**

πατήρ (3962 파테르–아버지) πατὴρ **명사 주격 남성 단수**

ἐν (1722 엔–~안에, ~에, 위에, ~와 함께) ἐν **전치사 여격**

ὁ (3588 호–그, 이것, 이 사람, 저것, 저 사람) τῷ **관사 여격 남성 단수**

υἱός (5207 휘오스–아들) υἱῷ. **명사 여격 남성 단수**

요한복음 14:14절 직역문장정리

본문 : 내 이름으로 무엇이든지 내게 구하면 내가 행하리라.

직역 : 만일 누구든지 너희가 구하는 것을 나 ~에게 이 이름 내 내가 내가 행하여 주겠다.

문장정리 : 내가 누구든지 만일 내 이름으로 너희가 나에게 이 구하는 것을 내가 행하여 주겠다.

⊙ 헬라어 단어별 사전적 의미

ἐάν (1437 에안-만일 ~이라면) ἐάν 종속 접속사

τίς (5100 티스-어떤 사람, 누구든지, 누군가) τι 부정대명사 대격 중성 단수

αἰτέω (154 아이테오-구하다, 요구하다) αἰτήσητέ 동가정 과거 능동 2인 복수

ἐγώ (1473 에고-오직, 나 I) με 인칭대명사 대격 1인 단수

ἐν (1722 엔-~안에, ~에, 위에, ~와 함께) ἐν 전치사 여격

ὁ (3588 호-그, '이것, 이 사람, 저것, 저 사람) τῷ 관사 여격 중성 단수

ὄνομα (3686 오노마-이름) ὀνόματί 명사 여격 중성 단수

ἐγώ (1473 에고-오직, 나 I) μου, 인칭대명사 속격 1인 단수

ἐγώ (1473 에고-오직, 나 I) ἐγώ 인칭대명사 주격 1인 단수

ποιέω (4160 포이에오-만들다, 창조하다, 행하다) ποιήσω. 동직설 미래 능동 1인 단수

요한복음 14:13-14절 원어의 단어별 사전적 의미와 직역, 문장정리만하고 해설을 하지 않았다. 그 단어들 중에 '내 이름', 곧 예슈아 이름의 대한 해설은 옆의 내용을 보라.

예슈아 이름이 중요하므로 반복한다. 지식의 습득은 반복의 반복이 답이다. 복습하는 마음 자세로 읽는다면 앞에서 깨닫지 못한 진리들이 발견될 것이다.

① '이에수스''Ιησοῦς(2424 예수스-예수Jusus(인)-이에수스- 여호와는 도움이시다 여호와는 구원이시다)

'예수스'는 구약에 나오는 예수아라는 유대 이름의 헬라어형인데 히브리어를 헬라어로 음역한 다음 주격 변화를 위해 시그마(-s)를 붙인 것이다. 예수아는 바벨론 포로기 무렵부터 예호수아 대신 일반적으로 사용하기 시작했다. 그 이름은 여호와라는 신성한 이름을 포함한 오래된 이름이며 '여호와는 도움이시다' 또는 '여호와는 구원이시다'라는 뜻이다(NTD).-출처 바이블렉스 10-주제별 원어사전

② ' 예슈아' יְהוֹשֻׁעַ(3444 예슈아- 여호와는 구원이시다, 구원, 구출, 구조, 복리, 번영, 도움)이다.
예슈아(명여)의 어근은 יָשַׁע(3467 야샤- 구원하다, 해방시키다, 구출하다, 구조하다, 구원, 구출, 구조, 안전, 복리, 번영, 승리)이다

아마도 '예슈아'는 죄 사함과 영생구원의 복만을 주시는 분으로 아는 사람이 있을 것이다. 그러나 사전 의미를 보라. '안전(安全-온전하게 평안함, 위험이나 사

고가 날 염려가 없음), **복리**(福利—행복한 이익), **번영**(繁榮—일이 성하게 잘되어 영화로움), **승리**(勝利—겨누어 뛰어나게 이김)'가 들어있다. 예슈아를 믿는 자들에게 따라오는 복이다. 영이신 하나님께서 당신의 자녀들에게 모든 위험으로부터 안전한 복을 주신다.

손으로 일하는 것의 이익을 얻게 하셔서 그를 행복하게 하시는 복을 주신다(시 1:3). 일하는 것을 번성하고 잘되게 하셔서 그를 영화롭게 하는 복을 주신다. 어떤 경쟁에서 뛰어나게 이기는 복을 주신다. 이러한 복을 사전적 의미에 담아 놓으신 것은 예슈아를 믿는 자들에게 영 육간에 잘되는 복을 주신다는 확실한 증거이다. 예슈아를 믿는 국가들이 잘사는 이유가 여기에 있다.

예슈아 יֵשׁוּעַ 이름의 사전적 의미 해설

요드'는 손, 하게하시는, 능력, 쥔 손이다. 요드는 예하바 손의 능력을 상징한다. 그리고 예하바의 약자이다. 이브리어 22개 글자 중에 가장 작은 글자이다. 예하바의 손은 곧 예슈아의 손이다. 예슈아는 가장 강력한 능력이시지만 당신을 가장 작은 글자로 점과 같이 나타내셨다. 너무 작기에 주목받지 못하는 것 같지만, 알아주지 않지만 그 누구도 예슈아의 소유인 성도들을 예하바 손에서 빼앗아 갈 자가 없다.

그리고 예슈아께서 하시고자 하시는 복음운동의 계획을 가로막거나 해체할 수가 없다. 그리고 예슈아 손의 능력은 겸손하게 받아들이는 자에게 나타난다(마

9:18, 막5:23, 막6:5–5, 막7:32–35, 막8:25, 막16:18, 눅4:40, 눅13:12–13, 요 10:28–30).

예슈아의 손은 십자가에 못 박히신 죄 사함과 구원의 손이다(요20:25–27, 시 22:16). 예하바–예슈아 쥔 손의 하게하시는 능력으로 겨누어 이기게 하시며 복을 받아 번영하게 하여 영화롭게 하시는 능력이다.

쉰 שׁ은 이빨, 형상, 모양, 올바름, 소멸하다, 파괴하다, 부지런히 이다. 예슈아 는 영이신 하나님의 형상과 모양이시다(창1:26–28, 사9:6, 마1:23, 사7:14, 요1:1,18, 요5:18, 요10:30, 요14:9, 요20:28, 고후4:4, 빌2:6, 골1:15–16, 히 1:3–8).

예슈아는 아버지 하나님의 말씀을 죽기까지 복종하셨다(창3:15, 사53:1–12, 요4:34, 요8:29, 요10:18, 요12:27,49, 요14:31, 요15:10, 요17:4, 빌2:8, 시 22:16, 사50:5–6, 마26:39, 눅24:27,44, 갈3:13, 히5:8–9, 히10:7–9, 히12:2, 벧전2:24, 벧전3:18).

그리고 예슈아를 믿는 자들은 잃어버렸던 영이신 하나님의 형상과 모양을 회 복한 자들이다. 이들은 생명진리의 말씀을 부지런히 되새김질 한다. 하나님의 말씀이 생명이 되도록 되새김질을 하는 사람은 악과 사탄마귀의 미혹을 소멸 시키며 올바른 길을 간다(창 12:4, 신 28:1–14, 수 1:8, 시 1:2,1,3, 욥 23:12, 시 40:8, 시 112:1, 크게 מְאֹד(3966 메오드– 많음, 힘, 풍부, 굉장히, 엄청나게, 매 우, 대단히, 시119:11,35,47–48,72,92,97–99, 요일5:3).

그러나 하나님의 말씀을 생명이 되도록 되새김질을 하지 않는 사람은 비뚤어진 악인의 길을 가므로 엘로힘 예하바의 심판을 받아 파괴되어 소멸한다(시 1:1,4-6, 시37:20, 시112:10, 잠14:12, 잠15:9, 사17:13, 사29:5, 마3:12, 눅 13:1-5, 딤후2:19, 살후2:10, 히12:29, 벧후2:12-14).

하나님의 말씀을 되새김질하는 사람은 십자가의 복음을 만나 영생구원을 얻게 된다(행2:37-38, 롬1:16, 고전1:18,21-25, 고전2:2, 고전2:14, 고후4:3, 갈 6:12-14).

영이신 하나님의 형상과 모양을 가진 자는 올바르게 살아가기를 힘쓰는 자는 영이신 하나님의 말씀인 성경말씀을 읽고 되새김질을 하므로 되어진다. 올바르게 살아가는 자에게 주시는 복들이다.

바브 ㅣ는 갈고리, 못, 연결하는 사람 예슈아이다. 예슈아의 십자가를 통하지 않고는 아버지 하나님께로 갈 자가 없다(요14:6). 갈고리와 못은 성막교회를 세우는데 필수적이다. 성막을 세우기 위하여 기둥과 짐승들의 가죽과 끈 등이 준비 되어있으나 갈고리와 못이 없이는 세워지지 않는다. 신약교회-나 오스ναός(3485 나오스- 성전, 성소) 역시 예슈아의 핏 값으로 세워진 교회 ἐκκλησία(1577 엑클레시아- 집회, 회중, 성령님이 거하시는 몸)이다(고전6:19-20, 고전3:16-17).

잘 박힌 못과 같이 예슈아의 생명과 연결되어 있는 자에게 보너스의 복들이 따라온다(마6:33, 요삼1:2). 영이신 하나님의 복은 항상 영혼이 잘되는 것이 먼저이다. 영혼이 잘되는 것이 최상의 복이기 때문이다. 비록 세상에서 어렵게 산다 할지라도 그 생활은 일시적이다. 100세 시대라고 한다. 그래봐야 100년이다. 그러나 영혼은 영원하다. 그러나 어려움과 가난과 질병은 거의 없다. 특별한 경우를 제외하고는 없다. 세계 평균적으로 예슈아를 믿는 자들이 잘되는 이유가 분명하다. 천지만물을 창조하신 전지전능하신 하나님이시기 때문이다.

아인 עַיִן은 눈, 대답, 이해하다, 알다, 지식을 얻다, 증인이다. 영이신 하나님을 사람의 눈으로 볼 수가 없다(딤전6:15-16, 요1:18, 계1:16-17, 출33:20, 삿13:17-23, 사6:5). 마노아가 예하바의 말라크에게 이름을 물어 볼 때 기묘자라고 하였다(삿13:18). 기묘자는 예슈아이시다(사9:6). 눈으로 볼 수 없는 하나님께서 눈으로 볼 수 있게 오신 것이다(요1:14,18, 요12:45, 요14:7-11,20, 히1:3).

기묘자 '필리' פִּלְאִי (6383, 필리, 삿13:18)(형용사) 어근은 '펠레' פֶּלֶא (6382, 펠레, 사9:6)이다. 사전적 의미(뛰어나다, 비상하다, 비범하다, 기이하다, 놀랍다, 경이로운 일, 기이한 일, 불가사의한 것, 기적, 경이로운, 기이한, 불가사이한)이다.

펠레 간략해설
예슈아의 입으로부터 나오는 모든 말씀들과 하시는 일들이 기이하고 경의로운 일이며 놀랍고, 뛰어나다는 것이다(출15:11, 시77:11,14, 시78:12, 시88:10-12, 시 89:5, 시119:129, 사9:6, 사25:1, 사29:14, 단12:6). 성령(하기오스프뉴마)으로부터 잉태하신 예슈아와 그 만능의 권(세)능들과 하게하시는 기적들이 불가사이하다는 것이다. '필리'이신 예슈아의 대한기록은 세상에 두기에도 부족하다고 하였다(요21:25). '필리'의 해설은 많은 시간과 해설이 필요하므로 연구원에서 들을 수 있다.

사도요한이 예슈아를 눈은 보고 들은 것을 기록한 말씀으로 옳고 그름을 깨닫고 바른길을 가라는 것이다(요일1:1-4). 세상에서 오직 믿을 수 있는 분은 영이신 하나님의 형상과 모양의 본체이신 예슈아 밖에 없다(벧전2:21, 눅9:23-25, 눅14:26-27, 요13:15, 요16:33, 행14:22, 롬8:29, 빌2:5, 살전3:3, 요일2:6, 요일3:16, 계12:11).

그의 말씀에 아멘 하여 받아들이면 아브라함처럼 영혼을 구원하시는 구세주(救世主-인류를 죄악에서 구원하시는 예슈아, 구주(救主-막아서서 건지고 구원하여 고치고 치료하시는 영혼의 주인)) 예슈아를 사모하여 바라보는 영의 눈이 열린다. 그리고 영생구원과 복의 증인이 된다.

헤이 ㄱ는 '숨(목)구멍, 호흡, 실존, 계시하다, 바라보다'이다. 헤이는 사람의 호흡을 통하여 영원히 실존하는 생명이 있음을 알려주셨다(창2:7), 예슈아를 사모하여 바라보며 믿는 자에게 최상의 복인 영원히 실존하는 생명을 주신다(요3:16-17, 요5:24-25, 요6:40,48-51,53-58,63, 요14:6). 사람의 호흡도 사람의 것이 아니라 영이신 하나님의 것이다(창1:26-28, 창2:7, 전12:7). 만약에 호흡이 사람의 것이라면 영원히 죽지않는 불멸의 존재가 된다.

호흡은 영이신 하나님의 형상과 모양이요. 생명인 영이다(시146:4절에 호흡(루바흐)이다. 예레미야애가 4:20절에는 코(아프)에 있는 숨(루바흐)이라고 하였다. 욥기15:30절에 하나님의 입(페)의 숨(루바흐)이라고 하였다, 욥기19:17절에서는 숨결(루바흐)이라고 하였다. 영이신 엘로힘 예하바께서 계속 불어넣어주지 않으시면 죽는다(창2:7, 욥34:14-15, 시90:3, 시104:24-30, 시146:4, 행17:25).

영생구원을 사모하는 자에게 복음계시를 열어주셔서 알게 하시고 믿게 하신다(마11:27, 요일5:20). 영생구원을 받은 자는 예슈아와 연결되어 살아간다. 헤이는 바브 두 개와 요드의 합성어이다. 예슈아를 믿는 자가 호흡하며 살아가는 동안 행복하고 영화롭게 되는 복을 받아 누리게 된다.

헤이 ㄱ 숫자 값은 6+6+10=22이다.

이 숫자의 값은 이브리어 22자의 값이다.

22개의 상형문자에는 영원히 생명으로 실존하시는 영이신 루바흐 엘로힘의 생명이 불어넣어져있다. 디모데후서 3:16절에 성경이 하나님의 감동으로 되었다는 것은 '데오프뉴스토스' θεόπνευστος(2315, 데오프뉴스토스-하나님에 의해 영감된, 감동된, 하나님의 호흡을 받은)이다. 하나님의 말씀에는 하나님의 숨이 불어넣어졌다는 의미이다. 루바흐(숨, 바람, 영), 프뉴마(바람, 호흡, 생명, 영)에 그 해답이 있다. 성경은 예하바 손의 하게하시는 생명의 능력으로 연결되어 있다는 의미이다. 영이신 하나님께서 영원히 살아계시고 실존하시기 때문에 그의 모든 말씀들이 문자화 되어 있지만 오늘날도 그것을 문자화 된 성경말씀을 믿는 자들에게 죄사함과 영생 구원과 치료와 복들을 받아 누리는 확실한 증거들이다(히11:1-2,6, 막5:34, 요1:12, 요3:15-18, 요5:24-25, 신28:1-14). 그 생명의 본질은 연결하시는 분은 예슈아와 영이신 루바흐 엘로힘과 하기오스프뉴마(성령)이시다(출24:12, 출31:18, 출32:15,16,19, 출34:1,4, 28,29, 출3:14, 신8:3, 시36:9, 시119:50,93, 렘10:10, 마4:3, 요1:4, 요5:24-27,39, 요6:63,68, 요12:50, 요14:6, 롬8:2, 고전2:13-14, 살전2:13, 히4:12, 벧전1:23, 요일1:1-2).

아래 성경을 보라.

'여호와께서 시내 산 위에서 모세에게 이르시기를 마치신 때에 증거판 둘을 모세에게 주시니 이는 돌판이요 하나님이 친히 쓰신 것이더라'(출애굽기 31:18)

'그 판은 하나님이 만드신 것이요 글자는 하나님이 쓰셔서 판에 새기신 것이더라'(출애굽기 32:16)

'여호와는 살아 계시니 나의 반석을 찬송하며 내 구원의 하나님을 높일지로다'(시18:46)

'이 말씀은 나의 고난 중의 위로라 주의 말씀이 나를 살리셨기 때문이니이다'(시119:50)

'살리는 것은 영이니 육은 무익하니라 내가 너희에게 이른 말은 영이요 생명이라'(요6:63)

'이는 그리스도 예수 안에 있는 생명의 성령의 법이 죄와 사망의 법에서 너를 해방하였음이라'(롬 8:2)

'하나님의 말씀은 살아 있고 활력이 있어 좌우에 날선 어떤 검보다도 예리하여

혼과 영과 및 관절과 골수를 찔러 쪼개기까지 하며 또 마음의 생각과 뜻을 판단하나니'(히 4:12)

'너희가 거듭난 것은 썩어질 씨로 된 것이 아니요 썩지 아니할 씨로 된 것이니 살아 있고 항상 있는 하나님의 말씀으로 되었느니라'(벧전 1:23)고 하였다.

요한복음 14:13-14절에 내 이름은 예슈아-이에수스이시다(마1:1,21). 결국 예슈아께서 가르쳐주신 기도의 응답은 예하바의 도우심과 구원으로 이루어진다는 것이다. 즉 환경 속에서 일어나는 모든 일들에서 구원을 받아야 죄 사함과 영생구원에 이르게 된다는 말씀이다. 창세기 2:4절에서부터 공식적으로 드러난 예하바의 칭호는 약 6천회가 나온다. 그런데 신약에서는 1회도 나오지 않는다.

그리고 지은 것이, 즉 천지만물이 예슈아께서 지으셨다고 하셨는데 창조에서 등장하시는 공식적인 영이신 하나님의 칭호(稱號-어떤 뜻으로 설명하는 이름)들은 엘로힘(창1:1), 루바흐(창1:2), 예하바(창2:4)뿐이다. 그런데 어떻게 예슈아께서 천지만물을 지으셨다고 하실까요(창1:1, 요1:1-3, 골1:16, 히1:2, 잠8:22-31). 예슈아가 예하바이시었다는 것이다. 예슈아 이름의 뜻이 '여호와는 도움이시다.', '여호와는 구원이시다.'에서 그 사실을 증명해주고 있다(행2:21, 롬10:13, 슥13:9). 아래 성경을 보라.

요엘 2:32 누구든지 여호와의 이름을 부르는 자는 구원을 얻으리니 이는 나 여호와의 말대로 시온 산과 예루살렘에서 피할 자가 있을 것임이요 남은 자 중에 나 여호와의 부름을 받을 자가 있을 것임이니라.고 하였다.

로마서 10:13 누구든지 주의 이름을 부르는 자는 구원을 받으리라(행2:21)

사도행전 16:31 이르되 주 예수를 믿으라 그리하면 너와 네 집이 구원을 받으리라

요한복음 1:12-13 영접하는 자 곧 그 이름을 믿는 자들에게는 하나님의 자녀가 되는 권세를 주셨으니 13 이는 혈통으로나 육정으로나 사람의 뜻으로 나지 아니하고 오직 하나님께로부터 난 자들이니라

요한복음 3:16-17 하나님이 세상을 이처럼 사랑하사 독생자를 주셨으니 이는 그를 믿는 자마다 멸망하지 않고 영생을 얻게 하려 하심이라 17 하나님이 그 아들을 세상에 보내신 것은 세상을 심판하려 하심이 아니요 그로 말미암아 세상이 구원을 받게 하려 하심이라. 고하였다.

요한복음 14:6 예수께서 이르시되 내가 곧 길이요 진리요 생명이니 나로 말미암지 않고는 아버지께로 올 자가 없느니라. 고하였다.

그리고 구약성경에 예하바의 사자의 출현이 자자하다. 때로는 예하바로, 때로는 천사—말라크, 사자로, 때로는 사람으로 현현하셨다. 창세기 18-19장에 뚜렷하게 나타난다. 창세기 18:1 예하바 יהוה(3068 예호와)께서 아브라함 나타나셨다고 하였다.

그런데 18:2절에는 세 사람אנשׁים (582 에노쉬—사람, 인간)이다. 그런데 세 사람이 아브라함의 접대의 음식을 먹는 중에 내년에 사라가 아들을 낳는다고 하니까 그 말을 장막 밖에서 들은 사라가 웃었다(18:3-12). 이에 음식을 먹던 세 사람 중에 한사람이 예하바이셨다(18:13-15,14,17,20,22,33). 그 사람들이 일

어나 소돔으로 간다(18:16,22). 그런데 19:1,15절에 소돔으로 간 그 사람들을
두 천사מַלְאָךְ(4397 말라크- 사자, 사신)라고 하였다. 그런데 롯의 눈에는 사람
으로 보였기에 접대를 하였고 소돔의 동성애자들의 눈에도 사람으로 보였다
(19:1-5). 19:10,12,16,17절에 그 두 '말라크'를 사람אֱנוֹשׁ(582, 에노쉬)이라고
하였다.

이 말씀들에서 예하바는 분명하게 장차오실 예슈아이셨다(요1:14,18, 요
10:30, 요11:27, 요20:31, 요17:5, 사9:6, 고전1:30, 빌2:6-8, 히1:3, 요일
5:20, 계1:8, 계21:6, 계22:13, 마16:16, 대상29:11, 시2:7, 사25:9, 욜2:32, 시
50:15, 렘31:7)는 것을 알 수가 있다. 그러므로 신약에서 예슈아의 칭호만 나
오고 예하바의 칭호가 나오지 않는 것이다.
이러한 것들이 불가사이한 '필리'이다.

아래 성경을 보라.
히브리서 1:3 이는 하나님의 영광의 광채시요 그 본체의 형상이시라 그의 능
력의 말씀으로 만물을 붙드시며 죄를 정결하게 하는 일을 하시고 높은 곳에 계
신 지극히 크신 이의 우편에 앉으셨느니라.
빌립보서 2:6 그는 근본 하나님의 본체시나 하나님과 동등 됨을 취할 것으로
여기지 아니하시고
요한복음 1:1 태초에 말씀이 계시니라 이 말씀이 하나님과 함께 계셨으니 이
말씀은 곧 하나님이시니라.
요한복음 1:18 본래 하나님을 본 사람이 없으되 아버지 품 속에 있는 독생하

신 하나님이 나타내셨느니라.

요한복음 10:30 나와 아버지는 하나이니라.

요한복음 14:9 예수께서 이르시되 빌립아 내가 이렇게 오래 너희와 함께 있으되 네가 나를 알지 못하느냐 나를 본 자는 아버지를 보았거늘 어찌하여 아버지를 보이라 하느냐.

요한복음 20:28 도마가 대답하여 이르되 나의 주님이시요 나의 하나님이시니이다.

고린도후서 4:4 그 중에 이 세상의 신이 믿지 아니하는 자들의 마음을 혼미하게 하여 그리스도의 영광의 복음의 광채가 비치지 못하게 함이니 그리스도는 하나님의 형상이니라.

골로새서 1:15 그는 보이지 아니하는 하나님의 형상이시요 모든 피조물보다 먼저 나신이시니. 라고 하였다.

(10) 아멘 이브리어 '아만'

אָמַן(539 아만- 기본어근 확실하게 하다, comfirm, 지지하다, 기르다 support, 충실하다, 신실하다, 성실하다 be faithful, 믿다, 신뢰하다, 110회), (540 아만- 신뢰하다, 믿다, 3회), (541 아만- 오른쪽으로 가다, 오른쪽을 택하다, 1회), (542 아만- 숙련공, 장인, 1회), (543 아멘- 진실로, 확실히, 그러하다, 30회), (544 오멘- 신실함, 진실함, 1회)이다.

아마도 우리는 지금까지 '아멘'만 알고 사용하였다. '아만'과 '아멘'중에 어느 것을 사용해도 괜찮다. 그러나 그 뜻을 분명히 알고 아멘 한다면 더욱 더 복이 된다. 아멘의 뜻은 이브리어단어별합성어해설을 들어야 그 뜻을 명확하게 깨닫게 된다. 그리고 중요한 것은 항상 기본어근이다.

'아만' אמן(539 아만)- 아멘אמן(543 아멘)을 보라. 자음이 같다. 그래서 뜻도 같다.

가로 안에 (539, 543)의 숫자는 스트롱이라는 학자가 단어들마다 번호를 붙인 것으로 '스트롱코드'라고 한다. 18세기 말 미국의 신학자이던 제임스 스트롱(James Strong 1822-1894; August7, aged71)이 성경연구의 편의를 위해서 구약과 신약의 원어 어근 단어마다 번호를 붙여놓고 어느 성경에 어떻게 사용되었는지를 100여명의 학자들의 연구를 통해 뽑아놓은 색인 사전이다.

그리하여 도합 히브리어의 어근 8674개와 신약 헬라어 단어 5523개를 KJV성경을 기초로 사용된 예를 찾아보기로 편찬해놓은 책이 Strong's Concordance이다.

제임스 스트롱은 미국 뉴욕출신으로 웨슬리 신학(Wesleyan University)을 1944년에 졸업하고 고향 뉴욕의 롱아일랜드에서 시장으로 재직하기도 하다가 그후 신학에 전념한 미국감리교 목사였으며 칼레톤 Carleton College 신학대학의 초대 총장이었다. [출처] 스트롱 코드 (Strong Code) 헬라어 히브리어 사전| 작성자 panem

자! 보라. 모음만 다르다. 그런데 모음은 읽기 위한 것일 뿐, 그 이상의 뜻이 없다. 자음은 상형문자의 뜻과 영적인 뜻이 들어있다.

마소라 학파들은 '아만'의 같은 자음에 모음을 달아 6개로 세분화하면서 중복과 함께 복잡하게 하였다. 원래는 기본어근 안에 다 들어있었다. 그러니까 '아만'을 모르면 '아멘'을 알 수가 없다. 기본어근 '아만'과 '아멘'을 비교해보라.

헬라어 '아멘'의 사전적 의미- '진실로, 확실히, 그러하다' 이다.

이브리어 '아만'의 기본어근- '확실하게 하다, 지지하다, 기르다, 충실하다, 신실하다, 성실하다, 믿다, 신뢰하다' 이다.

아만 간략해설

힘이신 하나님께서 정하여 놓으신 필수적인 생명진리의 말씀의 경계선 안에서 살겠습니다. 가 '아만'이다. 힘이신 하나님은 언제나 필수적인 생명진리의 말씀을 사람에게 가르쳐 주시고 그 말씀으로 개인과 국가의 흥망성쇠의 경계선을 정하여 놓으셨다. 그리고 공의의 하나님께서 그 경계선을 통하여 징악상벌을 하신다(고전4:6, 신12:32, 신4:2, 잠30:6, 32:33, 레26:18, 마15:6, 계1:3, 계19:20, 계20:10, 계22:12)는 것을 '나는 확실하게 믿습니다.' 가 아만이다.

아만의 팩트는 만능의 힘이신 엘로힘께서 말씀하신 그 경계선 안에서 내가 살겠다는 것을 확실하게 결심 고백하는 것이다.

시편을 5권으로 하면 '성경70권의 그 말씀들을 나는 지지합니다,' 나는 영이신 루바흐 엘로힘 예하바를 '충실하고 진실하게 신뢰합니다,' '성실하게 말씀을 지키고 영이신 루바흐 엘로힘 예하바를 믿겠습니다.' 라는 믿음의 선언을 하라는 것이 '아만'이다.

그리심산과 에발산에서의 '아멘'을 하가해보라.

신명기 27:11-26절 12가지 저주에 대한 말씀에 '아멘'하였다는 것에 관심을 가져야 한다. 이미 선포된 말씀이다. 그러므로 동의하지 않는 자에게도 그대로 임하는 저주이다.

신명기 27:26 이 율법의 모든 말씀을 실행치 아니하는 자는 저주를 받을 것이라 할 것이요 모든 백성은 아멘 할찌니라.고 하였다. 모든 말씀을 실행하지 아니하는 자는 다 저주를 받는다는 말씀이다. '이것을 확실하게 믿습니다'가 '아멘'이다.

자! 저주받을 것을 아는데 불순종할 수가 있을까? 절대로 없을 것이다. 저주라는 단어는 '아라르'이다.

| 참고1 - '할렐루야'에 대하여 |

이브리어 원어와 이브리어사전에 '할렐루야'는 없다. 한글성경에만 있다. 그러므로 반드시 '야흐할랄'이라고 사용해야 한다(시150:1,5). 신앙과 행위의 표준이 성경이라고 하면서 원어를 무시하고 전통을 따른다면 하나님의 말씀을 버리는 것이다(막7:1-23). 할랄야흐(할랄(찬양)하자들 야흐께)라고 하여도 무방하다.

사탄과 이단들의 비웃음을 받아가면서까지 이브리어에 없는 '할렐루야'와 '목사'의 명칭 사용해서는 안 된다. 성경에 목사라는 직분이 없다.

에베소서 4:11절에 목자ποιμήν(4166 포이멘- 목자 shepherd-양치기, 요10:2,11-12,14,16), 목자רָעָה(7462 라아- 풀을 뜯기다, 먹이다, 사귀다, 친구가 되다, 시23:1)라고 하였다.

이유 불문하고 한글 '목자'라고 하든지 아니면 헬라어 '포이멘'이라고 하든지 이브리어 '라아'라고 해야 한다. 가장 좋은 것이 '목자'이다. 성경대로 하자는데 이유를 붙이지 말라. 제가 이상한 것이 아니라 성경대로 하자는데 이유를 다는 그 사람이 이상한 것이다. 성경대로 믿고 성경대로 하자는데 논쟁을 하지 않았으면 한다. 본 해설집은 성경의 본질로 돌아가자는 개혁의 외침이다.

'야흐할랄'에 대한 시편 150편 1,6절 본문, 직역, 문장정리를 보라.

본문 : 시편 150:1 할렐루야 그의 성소에서 하나님을 찬양하며 그의 권능의 궁창에서 그를 찬양할지어다.

직역 : 찬양하라들(할랄) 야흐(예하바 축약형) 찬양하라들 엘(하나님) 그의 거룩함 그에게 찬양―(할랄)하라들 광활한 공간 그의 권능

문장정리 : 야흐(예하바)께 할랄하라들, 엘(하나님) 그의 거룩함을 할랄하라들, 그의 권능의 광활한 곳에서 그에게 할랄하라들(찬양하라들, 자랑하라들, 비취라들),

⊙ 이브리어 단어별 사전적 의미

הַלְל (1984 할랄―밝게 비추라들, 자랑하라들, 찬양하라들, 미치다) הַלְלוּ 피엘 명령 남성 복수

יָה (3050 야흐―야훼의 축약형, 야흐(하나님의 이름) יָה 고유명사

הַלְל (1984 할랄―밝게 비추다, 자랑하다, 찬양하다, 미치다) הַלְלוּ 피엘 명령 남

성 복수

אֵל (410 엘–하나님, 신 God, god) אֵל 명사 남성 단수

קֹדֶשׁ (6944 코데쉬–분리됨, 거룩함, 신성함) בְּקָדְשׁוֹ 전치사–명사 남성 단수–3
인 남성 단수

הָלַל (1984 할랄–그를 밝게 비추라들, 그를 자랑들을 하라, 그를 찬양들을 하라,
미치다) הַלְלוּהוּ 피엘 명령 남성 복수–3인 남성 단수

רָקִיעַ (7549 라키아–궁창, 넓게 펴진 것, 넓디넓은 공간, 광활한 공간) בִּרְקִיעַ 전
치사–명사 남성 단수 연계

עֹז (5797 오즈–그의 힘, 그의 능력, 그의 세력, 그의 권능) עֻזּוֹ 명사 남성 단수–3
인 남성 단수

본문 : 시편 150:6 호흡이 있는 자마다 여호와를 찬양할지어다 할렐루야

직역 : 모든 자 그 호흡하는 그를 할랄하며 야흐(예하바 하나님) 할랄 하라들
야흐

문장정리 : 그 호흡이 있는 모든 자는 야흐(예하바 하나님) 그를 할랄하며 야
흐를 할랄하라들~,

◉ 이브리어 단어별 사전적 의미

כֹּל (3605 콜–모두, 전체, 완전함) כֹּל 명사 남성 단수 연계

נְשָׁמָה (5397 네샤마–숨, 호흡, 호흡하는 것) הַנְּשָׁמָה 관사–명사 여성 단수

הַלֵל (1984 할랄-밝게 비추며, 자랑하며, 찬양하며, 미치며) תְּהַלֵּל 피엘 미완 3인

여성 단수

יָהּ (3050 야흐-예하바 하나님의 축약형) יָהּ 고유명사

הַלֵל (1984 할랄-밝게 비추다, 자랑하다, 찬양하다, 미치다) הַלְלוּ 피엘 명령 남

성 복수

יָהּ (3050 야흐-예하바 하나님의 축약형) יָהּ 고유명사

'야흐' יָהּ(3050, 야흐-예하바 יְהוָה)는 예하바의 축약형이다.

직역문장정리하면 '야흐(예하바)를 찬양하라들.', '야흐(예하바)를 자랑하라들.',

'야흐(예하바)를 밝게 비춰라들.' 이다. 이브리어로는 '야흐할랄'이다. 잘되는 교

회에서는 '야흐할랄'로 찬양 하며 부르고 있다. 잘되는 교회에서는 성경으로 돌

아가는 개혁운동을 시작한지가 오래 되었다. 이브리어와 헬라어를 번역묵상하

기 시작하면서부터 큰일났구나하여 잘되는 교회는 무리 없이 하나씩 올바르게

잡아가고 있다.

'할랄야흐'라고 하면 '찬양(자랑, 밝게 비춰라)하라들 야흐(예하바)'를 이 된다. 그

러나 직역문장정리한대로 '야흐할랄'이라고 하면 '야흐(예하바)를 찬양(자랑, 밝

게 비춰라)하라들'이다.

한국교회에서 130여년간을 '할렐루야'로 사용하였기 때문에 마음에 굳게 자리

잡아버렸다. 그러나 성경에는 '할렐루야'는 없는 단어이다. 이브리어 원어성경

에는 '야흐할랄'이 맞는 문장이다. 예하바께 찬양이 올려 지도록 믿음의 행위가

나타날 때 예하바를 자랑하는 것이 되며 예하바의 영광을 밝히 비취게 되는 것이다(마5:16, 고전10:31, 요15:8, 살전2:12, 딛2:14, 벧전2:9,12, 벧전4:11,14, 사43:7, 사60:1,3).

선 지식을 내려 놓아야 신 지식을 받아 들일 수 있다. 이브리어단어별합성어해설은 신 지식 같지만 처음부터 있었던 복음의 진리이다. 그동안 닫혀있고 감추어있던 복음의 진리를 해설집으로 출간하게 되었다.

| 참고2 – '아라르' 저주와 '빠라크' 복 |

1) '아라르' 간략해설

אָרַר(779, 아라르-저주하다, 63회)이다.

'아라르' 저주는 창세기 3:14절에 처음 말씀하셨다.

창세기 3:14 여호와 하나님이 뱀에게 이르시되 네가 이렇게 하였으니 네가 모든 가축과 들의 모든 짐승보다 더욱 저주를 받아 배로 다니고 살아 있는 동안 흙을 먹을지니라. 고하였다.

'아라르'의 의미는 힘이신 하나님을 배우며 그로 머리와 왕으로 삼고 그 생명의 진리를 마음에 생명으로 잉태하여 품고 의식하며 사랑하여 지켜 행하지 않는 자가 받는 저주이다.

달리 해설하면 자기가 왕의 자리에 앉아서 자기 마음과 생각대로 행동하며 힘을 과시하기 때문에 저주를 받는다는 뜻이다. 자기가 능력이 있고 힘이 있는데 하나님은 뭐고 하나님의 말씀들은 또 뭐야! 귀찮게, 하는 자는 '아라르'저주를 받는다.

2) '빠라크' 간략해설

בָּרַךְ(1288-1291 바라크- 성공, 번영, 생산, 장수 등을 위한 능력을 부여함, 무릎을 꿇다, 축복하다, 복을 주다, 찬양하다, 저주하다, 욕하다, 약345회)이다.

영이신 루바흐 엘로힘의 부르심(소명)에 따라 순종의 무릎을 꿇는 사람은 반드시 빠라크의 능력의 복을 받아 누리며 찬양과 영광을 올려드린다. 빠라크의 능력의 복을 부여받지 못하는 사람은 엘로힘 예하바를 저주하고 욕하는 사람이 되고 저주를 받는 자가 된다.

그리고 예슈아를 믿는 성도가 엘로힘 예하바의 특별한 섭리가 없이(눅16:20-24, 욥1:6-2:10, 욥42:7-17) 성공, 번영, 생산, 장수 등을 위한 능력을 부여함을 받지 못하는 사람으로 인하여 엘로힘 예하바께 욕이 돌아가게 된다는 것이다(마5:16, 사43:7).

'이같이 너희 빛이 사람 앞에 비치게 하여 그들로 너희 착한 행실을 보고 하늘에 계신 너희 아버지께 영광을 돌리게 하라'(마5:16)
'내 이름으로 불려지는 모든 자 곧 내가 내 영광을 위하여 창조한 자를 오게 하라 그를 내가 지었고 그를 내가 만들었느니라'(사43:7)

예하바 엘로힘 하나님께 영광을 올려드려야 할 자가 영광을 올려드리지 못하므로 욕과 저주를 돌리게 된다는 것이다. 부르심에 순종하면 반드시 빠라크의 복을 받는다.

'빠라크'의 복은 창세기 1:22,28절에 처음으로 말씀하셨다.

창세기 1:22 하나님이 그들에게 복을 주시며 이르시되 생육하고 번성하여 여러 바닷물에 충만하라 새들도 땅에 번성하라 하시니라고 하였고

창세기 1:28 하나님이 그들에게 복을 주시며 하나님이 그들에게 이르시되 생육하고 번성하여 땅에 충만하라, 땅을 정복하라, 바다의 물고기와 하늘의 새와 땅에 움직이는 모든 생물을 다스리라 하시니라고 하였다.

자! 성공과 번영, 장수를 원하는 사람은 영이신 루바흐 엘로힘의 말씀을 순종한다. 순종하는 자에게 만능의 엘로힘의 능력을 부여 받는다. 기독교가 자유대한민국에 들어온 후 대한민국이 세계10위의 부강한 나라가 되었다는 것은 누구도 부인 못한다.

하나님의 말씀을 지키려고 순교한 사람들이 많았다는 것을 보아서 알 수가 있다. 예슈아를 믿는 사람들은 잘 살지 않을 수가 없다. 그러나 아직도 저주와 마찬가지로 '빠라크'의 복을 믿지 않는 자들이 많다. 그래서 예슈아를 믿는 자들이 어렵게 산다.

그러므로 빠라크의 복을 받을 사람은 마음의 집 안에 모든 머리와 왕이신 예슈

아를 모시고 살면서 만왕의 왕이신 예슈아께서 말씀을 주실 때 마음에 받아들여 생활에 적용해야한다. 이들은 하나같이 환경을 초월하여 순종하는 사람들이다(히11:36-38).

마치며

예슈아께서 가르쳐주신 기도를 이브리어단어별해설로 새롭게 알아보았다. 이렇게 엄청나게 많은 보화들이 담겨있다는 것을 해설을 하면서 더 실감하게 되었다. 이보다 더 좋은 기도는 없다. 모든 기도들의 모범의 본질이다.

이브리어 단어별해설로 새롭게 알아가는 예슈아 마쉬아흐께서 가르쳐주신 기도의 도서가 성도들과 목자-포이멘과 신학생에게 기도에 대한 좋은 자료가 될 것이다. 세계 모든 신학대학교와 대학원에서 이브리어 단어별합성어해설집들이 교재도서로 채택되어지는 그날을 사모하며 기도한다. 이보다 더 좋은 교재도서는 없기 때문이다.

예레미야 33:2-3 일을 행하시는 여호와, 그것을 만들며 성취하시는 여호와, 그의 이름을 여호와라 하는 이가 이와 같이 이르시도다 3 너는 내게 부르짖으라 내가 네게 응답하겠고 네가 알지 못하는 크고 은밀한 일을 네게 보이리라.고 하셨다.

빌립보서 2:13-14 너희 안에서 행하시는 이는 하나님이시니 자기의 기쁘신 뜻을 위하여 너희에게 소원을 두고 행하게 하시나니 14 모든 일을 원망과 시비가 없이 하라.고 하셨다.

모든 일을 행하시는 예하바, 그것을 성취하시는 예하바, 당신의 선하시고 기뻐하시며 원하시는 뜻을 이루시려고 내 안에서 역사하여 일하시는 영이신 하나님께 모든 영광과 감사를 올려드립니다. יְהַלֵּל-야흐할랄!

아내 박민자의 기도의 내조와 헌신에 감사를 드린다.

검수에 수고 해주신 국문과 재학 중인 김현서 청년과 김혜영 권사님께 감사를 드린다.

㈜GCS김창식대표이사(장로님) 회사의 디자인연구소에 근무하시는 조윤정 부장님(집사님)께서 심혈을 기울여 해설집 표지와 내용을 디자인해 주셔서 감사를 드린다.

그리고 변함없이 중재기도로 후원하여 주신 잘되는 교회의 모든 성도들에게 감사를 드리며 공동회의를 거처 잘되는 교회에서 출판비 전액을 감당해 주셔서 깊은 감사를 드린다.

　　예슈아 마쉬아흐께서 가르쳐주신 기도의 해설집에는 어려운 이브리어와 헬라어가 많다. 그럼에도 쾌히 출판하여 주신 하늘기획 황성연(대표)장로님과 편집부의 노고에도 감사를 드린다.

2023. 3.

창뜰아랫길 골방 마콤 מקום 에서

강의문의

신학대학교, 신학대학교대학원, 총회, 노회, 교회
M.P. 010 9088 1252 조길봉
E-mail. sure8402@naver.com

이브리어 단어별 해설로 새롭게 알아가는

예슈아께서 가르쳐주신 기도

초판 1쇄 인쇄 2023년 05월 03일
초판 1쇄 발행 2023년 05월 20일

지 은 이 | 조길봉
펴 낸 이 | 황성연, 이재승
펴 낸 곳 | 하늘기획
편   집 | 박상진
디 자 인 | 조윤정
등록번호 | 제306-2008-17호
주 문 처 | 하늘물류센타
주   소 | 경기도 파주시 광탄면 혜음로 883번길 39-32
연 락 처 | (031)-947-7777 | **팩스** (0505)-365-0691

ISBN 979-11-92082-073 13230